谈财论治

（第二辑）

刘尚希／主编

Thoughts on Finance and Governance

(Second Series)

中国财经出版传媒集团
中国财政经济出版社

财政与国家治理：基于不确定性与风险社会的逻辑*（代序）

◇刘尚希

财政学是哲学社会科学的重要组成部分，从不确定性视角进行分析，财政作为国家治理的基础和重要支柱能得到更好的阐释。

不确定性是风险社会的本质所在，即国家治理所面临的问题本身是不确定的。风险社会中风险的复杂程度与影响范围决定其必须从国家层面来解决，国家治理的本质是公共风险治理。国家治理的逻辑是"改善社会治理结构—注入确定性—治理公共风险"。在这一过程中，财政本身特点决定它位于经济、政治制度发挥作用、自我更替的中枢。从这个角度看，国家治理的本质得到揭示，财政作为国家治理的基础和重要支柱的地位也不言而喻。

---

* 本文刊载于《财政研究》2018年第1期。作者为：刘尚希、李成威、杨德威。收入本书时部分内容做了删节。

国家治理的本质和路径

在风险社会，任何一个社会领域都有引发公共风险的可能，各种风险交织、联系，涉及的层面与影响程度大大超过传统意义上的灾难。而这一风险往往是个人无法应对的，人与人相互关联，无人能置身事外。因此，运用集体的力量，在国家的层面统筹治理，通过优化和完善国家治理结构，不断注入确定性，防范和化解公共风险，实现国家进步和长治久安以及人民和谐幸福，这是国家治理的本质所在。

国家治理面临复杂多变的社会环境，实现善治与良治离不开对国家治理本质上的把握。国家治理的本质是公共风险治理，而治理风险通过注入确定性实现，为社会注入确定性等同于治理风险。通过完善国家治理结构，为社会注入确定性，从而降低社会的不确定性，实现治理公共风险的目标。

从这个角度来看，国家治理的路径应为：认知不确定性—注入确定性—再次认知不确定性。国家治理的起点应是认知不确定性。认知不确定性不可能消除不确定性，但可以增进不确定性的认知，可能减小不确定性，重点在于解释而非预测。

国家治理注入确定性的关键是再次认知不确定性，认知不确定性—注入确定性不是一个线性过程，而是一个循环过程，不断受到主观和客观的反馈和适应。这一进程受宏观和个人两个层面因素的重要干预作用的影响。这些因素包括风险预期、政策措施，以及行为变化和预期变化等。认知不确定性是在"原有"社会形态基础上的认知，制度变迁会导致社会形态在循环过程中的改变，这种变化会在人的行为抉择、资源分配、心理预期方面发挥强大的作用。这些因素作用于社会形态的主观与客观因素，使社会走向新的状态，也为社会带来了新的不确定性，这意味着新风险的可能。新的不确定性需要再一次进行研究，通过认知不确定性步入新一轮的循环。这需要突出认知不确定性的核心作用，突破原有路径依赖，驱动循环过程持续为社会治理结构优化带来新的需求。

不确定性以及由此引发的公共风险既是人类社会发展的天敌，又是人类社会发展的原动力。人类社会在与不确定性和公共风险竞赛过程中，自身应对和防御不确定性和公共风险的风险理性水平也在不断提高，表现为知识的进步、技术提升、公共制度的改进以及公共创新能力和公共风险意识的提高，这些都是注入确定性的过程。

当不确定性发生改变时，公共风险理性也要发生变化，原来的应对不确定性的公共制度不能适应新的情况。在新的不确定性情形下，如果还沿用过去的老思路、老制度应对，不但不能防范公共风险，反而可能会加剧公共风险。这个时候就要顺势而为，进行公共制度创新，以提高公共风险理性水平。

为国家治理注入确定性：财政发挥定海神针的基础性作用

国家治理的核心是不断注入确定性的过程，在注入确定性的各种措施中，区别于其他措施，财政具有定海神针的作用，因此财政能够成为国家治理的基础与重要支柱。

第一，财政为提升公共风险理性水平提供基础。知识、技术、公共制度、公共创新能力和公共风险意识等公共风险理性每个要素都有相应成本，这些成本都需要财政承担。应对公共风险，需要对公共风险进行研究，加强对公共风险的预警，这有赖于知识水平的提高，而这必须付出成本。为了抵御各种公共风险，人们需要创造和改进各类技术，这些都要付出成本。所有的公共制度，不管是显形制度，还是隐形制度，其形成和运行都是有成本的，这些成本都需要财政来支撑。而国家本身作为最大的一项制度，以财政为经济基础，须臾不能离开财政的支撑。公共风险导致了制度结构的产生，那么，这种制度成本亦可看作是防范公共风险的代价。

第二，财政是公共风险的“蓄水池”。现代财政制度发展出的信用制度、投融资制度等，为既定的制度框架内的社会风险找到暂时的安置点。从风险管理的角度看，分散的风险点比单一的风险点更加难以管理。由于风险点之间存在关联性，分散的风险点会产生系统性风险，使公共风险对经济社会的破坏力倍增。财政作为“蓄水池”的意义是为应对相关社会风险的制度改进争取时间，不同情况下的财政制度是灵活的，能迅速地依据风险类型选择弹性的财政收支政策，实现风险的转移与分散。财政风险虽然也有自身的限度，但是如果公共风险足够大，需要通过牺牲财政风险的时候，财政风险也必须做出让步。全社会的总体目标是公共风险最小化，财政风险是服务于公共风险治理的。这也就说明，财政风险要为公共风险承担最后的兜底责任。

第三，财政是国家治理变革的“发动机”。历史已经证明，影响统治政府盛衰更替的往往是由财政改革引起的，每一次财政改革都是由社会风险爆发引发，成功的财政改革能够很大程度上化解社会风险，给国家带来长治久安。历史上的财政变革，所要直接解决的问题是当时的政府财政危机，但财政危机背后是经济、政治制度无法与当时社会相匹配，而非单纯的财政问题。因此财政改革应是社会制度变迁的起点，逐渐向其他引发财政问题的根源领域延伸，与社会其他方面的改革配合，实现整体改善。

第四，财政是调动各方面力量共同化解公共风险的总中枢。化解公共风险，仅靠政府或某一方面的力量是不够的，必须发挥多元主体的积极性，这也是我们讨论“治理”常有的题中之意。财政在调节各种关系中发挥着基础性作用。财政调节的关系包括政府与市场的关系、政府与社会的关系以及政府部门和政府层级之间的关系。财政通过预算、税收和财政政策，可以调节政府与市场以及政府与社会的关系；通过财政体制，可以调节政府部门和政府层级之间的关系。财政通过这些关系的调节，可以将各种力量的作用发挥最大，从而形成应对不确定性和公共风险的治理结构。

善于用风险治理思维考虑财政问题

应充分认知政策环境不确定性，关注社会环境变化，不断认知社会不确定性变化情况，做到财政与社会变化的互动以及反馈。

第一，深刻认知不确定性，对未来不确定性作预期评价。风险预期使人们对复杂的政策环境进行深刻反省，从而使可能的变化及不确定性程度认识更加清晰，其作用在于能够对未来有一个宽泛的评价，而不是猜测（或预测）下一个阶段的困境是什么。从这种意义上讲，风险预期能够给决策提前思考的意识，为应对突发事件做好准备。

第二，密切关注国家治理中不断出现的动态变化。许多线性的（或渐进性的）变化在短期内可以预期，但在长期这种变化或有很大的差别。这些变化是相互影响循环的，变量之间的因果关系有可能颠倒甚至消失。财政政策在某个时间点上理解现有的社会状态，依据手中尽可能多的现时信息，预期未来的社会“坍缩”状态，制定应对措施。

决策时间点上做出的判断可能无需怀疑合理性与恰当性。但随时间推移，面对复杂且时刻处于动态变化的风险社会，决策者需要思考每个阶段的财政政策是否仍能实现政策目标，政策目标恰当与否。

第三，着眼于注入确定性完善财政制度和实施财政政策。这需要一定的灵活性与适应性，每一步制定与计划的过程需要创造性，不能拘泥于严谨的、缺乏灵活性的组织过程。在过程中需要主动认知、探索冲突与张力，对变化进行实际规划不可能减少所有的不确定性。社会的不断发展都会伴随着大量的张力，决策者的首要认识就是在重重不确定的前景中寻找一条前进的道路，实施举措从而使整个社会对冲不确定性，增进确定性。

前 言

2017年春天，第21次全国财政理论研讨会在北京国家会计学院胜利召开。第九届理事会理事、会员单位代表及中央有关部门从事财经政策研究和实际工作的代表400余人济济一堂、共襄盛会。会议围绕“供给侧结构性改革下的财税改革与财政政策”这一主题，收到交流论文100余篇，荟萃了财政学界的最新思想，拓展了财政学科的内涵领域，推动了财政研究思路和方法的创新。

财政与国家治理体系的内在统一关系和基础与支柱的定位是大会聚集研讨的核心内容。财税体制在治国安邦中始终发挥着基础性、制度性、保障性作用，而从基础与支柱的定位出发，则主要强调财政制度安排，体现并承载着政府与市场、政府与社会、中央与地方等方面的基本关系。供给侧结构性改革与财政创新发展是本次大会另一个主要关注点。供给侧结构性改革涉及面广、统领期长、影响深远。财政理论研究和财政政策管理应主要从落实“三去一降一补”五大任务、推进农业供给侧结构性改革、以创新推动实体经济转型升级三个方面形成思路创新、着力推进发展。论文作者根据自身的研究专长和特定角度，主要围绕以下论题展开：一是供给侧改革与财政政策的关系，并延伸到以财政政策为主导的财政金融政策协同，从“三去一降一补”

的结构出发，形成财政改革发展与供给侧改革深化的对应关系；二是从改革深化、产业发展和财政可持续三个角度研究农业供给侧改革与现代农业发展和财政农业政策的关系；三是供给侧改革与税制改革的基本关系，既包括从降成本、去产能角度的关系分析，也包括从补短板、强机制的角度形成新的理论突破；四是供给侧改革与区域发展和横向财政关系，涉及存量财政利益的核定、增量财政利益的分享、要素保障和基本公共服务保障投入的合理分担等内容。

中国财政学会秘书处组织力量，以汇集、展示财政理论和政策研究的最新成果和重大创新为目标，以服务财政中心工作和改革实践为基本要求，从提交的论文中精选了26篇，并以“谈财论治”为题结集出版，希望能对财政工作者、理论研究者以及关心、关注财政工作的广大读者提供有益的启发和帮助。

论文的选编既考虑文稿质量，又考虑选题的集中度。在此谨向未被选录的作者致以歉意，并希望您与我们一起继续为中国财政学会的发展和财政学术研究贡献力量。

刘尚希

2018年12月

目录

◆ 对策篇

◆ 地方财政篇

目录

理论篇

政府和社会资本合作治理理论

◇ 刘尚希　赵福军　陈少强

摘　要：运用政府和社会资本合作（简称“政社合作”，即 PPP）模式提供公共服务，不仅是区别于政府主导提供公共服务的新模式，还是一种新的资源配置和国家治理的新模式。政府和社会资本合作提供公共服务，主要涉及政府、社会资本和居民三大主体。让政府和社会资本合作形成、维系，需要实施“共治、共享、共建”的治理模式，即政府、社会资本和居民共治，政府、社会资本和居民共享政社合作项目产生的收益，共建推进政社合作模式所需要能力和制度、体制机制。

关键词：政府和社会资本合作；国家治理；共治

至今为止，经济学、财政学等学科公认市场、政府是动员、配置资源的两种模式，按照领域划分市场与政府活动范围，市场提供私人产品，政府提供公共服务或公共产品，并由此衍生出与政府主导公共服务提供相适应的国家治理模式。但现实的情况是，即使在公认的公共领域，也并非只有政府提供公共服务，市场、社会也可以提供公共服务，政府与市场、社会合作已成为公共服务提供的重要模式，跨领域的行为上的合作将成为新的趋势，这需要重新思考财政学理论，甚至需要重构。

一、政府和社会资本合作是资源配置、国家治理的新模式

（一）市场、政府是资源配置的两种模式

在现有的研究中，市场和政府是资源配置的主要两种模式（见表1）。市场与政府的分工是市场能有效发挥作用的领域，就是市场活动领域。一旦超越市场所能，需要政府发挥作用。市场与政府之间作用边界分明，市场不能发挥作用，就是政府发挥作用的领域。

表1　市场、政府及政府和社会资本合作模式比较

	市　场	政　府	政府和社会资本合作
作用领域	能通过竞争发现价格的领域	价格不存在的领域。或能发现价格，但有损社会的领域	能达成契约的领域
资源配置基本原则或标准	自由选择。价格引导资源流向	公共选择。按照科层组织垂直化配置	合作选择。“风险—利益”分担与共享
存在的不足	整体的盲目性。产生合成谬误、滥用垄断地位	信息不充分。灵活性不足。易隐藏风险	实施成本的不确定性大
优　势	富有效率。分散公共风险	富有组织动员能力。可集中力量办大事	具有互补性。可形成合力。降低公共风险

市场配置资源以价格为导向，自由选择，富有效率；而政府配置

资源以政策目标为导向，公共选择，富有组织动员能力。政府在配置资源时，按照科层组织垂直化配置资源。政府提供公共服务以公共风险为导向，以财政能力为边界。

市场配置资源是一个自组织的过程，也是一个发现价格的过程，但容易产生合成谬误和滥用垄断地位。政府在配置资源时，具有集中力量办大事的优势，可把经济与社会的要求结合起来，降低公共风险。但也面临灵活性不足、忽视效率、隐藏公共风险，不能提供多样化的公共服务需求等不足。

（二）已有关于公共服务提供的逻辑起点与提供模式：公共服务提供是政府“单边责任”和“单边义务”，政府主导公共服务提供

财政学、公共经济学已有的理论认为，当市场失灵时，政府应进行干预，其中包括政府提供公共服务。提供公共服务是政府应有的职责，或者说是政府“单边责任”。基于这种逻辑，政府与市场之间有明确的分工，政府与市场活动边界和范围划分泾渭分明。市场提供私人产品，政府提供公共服务，并由此衍生出与政府主导公共服务提供相适应的国家治理模式。在政府主导公共服务提供模式下，政府通过税收、收费为公共服务提供财力支持，也有通过建立国有企业提供公共服务。政府为了提高公共服务效率，通过向社会、市场放权、中央向地方放权方式，让社会、市场、地方政府参与公共服务提供。即便是在公共服务提供中引入社会资本，也是基于提供公共服务是政府责任的思维。从 BOT 的含义不难看出，由社会资本建设、运营公共服务一段时间后，仍需要移交到政府手中，表明了基于公共服务提供是政府的单边责任思维。在政府特许的公共服务领域，政府通过行政授权、行政许可方式允许社会资本参与公共服务提供，这也体现更为明显的

“提供公共服务是政府责任的思维、政府向市场放权”的思维。

以这种逻辑分析公共服务提供，不符合现实发展需要。现实的情况是，即使在公认的公共领域，也并非只有政府提供公共服务，市场、社会也在提供公共服务，政府与市场、社会合作已成为公共服务提供的重要模式，因此，需要理论创新和发展，适应实践发展需要。

（三）政府和社会资本合作模式是资源配置、国家治理的新模式

市场配置模式和政府配置模式是已有的两种资源配置模式。按照政府、市场之间关系的“二分法”思维，政府与市场之间应当泾渭分明，市场能有效发挥作用的地方交给市场，公共服务的提供只能是交给政府。公共产品与私人产品的划分成为政府与市场分工的基本依据。但现实的情况是，即使在公认的公共领域，也并非政府独占，社会主体也可以提供公共服务。市场、社会的作用领域可以扩大到传统理论认为只能由政府发挥作用的公共领域。就此而言，至少要基于政府、市场、社会三者之间关系构建的“三分法”思维，推进多元主体之间的分工与合作。按此认识，资源配置模式不仅有市场、政府两种模式，还包括政府与市场、社会合作的第三种模式。政府和社会资本合作提供公共服务，既能充分发挥市场、政府各自具有的优势，又能弥补市场、政府配置资源中的不足。

一是政府和社会资本合作提供公共服务更加有效率、更加灵活。运用政社合作模式，鼓励市场、社会主体参与提供公共服务。对于市场主体来说，参与公共服务提供的动力在于综合考虑收益、成本与风险，追求未来的利润。企业参与政社合作项目时，会有追求降低公共服务成本的内在动力。从宏观来观察，还可以大大提高公共服务的时间效率，可以在更短时间内提供更多公共服务，以更高的质量提供公

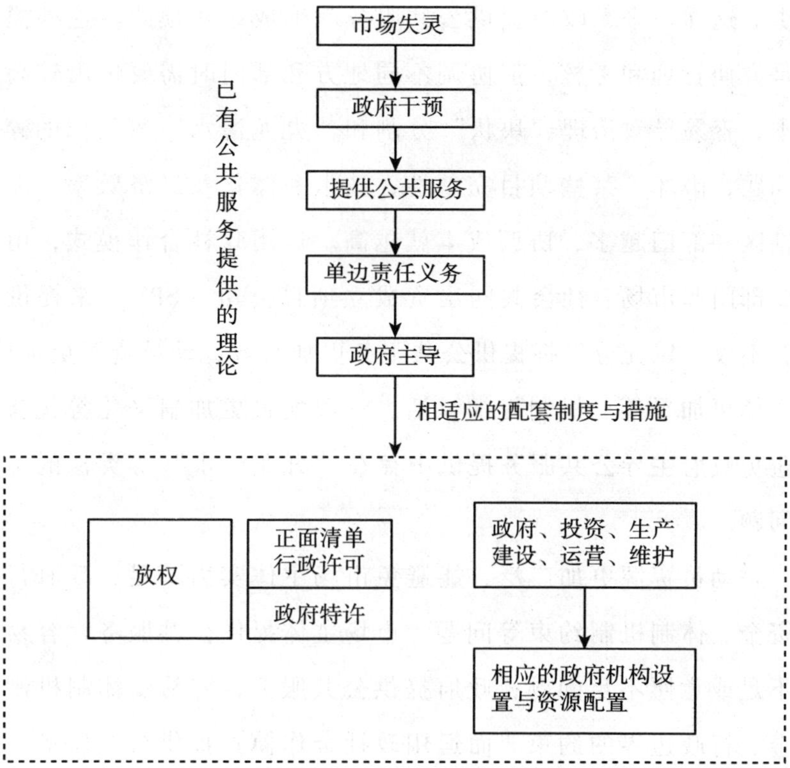

图1 政府主导公共服务提供的模式

共服务。政府可以通过购买、股权合作、租赁经营、特许权经营等多形式，与市场、社会合作提供公共服务，满足不同类型的需求。政社合作模式包含的类型多，可以根据不同地区、项目的具体情况选择，使得公共服务供给、政社合作项目运作方式和操作方式更加灵活。

二是可以避免公共治理中的碎片化问题。政府主导公共服务提供模式中，一般是按照公共服务受益范围划分中央与地方承担提供的职责，这样就形成地方性公共服务与全国性公共服务。有些跨行政区域的公共服务，需要地方政府联合提供。与此同时，按照政府部门事权划分其在公共服务提供中的职责，有些公共服务需要多个政府部门联合提供。这样一来，政府提供公共服务就形成条块模式。这种模式的好处是方便管理和考核，但协调不同地方和部门时需要付出较高的协调成本，容易导致治理“块状”分割和“九龙治水”等类似的碎片化治理问题，破坏了某些项目完整性、技术一体化及经济效率。涉及的行政辖区和部门越多，协调成本就越高。运用政社合作模式，由涉及区域、部门和市场、社会共同出资成立项目公司（SPV）来提供公共服务，不仅可以充分发挥提供公共服务更加有效、动员资源更加广泛、参与主体更加平等、机制更加灵活、资源配置更加扁平化等优势，又可以避免政府主导公共服务提供中存在“九龙治水”等类似的碎片化治理问题。

三是动员资源更加广泛，能避免市场主体实力不足、政府行为受财政资金、体制机制约束等问题。市场主体提供公共服务，容易出现实体不足或意愿不足问题；政府提供公共服务，容易受体制机制和财政资金、行政边界的约束。而运用政社合作模式提供公共服务，则能突破体制机制和行政边界约束，跨区域、跨领域、跨部门组织动员资源，拓展了可行配置空间，减少了因行政、区域分割带来的冲突和低效率。可动员人力、资本、技术、管理等各种资源广泛参与，充分发挥市场、社会的作用。政府与社会资本合作，从广义来说，既可以包括存量，也可以针对增量。对于已经建成的公共设施和政府已在提供的公共服务，可以实行特许授权，通过市场和社会主体来运营管理提供公共服务，如高等级公路、医院、养老院等；对于新建公共设施和将要新提供的公共服务，可以从一开始就让社会资本参与，从设计、建造、采购、运营、管理等环节全程参与，可弥补政府自身能力的不足，如资本、人力、专业性等方面的不足。

二、政府、社会资本与居民共治

（一）政府和社会资本合作提供公共服务的形式多样化

政府和社会资本可以根据公共服务提供的需要和各自优势，开展多种形式的合作。公共服务提供包括方案设计、公共服务筹资、建设、运营、维护等多个环节或阶段，政府、市场与社会可以在公共服务提供的这些环节中的某个环节或某几个环节，甚至是全过程进行合作。公共服务提供需要资金、技术、土地、劳动力、人力资本、机器设备等这些要素，政府和社会资本可以根据实际情况，以这些要素参与合作提供公共服务。公共服务的付费方式（或成本弥补方式）包括财政支出、向受益者收费、第三方付费等，政府和社会资本合作提供公共服务时可以根据公共服务的类型采取某种或某种类型组合方式回收投资。

（二）政府和社会资本合作提供公共服务并共治，能够化解和避免政府、市场、社会单独提供中的风险与不确定性

既然公共服务提供是政府、市场与社会的共同责任，需要合作提供并共同治理。

1. 共治能防范化解“集体行动困难”“囚徒困境”“公地悲剧”等问题。如果依靠市场、社会主体自愿达成协议方式提供公共服务，可能会面临就公共服务成本分摊等难以达成一致或达成一致成本较高，出现“集体行动困难”“囚徒困境”。公共资源具有直接收益，市场、社会主体就会过渡进入或抢先进入，出现“公地悲剧”。在政府与市场、社会共同提供公共服务且共治的情况下，政府可以充当协调人角色，降低市场、社会主体之间就公共服务提供的交易成本，能避免

“集体行动困难”“囚徒困境”出现；在公共服务供给过程中，政府不一定出资。面对公共服务供给过程中的讨价还价成本，政府可以充当“协调人”或“中心协调人”的角色，以促进公共服务提供（赵福军，2008）。为避免“公地悲剧”，政府可采取产业准入限制等措施。

2. 共治可化解政府主导公共服务提供效率不高问题。政府主导公共服务提供，可能会存在效率不高、对公共需求响应不及时等问题，有些公共风险没有及时化解和防范，甚至还可能会导致公共风险日益积聚。在政府与市场、社会共同提供公共服务且共治的情况下，公共服务供给更加有效率。不仅以更低的成本、更高的质量提供公共服务，还可以大大提高公共服务的时间效率，在更短的时间内提供更多的公共服务。

3. 共治能促使政府、市场、社会各方互相监督、互相约束，减少政府主导公共服务提供中的委托代理成本与监督成本。政府主导公共服务提供，可能委托给相关部门或中央委托给地方，这样可能会产生委托代理成本。即便是市场、社会主体可以从公共服务受益者角度对政府提供的公共服务进行监督，但市场、社会主体相对于政府而言处于信息劣势地位，难以实施充分的监督；政府对相关部门提供公共服务实施审计等相关监督，也需要付出较高的监督成本。在政府与市场、社会共同提供公共服务且共治的情况下，政府、市场、社会在公共服务全生命周期参与合作，既可以减少政府主导公共服务提供时的委托代理成本，又可以对合作主体进行相互监督、相互约束，防止政府、市场、社会的道德风险行为，也减少监督成本。例如，政府主导治理环境时，可能会出现政府一边在治理，还有部分企业在偷偷污染；由政府与市场、社会共同治理环境，全社会都在监督环境污染，能大大减少“一边治，一边污染”的问题。

（三）政府和社会资本共治的核心内容：行为共治

政社合作项目涉及政府、市场、社会、居民等多参与主体。政府与市场、社会合作提供公共服务，政府、市场、社会是公共服务的提供者；政府还充当监管者，对公共服务进行监管；居民是公共服务受益者和监督者。除此之外，政社合作项目参与主体构成复杂还包括金融参与方、项目建设和施工方等间接参与方；不仅可能包括本地区的政府及相关部门，还可能包括其他地区的政府及相关部门，也可能包括省、市、县、乡镇等多层级的政府及相关部门。另外，因政社合作项目生命周期长，会涉及参与人的不确定性问题。政社合作项目生命周期长。政社合作项目合同期限一般不低于10年，很多为20～30年。在涉及较长时间的项目生命周期中，政社合作项目可能面临企业生死、兼并、转型、资本结构和治理结构变化，企业法人的更换等，政社合作项目生命周期与企业生命周期不一致、不对称、不匹配等现象；政社合作项目生命周期长，跨多个行政期限，也可以看成不同的参与主体。

政社合作项目所涉及的政府、市场、社会、居民等多主体目标的差异性，需要运用制度协调这些主体的行为。由于政府、市场、社会、居民在政社合作项目中的角色与地位不一样，其目标也呈现差异性。对于市场主体来说，参与公共服务提供的动力在于综合考虑收益、成本与风险，追求未来的利润。对于社会主体来说，参与公共服务提供的动力在于追求社会组织的社会影响或声誉；对于政府来说，运用政社合作模式提供公共服务的动力在于，可降低财政负担，提供数量更多、质量更好的公共服务。在政社合作项目中，企业可能为追求利润、降低风险以及较快回收投资，一旦在劳动力、原材料等要素成本上升时，可能会以牺牲公共服务质量保证其利润。这样就会出现政府、市场、社会、居民等主体目标之间冲突。对于政社合作项目来说，由于政府、市场、社会三方目标的差异性，它们之间潜在冲突一直伴随着政社合作项目全生命周期，包括再谈判和“敲竹杠”问题、合作破裂或中止、调整合作水平等。

因此，推进政社合作模式，需要协调政府、市场、社会这些主体行为，实现这些主体之间激励相容，让大众有更多的获得感和满足感。

（四）政府和社会资本共治的核心：风险共治

1. 风险共治的优势。一是政社合作项目风险具有公共性、外溢性，决定需要各方共治。有些风险看似影响社会资本较多，但如果社会资本没办法承受风险，会直接影响到政社合作项目运营，最终也会影响到政府、居民。因为政府、居民也是公共服务的受益者，因此，对于看似影响社会资本较多的风险也需要政府、社会资本、居民等主体共治。

二是为提高风险治理的效率，需政府、社会资本、居民各方参与共治。政府和社会资本合作，各方如果仅从各自目标出发而不考虑合作目标，就会导致各参与方为最大化个体利益而产生违约行为和行为风险。例如，社会资本为追求更多的盈利而牺牲公共服务质量。因此，为实现、维系政府和社会资本合作，既要实现各自目标，又要实现合作目标，需要约束双边行为、共治行为风险。

2. 风险共治的重点。政社合作项目中既包括市场、环境、政策等多种类型的风险，又包括来自政府、市场主体、社会主体行为带来的不确定性与风险。因此，需要政府、社会资本和居民共同治理并降低

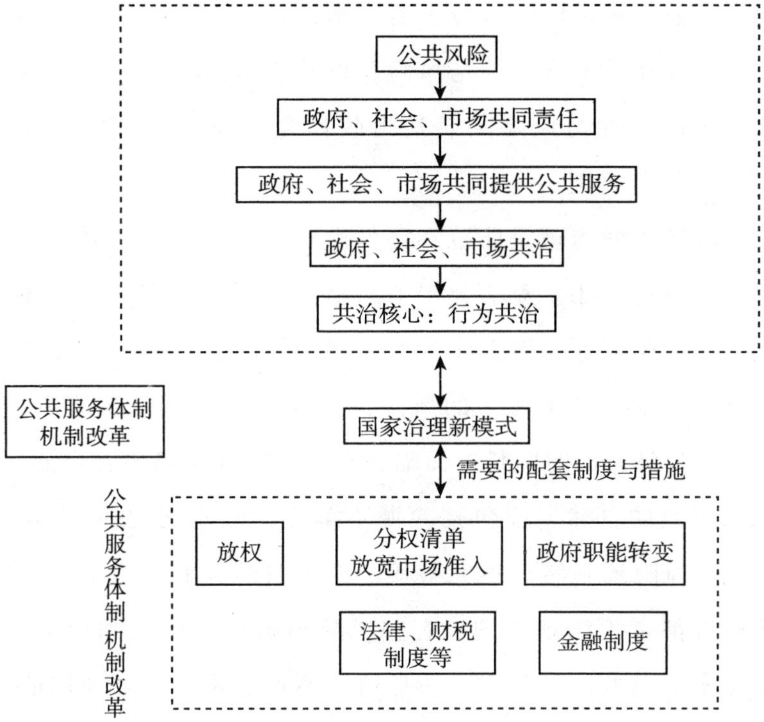

图 2　以共治为理念的政社合作模式

不确定性与风险。

（1）政府和社会资本合作面临风险与不确定性的多样性与复杂性。政府与市场、社会合作会面临多种多样的风险，大致包括环境风险、政策风险、项目风险、市场风险等。在这些风险中，有些是外生风险，有些是内生风险；有些风险可控可预期，有些风险则完全不可预期；有些风险有良好的风险统计特征，有些风险则完全随机；有些风险可以通过保险市场分配，有些则属于不可测度或不可抗风险；有些属于自然风险，有些则属于不对称信息不完全信息下的道德风险。如果按照政社合作项目实施的顺序，可以分为事前、事中、事后的不确定性与风险。事前不确定性与风险主要是指政社合作项目参与方因信息不对称而担心存在的不确定性与风险，以及因信息不对称引发的道德风险。事后不确定性与风险主要是指政社合作项目实施后，参与主体“变卦”、不履行合同。

（2）共治的重点就是防范和降低政府、社会资本和居民等主体的行为风险。政府与社会资本合作中面临的问题虽然有市场、环境等客观风险，这些风险是任何主体合作中都会存在的，但最重要的风险是政府与社会资本、居民行为的风险，主要包括：①信息的不完全性。政社合作项目涉及的时间长，面临的自然风险和市场风险可能比较多。自然原因导致的自然风险包括险源不确定、分布无规律、不可识别、不可预期、风险地图结构不完整等。有些自然风险对政府、市场、社会主体而言都是无法预知的；有些风险超越技术识别和应对手段时，就存在技术上不可排除状态。一旦这些不可识别、不可预期的风险出现，就会对政社合作项目参与方带来不确定性和风险。②信息的不对称性。在政府与社会资本合作中，各参与方的信息对其他参与方都存在信息不对称性，自身拥有的信息比其他参与主体拥有的信息多。如果政社合作项目各参与方的真实状况存在不确定性，或者未来行为方式不可预测，就会存在严重的逆向选择、协调失灵和囚徒困境问题。③信息的动态性。在政社合作项目实施过程中，经济环境、自然环境等客观环境、参与人状态等都会发生变化，会改变政府与市场、社会合作的条件，从而影响合作的维系。例如，在政社合作项目实施过程中，可能面临政府行政环境、政策变化，也可能面临企业法人变更、兼并、破产、重组等。④信息的策略性扰动。在政府、市场、社会合作形成和维系过程中，政社合作项目参与人不仅不会提供真实信息，而且可能会故意提供虚假失真信息进一步扭曲决策结构。例如，有些地方政府为保证项目成功而刻意隐瞒真相，向市场传递虚假的人口结构、收入及消费潜力等统计信息；有些企业也为了争取到项目，刻意向政府和市场合作者隐瞒会计财务实力；第三方资信评估机构也可能会提供假资信等等。⑤政府、社会资本、居民之间的合谋行为。地方政府和社会资本之间合谋、社会资本和居民之间合谋、地方政府和居民之间的合谋行为。这些合谋行为出现，都不利于政府和社会资本合作初衷目标的实现。

（3）实现风险共治的途径。一是由于政社合作风险是政府、社会资本共同的风险，需要各方共治。这就是联合分担风险原则。社会资本负责项目的建设过程和日常运营环节，在信息、决策等方面都处在有利的位置和拥有更多信息，有责任并且有能力来承担项目的设计、建设、财务和运营等商业风险，因此，项目设计、建造、财务和运营维护等商业风险由社会资本来承担。对于政社合作项目双方均不具控制力的风险，分配时应综合考虑风险发生的可能性、防范风险的成本和社会资本承担风险的意愿等，由政府和社会资本共同共担。二是通过制度设计以防范主体行为风险。政府、社会资本的行为风险是需要重点防范的风险，需要强化制度设计，从源头上加以防范。根据社会资本的风险偏好程度（是风险规避者还是风险偏好者、风险中性偏好者）与责任能力，设计风险分配制度。可以让收益最大者多承担风险、规避风险成本最小者多分担风险、最能够承担风险者多承担风险、最有潜在能力者多承担风险、可能损失最大者主动规避风险。三是对政府行为加强法律约束，加快推进政府行为法治化。与社会资本相比，政府处于更加有利的地位。因此，加快推进政府行为法治化，使得政府遵循法律、法规。四是加强对社会资本进行动态监管。为防止社会资本在履行合同中的违约行为出现，政府在政社合作项目中的重点工作就是，对社会资本加强监管，及时调整纠正社会资本行为的偏差。

三、政府、社会资本和居民共建体制机制

由于政府和社会资本合作是资源配置和国家治理的新模式，政府主导公共服务提供的模式，以及相关的政策、体制机制、管理必然难以适应这种新模式。因此，适应政社合作发展，需要大力建设与之相适应的制度、体制与机制建设，包括金融、法律、公共服务监管、公共服务建设与运营、税收、财政支出、预算等相关制度。

（一）政府、社会资本和居民共建的优势

1. 可增强政社合作相关制度、机制、体制的可执行性和可操作性。在政府主导公共服务提供模式下，政府是公共服务的生产者、监管者，并建立其相应的公共服务供给的融资体系、税收制度等。运用政社合作方式提供公共服务，政府角色发生改变，政府工作重点是对公共服务提供的规划、对公共服务提供的数量、质量进行监管等方面。因此，从政府主导公共服务提供模式向运用政府和社会资本合作提供公共服务模式转型，需要建立与政社合作发展相适应的金融、法律、公共服务监管、公共服务建设与运营、税收、财政支出、预算等相关制度。这些制度的建立健全，需要地方政府、社会资本、居民共同参与，增强制度的可操作性。

2. 可提高社会资本参与政社合作项目的积极性。政府与社会资本合作提供公共服务，具体采取哪种形式、具体融资机制、项目运作机制、退出机制、政府与社会资本之间的股权比例、风险与责任分配机

制、收益分享机制，需要政府与社会资本之间进行协商共建。例如，为应对政府与社会资本合作提供公共服务中的经济环境、公共服务的受益者规模变化，可能会出现社会资本的收益可能达不到合同约定的最低收益水平，需要政府与社会资本各方在公共服务提供合同签订时，就相关事宜进行磋商，建立利益补偿等相关机制。

（二）政府、社会资本和居民共建政社合作体制机制的重点

共建政社合作体制机制的重点在以下几个方面：

1. 建立政社合作项目共同规划的体制机制。吸引社会资本参与公共服务提供，并不是简单地把公共服务的市场准入放开，它们就会自动进入。社会资本注重项目的营利性，为利益而来，如果预计公共服务项目不能盈利，就不会进入。因此，需要提升公共服务项目策划能力，与社会资本共同进行策划政社合作项目，并建立共同规划机制，增强它们参与提供公共服务的吸引力。

2. 提高政府、社会资本共建的体制机制能力。对政府而言，需要全方位提高相关能力。（1）需要提升认识和学习能力。需要从治理角度认识政社合作，树立政府与社会资本、居民各方共治理念。政社合作是国家治理新模式，区别与政府主导公共服务提供的模式，需要政府相关工作人员加强学习，适应政社合作发展的需要。（2）提高制度建设能力。适应政社合作发展需要，加快提升与政社合作相适应的制度、体制与机制建设能力。（3）提高监管能力。公共服务涉及公众利益，鼓励社会资本提供公共服务，需要平衡好公共服务对市场的营利性与公共利益，防止社会资本牺牲公共利益而获取项目的营利性，因此，加强监管和提高监管能力尤为必要。当然，也可以引入第三方对政社合作项目进行监管。

对于社会资本而言，参与公共服务提供，也需要增强相关能力。（1）增强法律、税收、制度等学习和研究能力。运用政社合作提供公共服务，政府出台很多法律法规、制度等，需要及时学习。从政府主导公共服务提供的模式，向政府和社会资本合作提供公共服务转型过程中，有很多制度处于不断完善过程，需要社会资本不断学习和研究，并及时向政府提出有建设性的意见和建议。（2）增强创新能力。市场主体处于市场前沿，熟悉商业运作，应加强政社合作项目能力建设，提出更多、更好的运作模式。

3. 增强政府与社会资本、居民主体相互适应能力。在政府主导公共服务提供模式中，政府与市场、社会之间处于不平等地位，政府处于监督、提供、生产运营方，市场、社会处于公共服务的受益方。尤其是公共服务提供具有垄断性时，政府居高临下地命令指挥。而政府与市场、社会合作提供公共服务时，需要平等协商，相互适应。比如，由于政府相关负责人或市场、社会主体的负责人变更，都需要适应不同风格。

四、政府、社会资本和居民共享收益

（一）政府、社会资本、居民共享收益的好处

虽然政府、社会资本、居民这三者之间目标呈现差异性，在某种程度上说是存在一定对立性，例如，居民要求质量比较高的公共服务，需要政府和社会资本投入更多的财力，增加政府、社会资本、居民这三大主体之间目标兼容难度。但可以通过合理的制度设计，实现这三大主体之间目标兼容，例如，建立政府、社会资本、居民共享政社合作项目收益制度，让他们都能从政社合作项目中获得收益，从而支持、

推进政社合作模式发展，实现这三大主体之间目标激励相容。

对于公共服务使用者付费的项目，社会资本参与这类政社合作项目，从使用者付费中获得一定的收益；与完全由政府提供公共服务相比，居民不用付出更多，但可以享受更多、更好的公共服务；对于政府而言，不用参与这类公共服务提供或减少参与提供的投入，降低财政负担。因此，政府、社会资本、居民都从中获益，实现多赢，实现了收益共享。

对于政府付费的政社合作项目而言，社会资本参与这类政社合作项目，从政府付费中获得收益；与完全由政府提供公共服务相比，居民可以享受更多、更好的公共服务；对于政府而言，可以通过招投标引入社会资本，降低财政负担和当期财政支出压力。因此，政府、社会资本、居民都实现了收益共享。

（二）实现政府、社会资本、居民共享收益的举措

1. 统筹平衡政社合作项目相关主体的利益，要让各参与方都能受益。推动政府与社会资本形成合作并维持的重要条件就是，要让政社合作项目参与各方实现收益共享，既要防止只注重市场主体的利益，而忽视公共利益；又要防止只注重公共利益，而忽视社会资本的利益，要统筹平衡政府、社会资本、居民相关主体的利益。

政府、市场主体、社会主体在参与政社合作项目时，获得的收益有所侧重。对政府而言，政府从政社合作项目获得的直接收益就是增加公共服务和公共产品的有效供给、提高公共服务供给质量，其间接收益还包括促进经济增长与发展、改善生态环境等。对于社会资本而言，除了从政社合作项目中获得直接利润外，还包括项目参与经历、经验、学习效应、信誉、核心竞争力、政府关系、市场网络、团队合作与治理、顾客资本等。社会收益是由政社合作项目带来的外溢效应，或者因政社合作项目引致、间接关联所给第三方带来的收益总和。对居民而言，从政社合作项目中获得的收益包括公共服务质量供给的提升、公共服务供给数量增加、因公共服务或公共产品提供而引发私人的资产自然增值，等等。在国家层面，如果政社合作项目收益没有外溢到其他国家，那么，政社合作项目的所有收益、成本和风险都将内部化。要促使政府、市场、社会形成合作并维系合作的稳定性，就必须统筹平衡各方利益，使得政府、社会资本、居民等各相关方都能获得收益，从政社合作项目中获得的收益高于从政府主导公共服务提供中获得的收益。尤其是政府、社会资本不能从政社合作项目中获得的收益，政府和社会资本合作难以形成、维系。

2. 创新政社合作项目盈利模式，增强市场参与政社合作项目的积极性。要让市场有积极性参与政社合作项目，必须要寻找合理的盈利模式。也就是说，不管采用何种方式实施政社合作，市场提供公共服务都必须要有付费来源。纵观目前常见的政社合作案例，主要有使用者付费、政府付费、可行性缺口补助等付费模式。为增强市场参与政社合作项目吸引力，应鼓励创新，可围绕以下三方面进行创新。

一是探索第三方付费方式。第三方付费是指由政社合作项目中的使用者、政府之外的主体付费。例如，政社合作项目公司在提供公共服务时，可以附带生产出具有经营性的副产品（如广告、建筑作品知识产权的授权使用），社会资本经营这些副产品，由这些副产品的使用者付费，以此弥补公共服务提供的成本。

二是探索综合性政社合作项目跨领域补贴的付费方式。积极探索综合性的政社合作项目，将公共服务与具有商业价值的项目捆绑开发，以具有商业价值的项目的收益补贴公共服务建设、运营。例如，香港地铁公司（简称“港铁”）的盈利模式可总结为“轨道交通 + 地产商业”的组合。具体操作方式是：政府在实施政社合作项目时，将基础设施或公用事业项目（如地铁、隧道、环境治理等）周边一定数量的资源（如土地、旅游、矿产等）的开发权或经营权让渡给政社合作项目公司作为对价。以捆绑方式提高项目公司的整体盈利能力，即所谓的资源补偿，以确保社会资本获取合理回报，调动投资者的积极性。这种模式在我国面临的最棘手问题是土地等公共资源通常需要通过公开出让方式取得，捆绑或补偿方式的面临着法律法规的约束。

三是延伸产业链探索跨环节补贴的付费方式。政府授权社会资本对政社合作项目的潜在的价值进行开发。例如，当政社合作项目供给的基础设施或公用事业建成后，需相应的配套服务才能正常运转时，政府可授权政社合作项目公司提供这种可以产生预期收益的配套服务（如餐饮、物业、绿化等）。

3. 建立和完善政社合作项目的超额收益分享制度。对使用者付费的政社合作项目可能会因使用者需求激增，可能会导致项目公司获得超出合理预期的超额利润。有人提出对政社合作项目的超额收益要进行限制，防止因使用者需求激增或收费价格上涨导致社会资本获得超额收益。我们认为，需要区分超额收益来源，采取相应的激励措施。为充分发挥社会资本的积极性，激发其创造力，可以让社会资本分享由其努力、创新政社合作项目运营而获得的超额收益。

一是建立浮动收益制度。为充分体现社会资本在政社合作项目中的贡献，可以按照努力与收益匹配原则分配超额收益。如果社会资本依靠运营努力、创新而取得政社合作项目的超额收益，可以全部归属于社会资本。如果是政策因素导致政社合作项目的超额收益，则不能归属于社会资本。

二是实施跨期平衡策略。为增强社会资本创新的动力，可以在前期允许社会资本获得相对低一点的汇报，在政社合作项目运营中后期阶段获得相对较高一点的回报。这样，更有助于激发社会资本进行创新。

三是其他项目优先支持。为充分发挥社会资本投资、建设、运营政社合作项目的积极性，如果社会资本对某一政社合作项目建设、运营得好，以后在本区域内的政社合作项目优先考虑。

作者工作单位：刘尚希、陈少强，中国财政科学研究院；
赵福军，国务院发展研究中心

新市场财政学：旨在增强财政学解释力的新范式

◇ 李俊生

摘　要：“公共财政学”作为当代主流的财政理论存在的最为突出的问题就是解释力和预测力严重弱化。“新市场财政学”就是针对当代主流财政理论的这个问题所构建的一个新范式。本文以我国改革开放以来财政理论建设与发展的历程为线索介绍了新市场财政学范式的简要过程，同时从核心概念体系、理论渊源以及理论与现实的关系三个维度描述了新市场财政学范式的基本特征。探索构建新市场财政学范式的目的是增强财政科学的解释力和预测力。

关键词：新市场财政学；主流财政学；解释力；预测力

一、引言

“新市场财政学”不是作为一个新概念、而是作为一个新的财政理论框架、新的财政学分析与研究范式提出来的。2016 年 8 月我与姚东旻博士尝试用新市场财政学的范式就互联网搜索服务的市场供给方式与性质问题进行了探索，这是“新市场财政学”首次正式见诸公开发表的论文。2016 年 11 月 12 日，中央财经大学中国公共财政与政策研究院和中国财政发展协同创新中心联合举办了“新市场财政学理论创新学术研讨会暨新市场财政学研究所成立大会”，在这次会上，我正式向来自包括中国社会科学院财经战略研究院、财政部中国财政科学研究院以及北京大学、人民大学、美国佐治亚州立大学等国内外高校、科研院所的学术界同仁介绍了“新市场财政学”理论框架的构想，这差不多就算是新市场财政学理论框架建设的宣言或者开工仪式。

探索新市场财政学范式的主要目的是针对目前的主流财政学存在的一系列致命的问题而提出解决之道。我国当代的主流财政学理论实质上就是英美财政学理论，即盎格鲁－萨克森学派的财政学理论，而不是本土产生的财政理论——诚然，这并不是当代“主流”财政学理论的问题所在，因为财政学作为一门研究政府以及公共部门财政活动的科学是不应当有国界的，学术界也不应当以极端的民族主义视角观察和研究财政理论与财政实践。不过，当代主流财政学的“出身”确实也决定了该学派必然存在“先天”不足和“后天”的缺陷：从盎格鲁－萨克森学派开始，西方主流财政学界抛弃了财政学自身的基本范式进而采用经济学范式研究财政问题，把财政学变成了财政经济学（更有甚者，部分当代主流学派财政学者还要把财政学变成公共部门经济学和公共经济学），把市场失灵作为财政活动的起点，进而把市场失灵理论作为财政学的理论基础；这些先天的不足导致了当代主流财政学对现实和历史财政现象解释乏力，对未来财政活动预测无术。一门科学如果不具备对其研究对象的起码的解释力的话，这门科学就不能被称为“科学”，也就不可能对其研究对象的未来走向提出准确合理的预测。

作为一种新的财政理论范式，新市场财政学并不是要彻底推翻现有的财政理论，不是要“从新打鼓另开张”，而是力图在继承和借鉴包括主流财政学派理论在内的古今中外财政学的理论研究成果和各个财政学派理论合理内核的基础上，构建具有强大的解释能力和预测能力的财政基础理论——这个财政基础理论必然要在紧密联系中国财政实践和其他国家财政实践的前提下构建，必然要充分考虑中国文化和中国思维方式在理论框架建设中的影响，从这个意义上看，也可以把新市场财政学视为财政学的“中国学派”。但是新市场财政学的这些“中国元素”并不会妨碍其实现建立具有“普世意义”财政科学理论的目标。在新市场财政学理论体系的构建过程中，继承、借鉴与中国元素都不可偏废——本文正是基于这样的原则阐述构建新市场财政学的基本思路，求教于学术界同仁。

二、从“国家”暴力论到“市场失灵”理论，再到新市场模型——新市场财政学范式的探索轨迹

批判的目的是借鉴、乃至继承。我研究新市场财政学理论的直接起因之一是对市场失灵理论的反思。

我国自从20世纪80年代初期实施改革开放到20世纪90年代中期的主流财政学就是“国家分配论”学派的财政理论。国家分配论学派的财政理论从国家作为财政本源和国家的暴力性质出发阐述财政学的基本原理，其中虽然贯穿了马克思的社会总产品分配理论和社会再生产理论，但是由于该理论对市场经济关注不够、甚至整个研究范式都

是脱胎于计划经济体制，因而无法适应自20世纪90年代中期以来我国推行市场经济体制，难以解释市场经济制度下的财政现象，从而被来自西方国家的、以盎格鲁－萨克森学派为主导的财政理论所取代——这个学派的财政理论很快就成为我国的主流财政学派，并且被冠以“公共财政学”的名称以示其与国家分配论学派财政理论的区别。在这个财政理论范式大转换的过程中，当时的许多财政学术界同仁发表了大量的学术论文，试图改造以国家分配论为主导的主流财政学，我也曾经力图在计划经济向市场经济的转换过程中，依照市场经济的运行规律和要求探索重新确定财政职能范围的理论依据，进而实现财政学研究范式的更新，但是，我国学术界的这些努力都失败了，来自西方国家盎格－鲁萨克森学派的“公共财政学”理论最终还是取代了“国家分配论”学派的财政理论，变成了我国“主流”财政学理论。

与“国家分配论”学派财政理论的分析范式不同，安格鲁－萨克森学派财政学分析范式首先是以“市场失灵”为起点分析政府及其财政存在的必要性，市场失灵理论实际上构成了盎格鲁－萨克森学派财政学的重要的理论基础。盎格鲁－萨克森学派财政理论的这个分析范式与“国家分配论”学派财政理论分析范式之间的根本性区别是：后者强调财政的分配属性，强调“国家”作为阶级社会暴力工具的分配主体作用，而前者强调的则是市场的失败导致政府及其财政对市场的干预——对于正在从计划经济向市场经济过渡的我国政府以及财政学术界来说，盎格鲁－萨克森学派财政学的分析范式显然更具有说服力，特别是马斯格雷夫提出的政府财政三个职能的理论所具有的针对性、实用性特征更是迎合了刚刚走出计划经济体制、需要重新定位政府在市场经济体制下财政职能的需要。因此，“公共财政学”在短时间内就流行于国内学术界和政府部门，并且很快就取代国家分配论学派的财政理论成为主流财政理论。但市场失灵理论本身就是一个悖论，它存在着许多缺陷和问题，与此同时，市场失灵也并非是政府干预的充分必要条件，将财政学构建在市场失灵理论的基础上，在逻辑上既不充分也无必要。特别是，市场失灵理论认为公共部门与私人部门是二元对立的关系，进而把私人部门与市场等同起来，把政府与市场对立起来，这种理论与实践严重背离、逻辑与历史严重错位的理论基础严重损害了财政学对现实财政现象的解释力与对未来的预测力。

如果依据财政学研究对象分类甄别，当代主流财政学实际上属于以研究市场经济条件下政府财政活动规律为主要对象的“狭义”财政学，即属于“市场财政学”。作为这种市场财政学的理论基础——市场失灵理论的“失灵”以及其对公共部门、私人部门和市场之间关系认识的偏差，让我们重新回归到对财政学的有关公共部门、私人部门、市场关系的探讨，从而诞生了“新市场财政学”。新市场财政学“新”在：在对市场失灵理论的批判和解剖的基础上，借鉴欧洲大陆学派财政理论的合理内核，重新定位公共部门、私人部门和市场之间的关系，探寻重构与完善财政理论的新的分析与研究范式。

“新市场模型”是新市场财政学的重要理论基础。新市场财政学通过“新市场模型”重新树立了市场“平台观”和“参与型”的政府观，将以公共价值最大化为组织目标的公共部门和以私人价值最大化为组织目标的私人部门都视为市场平台的参与者，并归纳了公共部门和私人部门满足社会共同需要和私人个别需要的多种广义的市场交互关系。在放弃了“市场失灵理论”的前提下，新市场财政学一方面为财政学的基础理论建设开辟了全新的研究视角；另一方面新市场财政学从国家治理需求的角度出发，为政府以及经济社会其他有关需求者研究与探索财政问题提供更具解释力的理论方法与工具。

三、新市场财政学的核心概念体系概述

财政学的核心概念体系构成了财政学的基本架构和解释元素，是财政学能否、以及在多大程度上具有解释力的决定性因素。

国家分配论学派财政理论的核心概念体系是以国家作为暴力工具所具有的强制力作为核心概念，由此展开了核心概念体系的建设——这样的核心概念体系决定了国家分配论学派的财政理论对市场经济条件下的财政活动难以形成强有力的解释能力，因为这样的概念体系不能客观反映市场经济条件下的财政现象与特征；盎格鲁－萨克森学派财政理论以市场失灵为核心建立的概念体系在起点上就产生了逻辑和历史的错位，由此构成的核心概念体系必然会出现对现实和历史财政现象解释乏力、对未来预测乏术的问题。由此可见核心概念及其核心概念体系作为财政学的基本架构和基本的解释元素对于财政学的解释力和预测力的形成具有基础性和决定性的作用。新市场财政学则将“社会共同需要”作为财政理论的核心概念，作为贯穿整个财政理论体系的中枢环节，并且认为只有围绕“社会共同需要”这个核心概念展开，财政学才能够形成一系列的具有科学解释力的核心概念体系。这是因为“社会共同需要”作为财政理论体系的核心概念首先回答了财政的来源问题，即从历史和逻辑的角度回答了财政是人类社会为了满足一定范围的“社会共同需要”而由社会集中性地支配一部分社会资源（在当代社会表现为“财政”）的现象，社会共同需要是导致财政活动产生的根本原因，明确了“财政”是用于满足社会共同需要的经

济手段，而不是用来满足私人的个别需要的经济手段。所以，“社会共同需要”作为财政学的核心概念，既回答了财政“范畴”和财政“活动”本身的来源问题，也回答了财政活动的目标问题，进而为科学地解决“财政本源”问题和财政学科的属性问题开辟了客观可行的路径，为增强财政科学对客观世界的解释力和预测力奠定了基础。

以社会共同需要为核心概念，新市场财政学理论框架的核心概念体系的构建遵循了“理论体系型核心概念与概念体系”的构建模式，目的在于从新的研究视角出发，探索新的研究方法、新的财政学研究范式，进而重建财政学的解释能力和预测能力。新市场财政学的核心概念体系如图 1 所示。

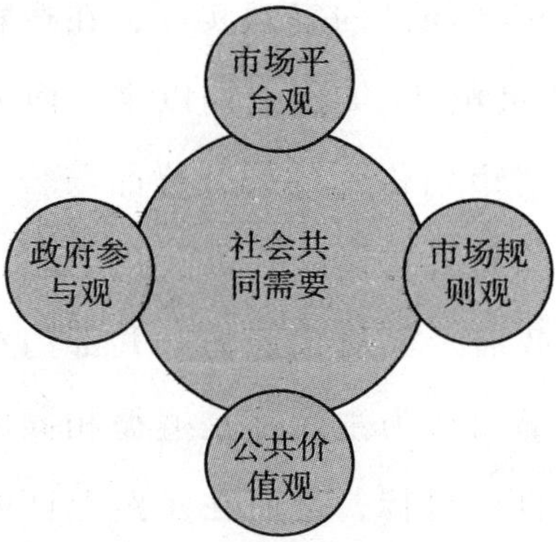

图 1　新市场财政学的核心概念体系

在图 1 中，以社会共同需要为核心概念——即位于图的中心位置的概念，形成了新市场财政学的核心概念体系。这个核心概念体系既解释了财政范畴的本源（如上所述），又解释了市场的本质——一种在不确定环境下进行有规则竞争以满足人的需要的过程。市场的本质就是通过资源的配置与交换满足人的需要的，这里的“需要”包括人的“个体”的个别需要，也包括人的“群体”的社会共同需要——这实质上也是财政的本源在市场经济条件下的具体实现形式。以市场的本质问题为起点，财政科学必须回答一系列的问题：市场满足人的需要的基本方式是什么？谁来满足人的需要？通过什么方式来满足人的需要？如何确定人们的需要的类型？满足社会共同需要财政活动和满足社会个别需要的经济活动各自在市场上的表现形式如何？相互关系如何？等等。财政学的核心概念应当能够对这些问题做出基本的解释。

（一）关于市场平台观

新市场财政学首先从物理学的角度出发，将市场视为一个“平台”，进而将市场上的一切行为主体（包括政府以及以政府为代表的公共部门）都视为“市场地位”相同的客体，这样的“市场平台观”符合我国以及其他国家市场经济的客观实际，在逻辑上是合理的，实践上也是可行的。自 20 世纪 70 年代中期以来，西方国家在政府与公共管理领域大规模引入“市场化”的公共物品与公共服务供给模式，进而引发了旷日持久的“新公共管理运动”（NPM）。新公共管理运动的过程和结果均表明，政府及其所代表的公共部门在市场这个平台上与企业、自然人等私人部门行为主体都是遵循相同的市场规则、按照市场通行的方式实现各自的目标，进而在实践上证明了它们实际上是地位“平等”的市场行为主体。我国目前正在兴起的 PPP（即公私伙伴关系）“运动”实际上也是一种政府与私人部门在市场这个平台上为了实现各自的目标所进行的“同台竞技”。对于上述的新公共管理运动和 PPP 运动中政府及其公共部门所扮演的角色，用盎格鲁－萨克森学派的财政理论是无法解释的——这也是盎格鲁－萨克森学派财政理论对现实和历史财政现象缺乏解释力的典型表现。“市场平台观”作为新市场财政学核心概念体系中的基础性概念环节，对上述财政现象给予了直观合理的描述，因而构成了新市场财政学强大解释力的重要因子。公共部门和私人部门作为市场行为主体，以平等的身份在这个市场平台上活动并创造价值——这样的市场平台观的更深层次的含义是：市场同时也是由相关制度构成的有机体，政府和以政府为代表的公共部门以及企业和以企业为代表的私人部门都是这个有机体的组成部分，两者遵循共同的法律与制度，服务于各自的组织目标。

（二）政府参与观

作为与市场平台观相对应的、具有逻辑上的承上启下功能的另一个基础性核心概念环节——“政府平台观”概念的引入意味着财政学不再将政府视为站在市场对立面的、居高临下的干预者，而是将其视为市场的参与者，视为市场平台上的有机构成部分之一，因而“政府参与观”与“市场平台观”相辅相成，共同构成了新市场财政学核心概念体系中的基础性概念环节。在处理政府在市场中的定位问题上，盎格鲁-萨克森学派与我国的国家分配论学派具有相似的观点，即他们都只看到了政府具有“强权”的一面，把政府视为市场之外、甚至凌驾于市场之上的行为主体，而对政府在市场中作为行为客体的特征却视而不见。国家分配论和盎格鲁-萨克森这两个学派之间的不同点只在于各自对政府具有的“强权”理解的程度不同：国家分配论学派从国家作为阶级压迫的暴力工具角度解读和理解政府的“强权”，而盎格鲁-萨克森学派则从“公权”的角度理解和理解政府的“强权”；但是两个学派都是将政府视为市场的对立面，视为市场之外的、对市场具有强制力的“强权”机构，并且基于各个学派所给出的不同的理由对市场进行干预。不言而喻，两个学派如此定位政府与市场的关系，是无法解释新公共管理运动中政府财政的行为规律的，也无法解释

PPP 运动中政府财政的运行模式的。而新市场财政学的政府参与观则基于市场平台观的内涵，将政府放在与其他市场行为者在市场中处于同等地位的参与者的位置上，进而为企业等私人部门市场行为主体与政府合作提供了重要的理论依据。

（三）市场规则观

在财政理论与实践中，长期困扰各个国家政府领导人和学术界的重要问题之一是政府与市场的关系问题，即如何划分政府和市场之间的界线问题。新市场财政学的市场平台观与政府参与观在理论上已经证明了这个问题实际上是“伪命题”，是人为的主观臆断，但是这似乎并没有解除人们的疑虑，这些疑虑主要集中在对政府在市场中的“身份”的识别上，即当政府作为市场平台上的行为主体之一时如何避免出现政府集“运动员与裁判员”于一身的问题？“市场规则”观则回答了这个问题。我国和世界上其他国家的经济与社会发展实践证明，任何市场规则的确立首先都是由市场行为者基于各自在市场中的利益与竞争对手和生意伙伴相互博弈、相互妥协的结果。政府作为市场行为主体之一，同样也要基于自身的利益诉求（理论上，政府的利益应当属于公共利益的性质，以满足社会共同需要为目标）与市场上的其他合作伙伴和竞争对手相互博弈，相互妥协，共同建立市场行为规则；一旦需要订立在一定范围内具有“普世”意义的规则，就需要上升到立法机构层面，由立法机构订立法律层面的规则。市场规则观认为，立法机构是市场规则的重要制定者，但不是市场规则的唯一制定者，而是将所有市场活动参与者都视为立规者，同时这些市场活动参与者也会基于各自的目标与利益诉求而成为规则的扭曲者。从基于市场规则观来看，关于所谓“政府与市场之间边界”问题的实质是在市场规则的制定过程中如何处理政府自身既作为市场行为者又作为“公权”执掌者之间的矛盾问题，这个问题的解决更需要规则——基本的规则应当是：将“公权”剥离出来纳入公众视野，通过提高“财政透明度”约束政府财政公权；将政府的市场行为纳入市场规则管控之下，把政府与市场上的合作伙伴与竞争对手置于相同的市场行为规则之下。

（四）公共价值观

新市场财政学与盎格鲁－萨克森学派财政理论相似，都是以市场经济条件下政府以及公共部门的财政活动作为研究对象，同属于狭义财政学的范畴。但是，盎格鲁－萨克森学派财政理论并没有给出市场经济条件下政府以及公共部门财政活动结果的市场表现方式，这也是该学派财政理论解释能力弱的重要原因之一。新市场财政学将公私部门在市场中的互动作为一种广义的交易：其中公共部门以创造公共价值、满足社会共同需要作为组织目标和财政活动的市场表现形式，私人部门以实现私人价值、满足私人或者企业个别需要作为目标和经济活动的市场表现形式。新市场财政学力图通过引入“公共价值”概念来解释和描述在市场经济条件下政府以及公共部门财政活动。在这里，公共价值并不是各类使用价值的集合体，而是市场经济条件下政府以及公共部门财政活动结果的理论表现形式。

新市场财政学的核心概念体系表明，新市场财政学的“新”主要体现在对市场和政府关系重新认识，在当代主流财政学中，政府在市场的外部、与市场之间形成一种对立和补充的关系，新市场财政学的观点则截然不同。但这个“新”并不是标新立异，不是自己重新打鼓另开张，我希望对现有的财政理论成果进行深入的研究，并吸收它合理的内核，这是我和我的团队研究新市场财政学理论的初衷。也是从这个角度来说，我和我的财政基础理论研究团队考虑使用 Neo-Public Finance 作为新市场财政学的英文名称，而不是用“new”作为财政学的限定词，因为“neo”比较恰当地反应了新市场财政学对欧洲大陆学派的传承和对当代主流财政学理论的反思；我理解，在经济学的传统用法中，“new”强调了政府对经济进行广泛干预的政治经济立场，而“neo”则更重视市场的作用，它反映了更为自由的政治经济主张，也更契合新市场财政学的理论观点。

四、新市场财政学的理论渊源概述

在西方财政学说史中存在两种体系比较完整的财政学派，其一是目前处于“主流”地位的盎格鲁－萨克森学派，他们将市场失灵当作政府干预市场的逻辑起点，认为市场和政府是配置资源的两个对立主体，政府主要扮演市场干预者和监管者的角色。其二则是几乎被财政学界忘却的欧洲大陆学派，该学派主张“参与型政府模式”，认为政府只是“经济社会”中各种错综复杂的、相互作用实体的一个组成部分。欧洲大陆学派的思想传承于德国官房学派，他们认为政府像企业一样，是社会经济中的一个内在的成员，只不过政府是有别于普通企业的一个特殊的企业组织。欧洲大陆学派理论构成了新市场财政学的重要理论渊源，与此同时，盎格鲁－萨克森学派财政理论也是新市场财政学理论框架体系设计的重要参照系。

（一）国家分配论与社会共同需要论

我国自改革开放以来至 20 世纪 90 年代中期是财政学研究的“百花齐放”的繁荣时期，其间，我国财政学术界主要是围绕着对“财政本质”与“财政起源”等问题的探索，形成了“国家分配论”“社会共同需要论”“剩余产品分配论”等具有较大影响的财政学派，其中，国家分配论学派财政理论在 20 世纪 90 年代中期以前甚至成了我国财政学领域的主流学派，而社会共同需要论财政学派的理论在我国进入 21 世纪以来的影响力则越来越大，学术界在反思当代主流财政理论的时候越来越重视对社会共同需要论财政学派理论的研究，这大概也是何振一先生的代表作《理论财政学》作为一部纯理论的学术著作被多次再出版的主要原因吧。上述财政学流派在理论上的共同特征是都从市场以外的领域寻找财政起源问题的答案，都承认“国家财政”在人类史的特定时期是客观存在——这些都表明这些财政学派的财政理论都是以马克思主义的理论为基础的，特别是都把马克思的社会再生产理论以及社会总产品分配理论作为财政学的理论基础。“从市场以外的领域寻找财政起源”的研究思路是新市场财政学在研究借鉴我国上述各个财政学派财政理论和反思当代主流财政学派财政理论过程中所得到的重要启示；马克思的社会再生产理论对新市场财政学理论体系的探索也具有重要意义，因为我理解马克思的社会再生产理论实质上就是对人类社会生产活动的一般规律所进行抽象、归纳进而总结和构建的理论，具有超经济形态的解释力；而社会共同需要论财政学则很好地回答了财政本源问题，同马克思的社会再生产理论一样具有超经济形态的解释力。尽管新市场财政学与当代主流财政学派（即盎格鲁－萨克森学派的公共财政学）的财政理论一样都是以市场经济形态下的财政活动作为主要的研究对象，但是，作为一门科学，财政学首先必须对基本的财政活动、财政范畴具有解释力，如必须回答财政范畴在市场经济出现以前是如何产生的，而在这个方面，国家分配论和剩余产品分配论学派的财政理论对财政起源问题的回答都是不能令人信服的，因而不具备基本的解释力。

（二）跨学科研究的成果

学术界的跨学科研究成果中对市场的定位也为新市场财政学理论体系的建设提供了重要的佐证与参考。营销学把市场看作一个平台，企业、政府在此平面上进行各自的经济活动进而创造价值。产业组织学也强调市场平台观，在这个市场上，政府和企业具有平等的关系。社会学中使用Field这个英文词定义市场，企业和政府在Field中各自完成自己的任务——我理解，Field也有“平台”的意思，只不过Field这个词的内涵实际上已经超出了“平台”的“物理”意义，涵盖了社会组织、制度等更加丰富的内容，这也是新市场财政学的“市场平台观”力图借鉴的应有之义。

（三）新公共管理运动

20世纪70年代中期发端于西方国家的“新公共管理运动”（NPM，在美国被称为“改造政府运动”）对新市场财政学理论构建也具有重要的启发性意义。新公共管理运动的核心是把市场因素引入包括财政领域在内的政府公共管理当中，遗憾的是主流财政学迄今为止没有对这场“革命”给出合理的解释——主流财政学如此回避人类财政发展进程中这样具有革命性质的事件也导致我对主流财政学理论的科学性与解释力产生质疑。

（四）公共选择理论

公共选择理论被视为一门介于经济学和政治学之间的新的交叉学科。公共选择理论的重要代表人物之一图洛克（Gordon Tullock）认为公共选择理论是以经济学的分析工具来研究和刻画传统的政治学问题的一门科学。公共选择理论的另一位主要代表人物布坎南（James Buchannan）认为政治市场与经济市场具有高度的相似性，公共部门内的个人也是追逐个人利益最大化的理性的“经济人”，这样就可能出现公共部门不能代表全社会整体利益的情况。可以说，布坎南提出的公共选择理论为财政科学提供了研究财政决策模式的一般方法论，也为财政学研究与分析范式的构建奠定了“工具”基础。

（五）公共价值理论

“公共价值”是政府通过提供产品、服务、制度等创造出来的公民对政府期望的合集。借鉴马克·摩尔的公共价值管理理论，新市场财政学把公共价值视为市场经济条件下公共服务、公共物品乃至制度的市场表现形式。

在我看来，公共价值理论、公共选择理论在很大程度上属于政治科学的范畴，我引入这两个理论意在将行政管理、政治科学的思想与方法引入财政学的研究中，解决主流财政学用经济学方法难以解决的问题，解释主流财政学根本无法解释的财政现象。新市场财政学将从跨学科的视角拓宽财政学外延，为财政学的基础理论研究开辟一个全新视角。

五、新市场财政学力图解决现实问题——财政学的解释力与预测力

当代主流财政学的入门课程一般都是从定义和区分公共物品、私人物品、准公共物品、俱乐部产品等概念开始的。主流财政学派的财政理论这样区分和界定财政学基础概念的逻辑在于，通过区分产品来清晰界定政府与市场的边界，从而明确不同产品的提供方是谁，进而

由政府提供那些“市场”无法有效地提供公共物品和公共服务——主流财政学理论似乎找到了解决问题的方法，但是在实践上却总是被所谓的“政府与市场的边界”问题所困扰：一方面，政府及其财政本身就在市场上“游走”，通过市场筹集财政资金（包括各种税收收入、债务收入等），通过市场购买“劳务”和“生产资料”以便“生产”公共物品和公共服务，甚至直接在市场上购买公共物品公共服务用于满足社会共同需要（包括政府本身的需要）；另一方面，学术界却竭尽全力要划分政府与市场的界线，力图把政府从市场中“剥离”出来，让政府只履行“宏观经济稳定、收入再分配和资源配置（macroeconomic stabilization, income redistribution and resource allocation）”三个方面的职能。不难想象，深陷这个矛盾旋涡之中的主流学派财政理论很难对现实做出合理的解释，也很难对未来做出准确的预测，因为这个理论存在着常识性的错误，把私人部门与市场混为一谈，把政府置于市场的对立面。新市场财政学则通过市场平台观的确立重新定义了公共部门与私人部门的关系，重新定义了政府与市场的关系，认为两者都是市场交易平台中的平等主体。新市场财政学进而把研究重点放在公共部门与私人部门在互动中存在的各种交易形式上，即广泛交易问题，而不是仅仅限于用若干个模型来描述和解决政府财政与私人部门之间的复杂关系问题。

主流学派财政理论以“市场失灵理论”为基础进而产生的上述常识性错误，使其无力解释当前的许多财政现象，因而也不可能提出符合我国实际的政策建议。以政府部门当前推广的 PPP 模式（公共部门与私人企业伙伴关系，借助市场中的私人部门及其市场资源，以公私合作的方式完成公共项目）为例，主流学派财政理论认为这是发挥政府和市场的各自优势、合力弥补传统政府投资领域的“政府失灵”的有效渠道，殊不知，这个政策建议与当代主流财政学派的理论是相互矛盾的。新市财政学认为PPP模式是广义交易中的一种非常“自然的”交易形式，本身就蕴含在新市场财政学的基本模型之中，并非是一种“特殊”的财政形态。

同样，主流学派的财政理论基于将政府与市场对立的基本观点，在解释政府购买服务，政府采购，寻租，以及非营利组织和个人自愿提供慈善服务等现象时会更加力不从心。例如，主流财政学将寻租行为的产生解释为“政府失灵”与道德风险下个人追求私利的结果；将非营利组织提供公共物品及慈善事业的存在归因于市场营利组织与政府部门的“市场失灵”与“政府失灵”；将政府购买服务与政府采购理所当然地解释为当市场无力提供公共产品时，政府应进行干预的结果。由此可见，主流财政学只是基于“市场失灵”与“政府失灵”的理论来解释这些财政现象，其本身就不具有说服力；同时在整体理论的逻辑关系构建过程中，理论自身的逻辑关系不清晰，针对理论与现实问题所给出的解释，其前提不断转化，或是政府有为，或是政府失灵，或是市场失灵，或是市场有效配置……这种理论的非自洽性值得我们反思。而新市场财政学摒弃了传统的市场与政府的对立、政府与市场之间存在边界等财政理论观点，确定公共部门与私人部门在市场平台的互动中广泛存在着多种交易形式，明确地定义了上述财政现象的存在是公共部门与私人部门中不同主体之间在市场中从事的旨在满足私人个别需要或者满足社会共同需奥的不同交易方式，并且在广义交易的范围内定义这些不同的交易方式，这样就使得定义更清晰，更具有解释力，在理论的自洽性方面更为一致。

财政学属于应用性极强的一门社会科学，财政学的解释力与预测力主要也是体现在这门科学对政府政策的分析能力上。主流学派财政理论在方法论上需要改进的一个重要方面就是过度依赖模型、以模型作为政策分析的基础——这是当代主流财政学在分析范式上被严重经济学化的必然结果。至少从财政科学的角度看，过度、甚至完全依赖模型作为政策分析的基础是导致财政学解释力和预测力弱化的重要原因。因为财政学的研究对象看似简单（与经济学的研究对象相比较而言），实则极为复杂。美国著名财政学家、2009 年诺贝尔经济学奖获得者埃莉诺·奥斯特罗姆（Elinor Ostrom）教授甚至把那种完全依赖模型作为政策分析基础的做法视为“认知陷阱”（the intellectual trap），即由于财政学家们完全依赖模型对政策问题展开分析，使得他们自我感觉就像是无所不知的观察家，在依赖模型为政府提供政策建议时感觉到得心应手，而政府也相信学者们所使用的模型是科学的，万能的，能够解决他们所要解决的问题。新市场财政学希望在借鉴当代主流财政学理论的科学模型的同时，在财政学中更多地引入制度性的研究方法与思想，引入包括马克思政治经济学理论、公共选择理论、交易成本理论、新制度经济学理论、法学思维和博弈论等理论、思想和方法，完善、乃至重新构建财政学的理论体系，使财政学成为一门具有科学解释力、精准预测力的、有自身的研究与分析范式的、相对的独立社会科学。

作者工作单位：中央财经大学

新市场财政学：批判、继承与开拓

◇ 马海涛　白彦锋　陈珊珊

摘　要：随着国内政府购买服务、政府采购以及 PPP 等新经济现象的出现与发展，西方的主流财政理论已经不能对此做出合理解释，究其原因是基础理论市场失灵理论本身存在很多缺陷，并且被严重的经济学化后失去了学科本身特征；事实上，早在 20 世纪七八十年代，西方公共管理运动就在推进政府与市场机制的融合发展，只不过财政学界缺乏对这方面的关注和解释、跟踪，在主流财政学的研究范式中被“有意忽略了”。失去解释能力和预测能力的财政理论开始走向没落，为此我们倡导新市场财政学的研究范式。新市场财政学对传统财政理论的继承主要体现在社会共同需要理论、公共选择理论、平台论以及不完备合约等方面。此外，新市场财政学摒弃了主流财政学政府与市场的“对立说”，转向“市场平台说”，并运用“剩余控制权”和“约定控制权”理论来界定政府与企业之间的关系。本文在社会共同需要、公共选择、市场平台观三个假设前提下，探讨新市场财政学的分析范式，分析经济社会中的财政新现象、新问题。

关键词：新市场财政学；旧市场财政学；市场平台说；剩余控制权；约定控制权

一、引言

目前“主流”的财政理论是指以“盎格鲁－萨克森”学派为主的财政理论，其用经济学的方式分析问题，把政府看作独立于社会之外的自治体，认为只有出现市场失灵问题时，政府财政和干预市场才有意义。但是由于“规制不足”和“规制不能”等原因，导致政府失灵等问题的发生。市场失灵与政府失灵并存的“双失灵”问题使得主流财政学陷入了理论上的困境。追溯到20世纪70年代，高失业率和高通货膨胀率共存的“滞胀”局面，已经使西方财政学理论饱受质疑。可见，主流财政理论被严重的“经济学化”后，已经在一定程度上丧失了对现实世界的解释能力，我们必须充分认识西方财政学的缺陷所在，探索对现实和新经济现象具有解释力的新理论。西方财政理论的分析建立在凯恩斯的宏观经济理论和公共财政理论的基础之上，以市场经济为立足点，研究市场经济形态下的财政活动，新市场财政学的研究针对的是这种“狭义财政学”。

财政学作为一门社会科学，是研究以政府为代表的公共部门财政活动的社会科学，其目的就是揭示财政活动规律，解释和描述财政现象，检测财政活动绩效，预测财政活动结果。从学说史来看，经济学产生于政治经济学，政治经济学产生于财政学。从20世纪50年代开始，英美财政学者将经济学的分析方法引入财政学领域，此后财政学逐渐集中在对市场经济形态下财政活动的研究上。传统财政学持“政府与市场对立说”，认为市场是配置资源的基础性手段，在此基础上出现市场失灵政府再进行干预，市场失灵领域恰好是政府财政的作用领域，政府要替代市场，更多通过财政投融资等对市场机制“越俎代庖”、拔苗助长。如果上面论述的是旧市场财政学的话，新市场财政学则认为政府财政应该更多地利用市场机制提供公共产品、以提高公共产品的供给效率，包括政府购买公共服务、政府与社会资本合作、碳交易平台、能源合同管理、消防合同管理、按病种付费（Diseases Related to Groups，DRGS）等。

二、文献综述

由于各国的财政实践中不断出现问题，西方主流财政理论一直受到国内外学者的质疑。盎格鲁－萨克森学派财政理论的缺陷主要表现在两个方面：一是财政理论的研究以市场失灵为出发点；二是财政理论被严重的经济学化。

（一）对市场失灵的批判

19 世纪末随着边际革命兴起，张伯伦等人从微观角度分析生产者的行为，找到了市场深层次的缺陷，从而正式发起市场失灵理论。经过近百年的发展，市场失灵理论成为主流财政学的理论基础，是当代西方经济学的重要组成部分。但是，市场失灵无论从理论还是实践上都存在缺陷，从刚开始提出，市场失灵理论就饱受诟病。Richard 和 Howard（1999）指出市场失灵的概念最初是由经济学家提出，在概念上是有缺陷的，并从交易成本的角度证明了这一点。在对经验研究的分析中，他们进一步证明了市场失灵与与政府干预不存在必然的联系。

Tyler 和 Eric（2002）提出了针对市场失灵的理论和经验反驳，挑战了约瑟夫·斯蒂格利茨、乔治·阿克洛夫和保罗·戴维等人的模型假设，对市场失灵理论提出批评。杨静（2015）系统分析了市场失灵理论的双重悖论，指出市场失灵不仅在理论上是失败的，在实践上也被证明是失败了的。市场失灵具有误导性，会阻碍政府功能的实现，所以要重新构建“双强、双优”的新型政府与市场的关系。

（二）财政理论经济学化

财政学“经济学化”是指把经济学的分析范式引入财政学，以“经济人”假设为前提，以市场失灵为起点，以福利经济学为基础，以成本效益分析方法为核心，将财政理论全盘经济学化。经济学化的结果使财政学丧失了自己的学科特征，迷失在经济学大旗之下。目前财政学已经被严重地经济学化，需要新的理论体系为财政科学革命开辟道路。有关财政学经济学化的发展过程如表 1 所示。

表 1　有关财政学经济学化的过程

年份	学者	著作	主要观点
1890	Marshall	Principles of Economics	主张政治经济学与经济学是通用的，政治经济学开始向财政学转变
1920	Pigou	the Economics of Welfare	提出外部性理论，主张国民收入均等化
1922	Dalton	Principles of public finance	通过边际效用价值论分析政府预算支出的效率问题，边际思想得到进一步传播
1928	Pigou	Studies in Public Finance	将补偿原则作为财政学的基础理论
1936	Marco	First Principles of Public Finance	公共财政理论为人们所熟知

续表

年份	学者	著作	主要观点
1939	Musgrave	the Voluntary Exchange Theory of Public Economy	进一步完善了林尔达理论
1947	Allen，Brownlee	Economics of Public Finance	认为财政学就是“经济学”、公共财政学是对公共经济的研究
1954	Samuelson	the Pure Theory of Public Expenditure	通过数学表达式严格界定公共产品的客观属性及其最优供给的技术条件
1959	Musgrave	the Theory of Public Finance	将政府的作用概括为矫正“市场失灵”问题；调节收入分配；稳定价格水平，提高就业率。并将成本—收益法引入公共经济理论中
1965	Johnson	Public Economics	开始界定公共部门的范围，财政学实质内容发生转变
2008	Harvey	Public finance	将有关政府税收与支出的活动称为财政，把财政学定义为经济学

（三）市场平台观的演进过程

“市场平台说”正式提出之前，已经有很多相关学科学者对此进行了深入的研究。Walras（1874）提出一般均衡模型，相当于说市场就是交易的平台，市场上的买卖双方在交易机制的作用可以达到一般均衡状态。Cournot（1897），Shaw（1912），Bagozzi（1974）三人对“市场平台说”的主要贡献为市场就是交易的场所，是有组织的行为系统，目的是获得交易价格的一致性，这些观点可以归结为市场是一个平台，参与者在市场平台上能够获得交易价格的一致性。Ménard（1995）和Fligstein（2001）则从社会学的角度提出市场其实是场域的概念，在一定程度上可以理解为市场是一个平台（fields）。

Rochet（2003），Galeotti（2007）在具体问题的分析中将市场作为平台处理，直接推动了市场平台观的发展。桂学文（2013）对电子商务促进经济发展的效果进行了测量，并指出电子交易平台等新经济形式能够优化投资、就业、产业布局等产业结构，促进国民生产总值的提高，提高人们的生活水平。李俊生等（2016）通过对互联网搜索服务供给方式的分析，正式提出“市场平台观”的概念，认为公共部门与私人部门分别以公共价值最大化和私人价值最大化为目标进行博弈，实现资源的最优配置。具体演进过程如表 2 所示。

表 2　　　　市场平台观的演进过程

年份	学者	文献	主要观点	对市场职能的认识
1874	Walras	Elements of Pure Economics	建立一般均衡理论，认为在整个市场上，总供给与总需求在价格机制作用下趋于相等	买卖双方在市场交易过程中会达到一般均衡
1897	Cournot	Researches into the Mathematical Principles of the Theory of Wealth	市场是寻求价格一致的交易场所	市场是交易的平台，参与双方在交易中相互博弈，在竞争合作中实现一致的交易价格
1912	Shaw	Some Problems in Market Distribution	市场是有组织的行为系统，参与者出于各自的目的，在市场上进行交易	
1974	Bagozzi	Marketing as an Organized Behavioral System of Exchange	市场包含一组参与者，这些参与者在内生变量与外生变量的影响下相互作用，进行市场活动	

续表

年份	学者	文献	主要观点	对市场职能的认识
1995	Ménard	Markets as Institutions Versus Organizations as Markets? Disentangling Some Fundamental Concepts	组织和市场被嵌入在一个制度框架内，并且相互交叉重叠，这种结构会影响参与者，同时参与者也会对这种结构产生影响	将市场看作一个场域，可以理解为市场是一个社会空间，其实质是一个平台
2001	Fligstein	Social Skills and the Theory of Fields	开创了领域理论的新领域，它将市场和企业的形成与稳定的问题联系起来	
2003	Rochet	Platform Competition in two-sided Markets	通过双边市场平台竞争模型讨论不同治理结构的决定因素	在实际问题分析中，将市场视作平台，“平台观”已初具雏形
2007	Galeotti	Platform Intermediation in a Market for Differentiated Products	认为市场是一个平台，市场上买卖双方的行为可以通过子博弈纳什均衡来分析	
2013	桂学文	电子商务促进经济发展的效果测度研究	电子交易平台等新经济形式能够提升资源配置的经济效率	随着现代技术的进步，交易平台的形式变得越来越丰富
2016	李俊生	互联网搜索服务的性质与其市场供给方式出探——基于新市场财政学的分析	市场是交易的平台，以政府为代表的公共部门与以企业为代表的私人部门同为平台上的参与者，两部门分别以公共价值最大化和私人价值最大化为目标进行博弈，不断达到动态平衡	市场为公共部门与非公共部门提供了一个平台

三、新市场财政学提出的原因分析

追溯到20世纪70年代，凯恩斯主义的财政政策盛行，出现的高失业率和高通货膨胀率共存的“滞胀”局面，已经使主流财政学理论饱受质疑，再加上主流财政理论被严重“经济学化”，对社会经济发展、特别是发展趋势的解释在减弱。应该说，传统财政学的没落并非个案和偶然。几乎任何致用学科的理论发展都存在“各领风骚数十年”的问题。也正是从这种意义讲，理论是灰色的，生命之树长青。

（一）自然垄断导致效率低下

过去传统财政学认为公共产品只能或者主要由政府机构或者准政府机构垄断供应，当然，近年来财政学的理论发展认为，公共产品未必一定由政府机构或者准政府机构供应，私人经济主体也可以介入准公共产品的供应当中，但是由一家垄断供应还是财政学中的主流思想。这就会产生自然垄断的问题。也就是说，一般来讲，在燃气、电力等公用事业类的准公共产品供给当中，经常存在的问题就是“自然垄断”，即在有限的区域内，通常认为一家主体供应效率较高，否则两家管道铺设会造成重复投资和效率损失，但这样做的结果非常容易导致垄断和公共效率的损失。不管过去计划经济条件下农产品的统购统销、还是现在电力供应体制的“新统购统销”，都容易导致垄断和销量损失的怪胎。垄断扼杀了自由竞争，不同程度地损坏了社会福利，同时垄断企业出于利润最大化的考虑，会提高价格降低产量，从而导致不能有效配置资源。

能源互联网、多家电网并存，给生产者和消费者更多的自由选择权，新技术正在颠覆很多传统的自然垄断行业。在新技术条件下，颠覆和革命正在变得容易。结合国家工商总局开展的电信等领域的反垄断调查，可以发现，即使在纯市场领域也容易出现垄断，这样市场竞争的基础和决定性作用就显得更为重要了。让市场在资源配置当中发挥决定性作用，不仅仅应该针对的是私人市场产品，对于准公共产品和纯公共产品应该同样适用。

（二）政府支出不断扩大

新市场财政学主张应该更多地利用市场机制来提供公共产品的另一个原因，是政府部门相对于市场部门效率更低下。为研究财政危机问题，美国经济学家鲍莫尔于 1967 年提出两部门非均衡增长模型，从政府部门平均劳动生产率偏低的现象入手，对财政支出增长原因进行分析。得出结论：生产率提高缓慢的部门会出现“成本病”（Cost Disease）现象，政府支出不得不增加。鲍莫尔于 1985 年提出了渐近停滞理论，对两部门非均衡增长模型进行修正，引入了第三个部门：渐近停滞部门（Asymptotic Stagnant Sector）。渐近停滞部门由进步成分和停滞成分两部分构成，在企业发展初始阶段，渐近停滞部门生产率提高较快且成本是下降的，但是随着部门发展，生产率和成本逐渐接近于停滞部门，也就是说，一部分劳动生产率的提高是具有欺骗性的，成本病问题要比两部门模型预期下更严重。鲍莫尔通过引入价格机制和生产率增长理论进一步完善了非均衡增长模型，并提出创新部门的索洛余值（Total Factor Productivity，TFP）提高不仅会使劳动生产率提高，同时也会使该部门的产出增加。

市场经济是一部“创新机器”、是生产创新与增长的机制，只有竞争性的市场机制才会带来 GDP 的持续增长，带动整个经济社会的发展。通过对鲍莫尔非均衡增长模型的分析，政府部门比市场部门效率低是不争的事实，单纯依靠政府部门提供公共产品与服务不仅会使政府支出不断增加，而且会造成整个社会生产效率的下降。所以进行财政理论创新时，要更多地发挥市场的作用，让市场机制在资源配置中发挥决定性作用，这不仅包括私人产品，也应该包括准公共产品和公共产品。

（三）新常态下经济增速趋缓明显

我国目前的财政理论是照搬西方主流的财政理论，出现了“水土不服”的现象，经济发展的问题逐渐显现，包括产能过剩、杠杆过高、环境污染等多方面的问题；财政自身的收支矛盾也开始日益尖锐。尤其是经济进入发展新常态之后，经济增速趋缓明显，2015 年全国 GDP 增长率为 6.9%，1990 年以来增长率首次破七，并创 25 年来增速新低，其中第一产业比上年增长 3.9%；第二产业增长是 6.0%；第三产业为 8.3%，近十年来我国第一、第二、第三产业平均增长率分别为 4.4%、10.8% 和 10.6%，显然 2015 年产业增速相对走低。2016 年中国 GDP 增速持续走低，为 6.7%，经济形势依然不容乐观。

上溯至 2001 年我国“入世”以来，我国成为“世界工厂”，成功的出口导向型的经济发展模式使我国充分分享了经济全球化的“大蛋糕”。当时一是政府财政收入充沛；二是社会资本主要分布在出口部门经济领域。然而，现在时过境迁，全球经济不景气导致我国外需不振，政府部门、特别是地方政府部门“撸胳膊挽袖子”亲自来到了“稳增长、调结构”的第一线，通过地方融资平台集中了大量资金。这时的社会资本面临既无“源水资金”、又无“投资项目下锅”的窘境。要想扭转经济形势，只能从政府与市场的定位出发，积极进行创新，开展政府与社会资本合作等新型经济发展模式。经济不景气、发展模式僵化等问题的凸显使得对政府与市场之间的关系的重新思考显得尤为迫切。

（四）国家治理面临新挑战

面对公共部门和市场之间的“互有攻守”，国家治理日益面临新挑战。一方面，围绕公共利益最大化的“公转”的公共部门和围绕私人利益最大化“自转”的市场如何和谐共治面临很大挑战。企业很可能利用与政府之间的合作，狐假虎威甚至串通共谋，使公共利益面对巨大威胁。另一方面，企业部门对公共服务的渗透，使得公共部门“防不胜防”，甚至最终尾大不掉、投鼠忌器。雷曼兄弟破产案、大众公司排放门、三星手机电池门等层出不穷的大企业事件，无不表明现代市场经济条件下，政府与企业、市场之间的关系是“你中有我，我中有你”，大家是“一荣俱荣，一损俱损”的关系。在这种情况下，如何处理好政府与市场、与企业之间的关系，防止公共部门“偷鸡不成蚀把米”、防止企业部门“人心不足蛇吞象”，都是新时期国家治理面临的严峻挑战。然而，归结起来，不管是公共部门还是企业部门，大家都是“一根绳子上的蚂蚱”，为了眼前利益，最终会导致长远利益受损，为了个体利益，很可能使整体利益受损。现实经济生活中，利益主体多元化，国内利益和国际纷争交叉重叠，都增加了现代国家治理的难度。

根据传统财政理论，公共产品和服务具有外部性，如果由市场供给就会产生“公地的悲剧”，所以只能由公共部门向市场输送。但在现实经济生活中，以政府为代表的公共部门和以企业为代表的私人部门，在利益最大化的驱动下相互渗透，双方利益交叉部分不断上升，政府与私人部门没法截然分开，传统的财政学对国家治理的指导能力减弱。

新市场财政学主张公共部门的活动要时刻向目标看齐，公共产品和服务的提供方式也要服从这一目标，也就是说资源的配置方式可以是多元的、多样的。在旧市场财政学对国家治理的指导面临挑战时，新市场财政学给出了一剂“良药”，提供了一条解决治理问题的新思路。新市场财政学，就是要在二者不断博弈过程中推进公共利益和私人利益的“双重最大化”。未来，不管是政府还是市场，抱残守缺、故步自封都是没有出路的。

四、新市场财政学对传统财政理论的继承

新市场财政学与旧市场财政学虽然是两个相反的概念，但并不意味着新市场财政学是对旧市场财政学的全盘否定，并不意味着两者之间就是完全对立的关系。新市场财政学正是以原有的框架与范式为基础，进行分析和创新，有批判的部分也有继承的部分。新市场财政学对传统财政理论的继承主要体现在以下几个方面。

（一）社会共同需要理论

1980 年，何振一提出“财政起源于社会共同需要”的观点，并在 1987 年系统阐述了社会共同需要的基本观点，这标志着“社会共同需要理论”体系的正式成立。纵观西方财政理论几百年的发展史，主流财政学的很多概念都与社会共同需要有关，而社会共同需要也一直是财政学理论框架的基本构成要素。尽管西方经济学经历了二战、30 年代经济危机、凯恩斯经济革命、“滞胀”、经济全球化等重大变革，但是财政学研究的基本问题、基本概念并未发生很大的变化。上述提到的基本问题与基本理论都以社会共同需要为前提的，可见社会共同需要贯穿财政研究的始终、存在于财政研究的方方面面。

在新的历史时期，社会共同需要论只有不断发展、与时俱进才能保持持久活力、彰显时代意义。新市场财政学的提出不仅保留了财政学分析范式下社会共同需要的内容，而且将人文精神与契约精神注入财政理论研究中。新市场财政学分析框架下，政府部门参与到市场活动中，以社会共同需要为导向，以实现公共价值最大化为目标，这时政府的一切活动将围绕社会需求展开。为最大限度地实现公共价值，政府部门会主动了解个体的需求，致力于满足每个个体的共同需求，没有任何一个个体的需求会被忽视。公共部门更多地关注个人需求，这实际上体现了“以人为本”的理念；新市场财政学引入约定控制权与剩余控制权的概念，在公共部门与私人部门之间形成一种“合约”关系。参与者签订合约，相当于在法律层面对双方的行为形成约束，掌权者的活动变为满足社会需求。在契约约束下，国家权力也不再凌驾于公民意志之上，在整个国家治理、财政管理中体现了一种平等的精神。新市场财政学体系赋予了社会共同需要论新的时代内涵，能更加准确地反映现阶段社会经济与政治变化与变革，应对新的难题和挑战。

（二）公共选择理论

1951 年，阿罗不可能定理的提出使社会福利经济学陷入理论上的困境，随后布坎南和塔洛克将个人利益交换引入政治决策中去，并提出公共部门的决策理论，更加注重政策得以通过的过程，而非结果。按照这一思路，以布坎南为首的公共选择学派搭建了财政研究框架。布坎南实际上借鉴了经济学领域中的分析方法，将政治学与“理性选择理论”结合起来，以“选择”为切入点，重新阐述了财政学的基本概念和核心概念。公共选择理论为财政决策构建了基本的方法论，是财政研究的核心问题之一。

新市场财政学同样也将公共选择理论作为方法论和理论的源泉，借鉴传统财政学的优秀的理论对于正处在发展初期的新市场财政学来说无疑是至关重要的。布坎南公共选择理论的缺点是并未给出选择的依据，缺乏理性的因素。这就需要从财政的本源出发，寻找适合的理论——社会共同需要理论。以满足社会公共需要为标准进行公共选择，如此将两个理论结合在一起才是完整的理论基础。不管财政学如何变化、发展，社会共同需要理论和公共选择理论都应该处在财政理论研究的核心位置。为构建新市场财政学完整的理论体系，必须围绕社会共同需要和公共选择两个概念展开，这是决定新市场财政学到底可以走多久的关键所在。

（三）平台论

旧市场财政学中，也有关于“平台论”的表述。传统观点认为，在市场这个大环境下，各行为主体为了实现自身目标的最大化，通过断博弈在竞争与合作中达到均衡。摒除政府部门，市场实际上为其参与者即各私人部门提供了一个交易的平台。公共部门与非公共部门构成二元对立的关系，市场失灵是政府干预的充分必要条件。

新市场财政学基于主流财政学范式的研究，指出市场的实质就是“平台”，并提出“市场平台观”。政府与公共部门、个人与私人部门和立法机构都基于平台之上，而非与市场平台对立，平台上的参与者通过不断互动博弈来建立、实现和扭曲平台的具体规则，充当“交易”的“立规者”。以公共价值最大化为目标的公共部门和以私人价值最大化为目标的私人部门在市场这个平台之上从事交易和资源配置的活动，在这一过程中市场体系也不断得到完善。

新旧市场财政学平台观均指将市场看作一个平台，但是两种平台观中所包含的要素是不一致的。旧市场财政学基于政府与市场的“二元论”，认为市场上的参与者只有私人部门；新市场财政学转向政府、企业与市场的“三主体论”，也就是说，市场平台上的参与者既包括私人部门，同时也包括政府部门。此外，两者对政府与市场的关系界定也是不同的，新市场财政学破除了政府与市场对立的关系，树立了“平台观”与“参与型”的政府观。

（四）不完备合约

2016年诺贝尔经济学奖获得者哈特（Oliver Hart）和霍姆斯特朗（Bengt Holmstrom）的突出贡献在于契约理论（Contract Theory）。契约理论分为完全契约理论和不完全契约理论两个派别，其中哈特的贡献主要体现在不完全契约理论上。不完全契约理论就是指合约当事人是有限理性的，不可能预测到所有可能的情况，即使预测到也不可能将所有的情况全部写入合约，也就是说合约是不完备的。在旧市场财政学理论中，市场上的企业是一种契约的组合，企业参与者以及生产要素都通过契约联系起来。不完备契约理论以契约的不完备性为起点，以财产权的最佳配置为目的，是传统财政学下分析企业理论和公司治理的重要工具。

新市场财政学的两个重要的分析工具“剩余控制权”和“约定控制权”就来源于不完备合约理论。剩余控制权在合约之外的情况发生时起作用；约定控制权允许合约执行方即乙方通过技术革新、提高生产率降低劳动成本的方式，获得额外的收入，也就说剩余控制权充分利用了合约的不完备性。剩余控制权与约定控制权的配置问题关系到资源的配置效率，所以“约定控制权”的条款签订必须谨慎选择。

有人质疑新市场财政学是对原有财政理论的彻底颠覆，是在完全抛弃既有的体系基础上凭空捏造出来的，显然这种说法不合理。新市场财政学绝对不是向壁虚构，而是在旧市场财政学理论和实践都出现问题的情况下，众多学者纷纷寻求可以解释并指导现实的理论，并经过多年的论证和实践逐渐形成的体系。经过上述的讨论，不难看出，新市场财政学的分析范式充分借鉴了旧市场财政学的分析框架，两者之间并非霄壤之别。

五、新市场财政学的分析范式以及对现实现象的解释

（一）新市场财政学的分析范式

由于西方主流财政理论存在着无法克服的缺陷，新市场财政学在吸收借鉴其具有现实适用性的观点外，还需要对原有的财政理论框架进行开拓创新，形成一整套新的分析框架和范式。

任何理论的分析都需要建立在特定的假设条件基础上，新市场财政学也不例外。该理论建立在“市场平台观”“社会公共需要”以及“公共选择”假说之上，其中市场平台观是最基本的假设。新市场财政学的核心要义在于对政府与市场关系的重新界定，认为两者不再是对立的关系，而同为市场平台上的参与者；社会需要理论是财政的本源，也是新市场财政学的本源论，财政活动的发生就是为了满足社会公众的需要，即社会公共需要；公共选择理论为财政研究提供了方法论的指导，是新市场财政学的方法论，给社会共同需要提供选择的标准。新市场财政学摒弃了主流财政学“市场失灵”的假设条件，使财政理论研究从“黑板经济学”中解脱出来，从源头上保证了理论的正确性。

“剩余控制权”和“约定控制权”是新市场财政学中两个非常重

要的分析工具，两者之间的配置问题直接决定着社会共同需要的满足程度。约定控制权和剩余控制权从法律的层面对市场活动进行约束，合约提供方只需要在合约结束后考核执行方的合约完成情况，不需要在执行过程中对其进行监督，客观上排除了发生信息不对称的可能性。产品或服务的提供者首先按照约定控制权的规定进行市场活动，在合约之外的部分尽量降低自己的成本以获得更大的利益；政府部门作为合约提供一方，根据完成情况支付给企业费用，并决定下一期是否继续合作。最终，公共部门与私人部门在利益博弈过程中保障了公共利益和私人利益的实现。

旧市场财政学将政府与市场截然分开，政府以“局外人”的身份存在，导致市场失灵与政府失灵同时并存的“双失灵”局面，各国的实践表明，公共物品或服务单纯由政府来提供存在效率低、成本高、浪费严重、财政压力大等诸多问题。现在，随着科技的进步，电力、燃气等诸多领域引入市场竞争供应更有效率，这应该成为新市场财政学的核心思想之一。

新市场模型的构建是新市场财政学的理论内核。在新市场模型下，重新树立了市场“平台观”和“参与型”的政府观。政府与市场不在是传统的对立关系，将市场看做是一个平台，政府与企业则都是这个平台上的参与者，是两种不同的资源配置主体，为了各自的利益诉求不断竞争与合作，完成了从政府、市场的“双主体论”到政府、企业、市场“三主体论”的转变。

（二）新市场财政学对现实现象的解释

如果“纯公共产品”是旧市场财政学的一个核心观点的话，那么现实世界事实上并不存在纯公共产品，国防、外交等所谓的“纯公共产品”也需要地方政府、乃至民间部门的配合。因此，“公共产品”理论事实上只是一种理论抽象；财政学的现实世界大量都是“准公共产品”，“俱乐部产品”“公共资源类产品”比比皆是其提供主体也不仅限于政府部门一家。这样看来，尽管传统财政学可以自己否认，但是财政学事实上早就“市场化”了，或者说财政学从来就没有脱离开过“市场”。就像“公共产品”理论一样，过去纯之又纯的财政学都只过是理论家们为了理论抽象所做的人工剥离而已。一些新现象、新问题的出现不断冲击着旧市场财政理论，公共利益与私人利益不但没有背道而驰、愈行愈远，反而相互融合交集越来越大，两部门利益的相互渗透体现在下面两个方向上。

1. 政府部门的主动创新。旧市场财政学从政府与市场相对立的“二分法”出发，认为公共产品应该由政府来提供、私人产品应该由市场和企业来提供。然而这种理论框架遭遇了现实的严峻挑战。也就是说，现实经济生活中，无论纯公共产品、还是纯私人产品都很难寻找，大量存在的是介于二者之间的准公共产品。为此，公共产品的提供出现了以下两种趋势。一是就提供方式而言，政府虽然还是公共产品的供给主体，但是政府越来越多地通过政府购买公共服务（out-sourcing）和政府与社会资本合作模式（PPP）来借助市场力量，以实现公共产品供给的市场化、专业化。具体表现就是政府尝试将监狱等公共服务私人化。这样做既减轻政府供给公共产品的财政压力，又促进公共产品和公共服务供给的专业化，以不断提高公共产品供给的专业化水平。事实上，这种趋势还表现在，能源合同管理、消防合同管理以及按病种付费等。这些探索都是试图借助市场的力量，来弥补政府提供公共产品的效率不足。二是政府借助碳排放权交易（cap and trade）等市场化手段，来实现节能减排等公共目标。如果说上面的第一种情况是政府在财力捉襟见肘的情况下的选择的话，那么这里通过制度创新所做的努力则是在开征新税受到税收法定主义原则等约束之下所做的努力，这一点在美国等地表现得尤为突出。也就是说，欧洲大陆国家政府强势，面对温室效应、环境污染可以采取出台碳税、环保税等新税的手段，而分权化程度更深的美国开征新税之路很难走通，而为了实现节能减排等公共政策目的，转向了创造碳排放市场等制度创新手段。

在以上两种公共产品的提供问题上，政府绝不是以“守夜人”的姿态存在，而是与市场上的企业处在平等的地位上进行合作，既实现了提供公共产品的目标，又为企业创造了获取利益的机会，契合了新市场财政学的“市场平台说”。政府与企业为了各自的目标签订合约，政府向私人部门支付资金或者授权，私人部门通过事先规定的内容提供公共产品和服务，而在特定的时间和空间内，平台上的资源是有限的，平台上的参与者为了获得更多的资源以最大化实现各自的目标，会在市场平台上围绕“剩余控制权”和“约定控制权”不断进行博弈，在相互制衡中实现动态均衡。

2. 企业部门的悄然渗透。随着现代市场经济的发展，企业部门为了利润最大化，向公共部门渗透的现象在不断增多。一是百度、谷歌等公司提供的检索服务很难说是纯粹的私人产品。他们创新的风起云涌在不断地向公共部门的“固有王国”渗透。苹果帝国、三星王国一定程度上在替代部分传统政府部门公共服务的职能。北京等地政府部门为了解决民众出行“最后一公里”的问题，曾经费了九牛二虎之力推出公共租赁自行车，但是效果却不温不火；但是2016年以来兴起的摩拜单车、OFO共享单车等未用政府直接出钱资助，但是通过互联网和金融创新，却将同一件事情做得如火如荼，值得深入思考。也就是说，一方面它们假借提供准公共产品获得了一定比例利润——具有“准税收”的性质，另一方面它们所提供的服务也具有公共产品的性质。二是随着跨国公司的发展，它们日益成为富可敌国的“巨商大贾”，他们不仅是现代大国财政的柱石，同时在国家财政治理和全国财经治理当中的发言权更是举足轻重，在国家财经治理中的影响力更是潜移默化。如果说政府向市场部门的“进军”堂而皇之，那么市场和企业向公共部门的渗透则是“随风潜入夜，润物细无声”。

企业部门向政府部门的渗透也可以用新市场财政学理论来解释。企业利用自己的优势，通过各种方式参与公共产品的供给，并取得了一定的成效，客观上形成了政府与企业博弈的局面。这种竞争与合作其实默认了两者的地位是平等的，而不再是对立的关系，处于同一市场平台之上，政府成为市场的参与者，而不单以“守夜人”的身份存在。一些规模庞大的企业集团甚至可以对国家的财政治理产生影响，这说明政府与企业之间相互制衡，相互约束，各自为了不同的利益目标竞争、合作、妥协。

六、结论与展望

（一）本文主要结论

本文通过对传统财政学与新市场财政学的比较分析，得出如下结论：

1. 将政府与市场截然分开的“二元论”已经很难对各国的财政实践做出解释和预测。旧市场财政学最大的缺陷，即把政府置于市场的对立面，将财政研究建立在“市场失灵”和“经济学化”的基础上。

市场失灵理论本身就是一个似是而非、被证明是失败了的假设，建立在“黑板经济学”上的财政理论是不可能对现实财政现象做出合理解释和预测的；若财政学完全使用经济学方法进行分析，就会丧失财政学科自身的分析范式，财政理论会逐渐丢掉自己的思想和方法论。

2. 提出新市场财政学的主要原因是，公共产品由一家主体提供的情况会造成自然垄断，出现效率低下的问题；美国经济学家鲍莫尔所建立的“非均衡增长模型”也证明了政府支出会不断增加，而且整个社会经济效率也会不断下降；中国步入经济新常态的新阶段，经济趋缓压力不断加大，需要政府部门突破旧市场财政理论的桎梏，主动寻求创新；全球大环境不断发生着变化，国内利益与国际纷争交叉重叠，给国家治理带来新挑战，而传统财政理论无法给出合理的指导。

3. 新市场财政学对旧市场财政学并没有全盘否定，有批判的部分也有继承的部分，继承主要体现在社会共同需要理论、公共选择理论、平台论以及不完备合约等方面。新市场财政学在主流财政理论的基础上推陈出新、革固鼎新，确立“市场平台观”，将政府与企业置于同一平台之上。政府购买服务模式为公共产品的提供找到了一条新思路，可以有效解决信息不对称等问题。此外，政府与私人部门的合作实现了公共价值和私人价值最大化，同时资源也得到有效配置。

4. 新市场财政学建立在社会共同需要理论、公共选择理论与市场平台观三个假设条件之上，把使用市场化手段提供公共产品与服务作为核心思想，创新性地提出一套新的分析范式，重新树立起市场“平台观”与“参与型”的政府观。公共利益与私人利益的相互渗透是现实经济社会中的大势所向，公共部无法门和私人部门为了利益最大化，双双寻求创新。这些新现象和新问题的出现，需要新市场财政学的指导，倘若拘泥于旧市场财政学的分析范式则不利于经济社会的发展和进步。

5. 新市场财政学“取其精华，去其糟粕；推陈出新，革固鼎新”，确立了市场平台观，排除了政府与企业之间发生矛盾的可能性。建立在“市场平台说”上的新市场财政学，能够对现代的财政实践给予合理的解释与指导，反过来又证明了新市场财政学的科学性。

由于我国目前的财政理论很大程度上照搬西方主流的财政理论，出现了“水土不服”的现象，财政科学与研究滞后。再加上西方的财政理论在实践和理论上都出现了问题，已经不能对我国的财政实践给出解释和指导，目前我国急需建立立足中国、具有科学解释力的中国学派的财政学理论。以新市场财政学为出发点进一步完善中国财政理论体系，从这个层面上说，新市场财政学的提出对于构建财政学的中国学派具有非常重要的意义。

（二）适合中国的财政理论分析

在1949年之前，由于中国现代财政研究的乏力以及社会制度等方面的原因，我国财政理论对西方公共财政学持全盘接受的态度，即主要从国家或政府的公共活动角度来分析财政支出、财政收入、财政平衡和财政管理等问题，并未形成中国特色的财政理论体系。新中国成立后，我国财政学与公共财政理论决裂，并开始探讨与社会主义制度相适应的财政理论。在马克思主义思想的指导下，中国财政学开始转向马克西主义政治经济学。在改革开放之前的这段时期，由于政治制度的变迁，再加上我国具有“短缺经济”的特点，中国实行计划经济体制，经济体制完全排斥市场机制，国家“集中力量办大事”的优势非常明显，相应的国家分配论占据了我国财政学界的主流地位。我们将上述两个时期概括为我国的“财政学”时代，整个国家的社会经济都是“大财政”。

改革开放之后，公共财政主导了既有的中国财政学以及中国财政改革与发展进程。社会共同需要论应运而生，创造性地提出“公共性”问题，该理论的提出强调财政活动是为满足整个社会的共同需要。社会共同需要理论、剩余产品决定理论以及在生产理论动摇了国家分配理论的核心地位，对其财政活动是为实现国家职能而存在的观点提出挑战。我国逐渐意识到财政一统天下对经济活力、经济发展、经济效益都会产生很多深刻影响，因此，我国开始实行放权让利、市场经济取向的改革。也就是说，这一时期国家的经济体制开始接纳商品经济、乃至市场经济。但是，政府部门从经济事务当中并没有完全解脱出来，为了“集中力量办大事”，政府部门跃居前台、撸胳膊挽袖子，在我国经济基础过于薄弱的特定历史阶段推动了我国经济发展的“快速起飞”。1992年，邓小平南方讲话后，社会主义市场经济体制在我国正式确立起来，中国越来越重视市场机制在资源配置中的作用。在关于中国财政学走向的讨论中，将市场经济作为研究起点的财政理论无疑是最具生命力的。改革开放后的这段时期，将社会主义与市场机制融合，研究的是市场经济形态下的财政活动，我们在财政学前面添加“市场”这一修饰语，更加侧重的是财政理论的经济基础和体制背景的分析，强调市场机制对资源配置的作用，这就意味着我国发展到了“旧市场财政学阶段”。

但是，我国社会经济发展进入新世纪、特别是新常态之后，“旧市场财政学”作为一种理念指导我国经济发展的问题开始逐渐显现，包括产能过剩、杠杆过高、环境污染等多方面的问题；财政自身的收支矛盾也开始日益尖锐。这一时期我国社会经济的发展“刚猛有余、但韧性不足”。在短缺经济条件下，政府可以替代市场配置公共产品更有效率；但是2014年国家经济进入新常态之后，政府与市场之间的关系可能需要重新思考。在这种情况下，我国政府部门逐渐主动调整、相对收缩，财政配置资源的方式变得日益“聪明”（smart）。政府部门开始运用政府购买公共服务、政府与社会资本合作模式等多种形式，将市场机制引入公共产品和公共服务的供给和配置当中。在这种情况下，我国现在的发展需要“新市场财政学”。

对现实和新经济现象具有解释力的理论才具有生命力。从这种意义上说，新市场财政学本着“批判性思考”（critical thinking），针对现实经济社会中的新现象、新问题寻求理论突破，使财政学这门古老的学科在新时代焕发勃勃生机，无疑值得肯定和赞许。同时要坚持与时俱进，做开拓性、创新性的研究。世界在不断地变化，不断有新生现象出现，我们要宽容失败，不断总结历史规律，探索更加完善的理论体系。

作者工作单位：中央财经大学

财政作为国家治理基础的理论考察

◇ 郭代模　李　栋　汪娟娟　张小雪

摘　要：本文首先对国家治理与财政的基本概念作出界定，然后从四个方面对财政为什么是国家治理的基础进行理论考察，即（一）从财力保障看财政是国家治理的经济基础；（二）从宏观调控看财政是国家治理的政策基础；（三）从深化改革看财政是国家治理的制度基础；（四）从对外开放看财政是国家治理的安全基础。

关键词：国家治理；财务保障；宏观调控；深化改革

十八届三中全会指出“财政是国家治理的基础和重要支柱”。这是以习近平同志为核心的党中央，对财政基础理论与发展实践的科学论断。理论是行动的指南，只有认识到位，行动才会自觉。本文尝试从财力保障、宏观调控、深化改革、对外开放等方面对财政作为国家治理的基础进行理论考察。

一、国家治理与财政的概念界定

（一）国家治理

当代西方的治理理论，兴起于20世纪80年代，经过不断发展，形成了民主治理、多中心治理、合作式治理、数字治理等多种治理模式，被广泛地运用于腐败治理、城市治理、环境治理、社区治理、贫困治理，甚至是全球治理等领域，成为当代西方主流学术话语。在对治理的各种定义中，全球治理委员会的定义具有很大的代表性和权威性。该委员会于1995年对治理作出了如下界定：治理是各种公共的或私人的个人和机构管理其共同事务的诸多方式的总和。

将治理理念运用于国家层面，便是国家治理。“所谓国家治理，是指主权国家的执政者及其国家机关（包括立法、行政和司法等机关）为了实现社会发展目标，通过一定的体制设置和制度安排，协同经济组织、政治组织、社会团体和公民一起，共同管理社会公共事务、推动经济和社会其他领域发展的过程。它是多层管理主体共同管理社会公共事务、处理社会冲突、协调不同利益的一系列制度、体制、规则、程序和方式的总和。”国家治理强调多主体，执政者及其国家机关是主体，人民也是治理主体，还有其他经济组织、社会组织都是参与主体，变单一主体为多元主体，民主融入了治理，协作融入了治理。

国家治理包括国家治理体系和国家治理能力等组成部分。在党的十八届三中全会第二次全体会议上，习近平总书记首次全面界定了“国家治理体系”和“国家治理能力”的基本内涵和相互关系，指出：“国家治理体系和治理能力是一个国家制度和制度执行能力的集中体现。国家治理体系是在党领导下管理国家的制度体系，包括经济、政治、文化、社会、生态文明和党的建设等各领域体制机制、法律法规安排，也就是一整套紧密相连、相互协调的国家制度；国家治理能力则是运用国家制度管理社会各方面事务的能力，包括改革发展稳定、内政外交国防、治党治国治军等各个方面。国家治理体系和治理能力是一个有机整体，相辅相成，有了好的国家治理体系才能提高治理能力，提高国家治理能力才能充分发挥国家治理体系的效能。”

（二）财政

关于财政的概念，我国学术界曾经过长期的探讨和争鸣，形成了“国家分配说”“社会再生产说”“剩余产品说”“社会共同需要说”“价值分配说”等多种流派。各种学派均以马克思主义基本原理为根本遵循，并形成一些共性：即财政分配的国家主体性、无偿性、强制性和社会基金性。这些特性之间相互关联，使财政分配与其他经济分配相区别。

从西方财政学说的发展历程来看，财政学说作为近代国家学说的组成部分，既是“政治的经济学”，也是“经济的政治学”。英国古典经济学家、被恩格斯誉为创建了财政学的亚当·斯密曾说：“财政乃庶政之母。有政必有财，财为政之资。”总之，“国家性”是财政的本质属性。

稍显遗憾的是，我国各学派对财政本质、职能等的认识并未达到有利于国家治理及其现代化的高度。同时，随着社会科学研究的分科化发展，财政研究的非政治化倾向日益突出。财政研究非政治化的一个理论后果是，导致国家这个重要范畴在财政理论研究中消失了，财政成为单纯政府经济行为意义上的狭义财政。如在西方各国，财政被普遍地认为是政府的经济活动，是政府执行其职能所发生的经济行为，因而称为公共财政（Public Finance）。但财政作为国家通过政治权力对公共资源进行汲取、支出和管理的制度安排，既有提高资源配置效率和调整经济利益关系的经济属性，也有体现国家发展目标和决策行为的政治属性。可以说，财政既是一个经济问题，也是一个政治问题，但首先是一个政治问题。

十八届三中全会提出“财政是国家治理的基础和重要支柱”，既是对各界在较长一段时间内集中关注财政经济职能的一种纠偏，也是对财政本质属性认识的回归。在此基础上，财政的职能也由原来的“优化资源配置、调节收入分配和促进经济稳定”上升为“优化资源配置、维护市场统一、促进社会公平、实现国家长治久安”。同时，财政制度也需要予以改革，以建立“与国家治理体系和治理能力现代化相适应”的制度基础。

综上所述，财政是以国家为主体的，以公共财政为管理方式的，以调节经济建设、政治建设、文化建设、社会建设、生态文明建设为途径的，以改善民生、促进社会公平、实现共同富裕为目标的，具有国家性、发展性、公共性、改革性、结构性、开放性等基本特征的分配关系。

二、从财力保障看财政是国家治理的经济基础

财政与国家发展有着密切关联，从人类发展史来看，财政是伴随国家的产生而产生的。人类社会随着生产力的不断提高，出现私有财产，社会分裂为阶级才产生国家。国家一旦产生，就必须从社会分配中占有一部分国民收入来维持国家机构的存在并保证实现其职能，于是就产生财政这种特殊的经济行为或经济现象。

在财政学发展史上，财政长期是被视作一个经济范畴并在经济生活领域来定义的。虽然随着人们逐步认识到作为一门学科的财政学应当是经济学、管理学、政治学、法学、社会学等多个学科的融合体，但在诸多学科中，经济学仍将处于主导地位，财政首先是由政府组织的集中性的收支活动。

国家治理包含多方主体，但在任何经济社会和任何发展阶段，国家治理的主体都是政府，政府起着领导和引导的主导性功能作用。党的十八届三中全会《决定》指出，“政府的职责和作用主要是保持宏观经济稳定，加强和优化公共服务，保障公平竞争，加强市场监管，维护市场秩序，推动可持续发展，促进共同富裕，弥补市场失灵。”“政府要加强发展战略、规划、政策、标准等制定和实施，加强市场活动监管，加强各类公共服务提供。”

要想实现上述目标，需要充足的财力支持。正如高培勇所言，在所有国家治理活动所涉及的政府职能中，所有政府活动均要以财政资金的及时、足额到位为前提条件。政府所花的钱，来自财政支出的拨付。政府要花钱，就要筹钱，就得有钱的来源。政府所筹措的钱，构成了财政收入。这一收一支之间或财政收支的过程，实际上便是作为国家治理主体的政府履行职能的活动。没有财政支出的拨付，没有财政收入的筹措，就不可能有政府职能的履行，也就不可能有国家治理的实现。列宁就曾经指出：“任何社会制度，只有在一定阶级的财政支持下才会产生。”

同时，财政无论从分配关系上，还是与经济的关系上，都直接或间接地与政治紧密相关。从财政工作的任务而言，作为生产成果的产品分配，它取决于生产包括生产的规模和结构；作为生产要素的分配，它又决定和调节着生产的规模和结构，具有解放生产力和发展生产力的双重任务。不言而喻，财政是国家治理的经济基础。

纵观我国历史，财力保障充足时期，政府有充足的财力实现其职能，社会秩序一般较好；财力保障不足时期，政府职能往往无法实现，社会秩序普遍较差。唐朝初建不久，就在随制的基础上在政治上实行中央集权统治，在财政上建立了由中央、州、县三级构成的财政管理体制，并征租庸调、户税、地税，国家财力雄厚，社会秩序稳定，经济飞速发展，成为继汉以后又一发展高峰。唐后期，安史之乱造成国家局势动荡，大量人口流散，均田制开始瓦解，纳税的自耕农越来越少，黄巢起义后，各州向宫廷所缴纳的税收越来越少，此后唐朝只挣扎了约二十年便走向灭亡。

一五计划时期，国家财政收入平均每年增长11%，充足的财力保障使得基建计划、工业生产迅速发展，市场繁荣，物价稳定，人民生活水平明显改善。而十年动乱时期，国家财政遭受巨大损失，在1966年至1976年11年间有4年发生赤字，7年勉强平衡，11年财政收支总额相抵，仍有赤字19亿元，人民生活欠账严重，经济效益全面下降，国家秩序混乱。

三、从宏观调控看财政是国家治理的政策基础

国家治理包括对经济、政治、文化、社会、生态文明等各领域的治理。正如五位一体总布局中“经济建设是根本，政治建设是保证，文化建设是灵魂，社会建设是条件，生态文明建设是基础”一样，对经济领域的治理是国家治理的根本。

政府对经济领域的治理主要通过经济手段、法律手段、行政手段

等实现，其中法律法规的制订程序比较规范，且只能把经济活动中最稳定的关系纳入法律条文，一旦制订就不会轻易变动；行政手段的调节往往强调全社会的整体利益，相对忽视被调节者的局部利益，因此其应用被限制在必要的范围之内。相较于法律手段和行政手段，经济手段包含的方式更多，同时更为灵活，因此其应用更为普遍。

经济手段主要包括财政政策、货币政策、产业政策等，其中最主要、最常用的调控政策为财政政策和货币政策。虽然宏观调控主要围绕总需求和总供给进行，看似是对总量的调整，但其基础在于对结构的调整。因为总需求与总供给基本平衡的情况下，也会有一些部门的产品供大于求，另一些部门的产品供小于求；在总需求与总供给不平衡的情况下，同样也会出现有的部门供大于求，另的部门供小于求。因此，还要从结构失衡的具体情况出发，采取或紧或松的政策措施加以调节。历史的经验也反复证明：经济工作的根本性或经常性问题是结构性失衡，或者是比例结构失调，或者是结构质量低化。

虽然最主要、最常用的调控政策为财政政策和货币政策，但两者调控的对象略有侧重，货币政策侧重于总量调控而财政政策侧重于结构调控，且财政政策体系的每一个组成部分都体现着结构调控机制的因素和力量。

一是税收政策中的结构调控机制。通过确定适当的宏观税负，以及调整不同所有制经济、不同产业、不同地区的税收负担水平，就能够很好地调节所有制结构、产业结构、区域结构。不同的税收结构及其税率设计在收入分配、资源配置和经济稳定方面有着不同的调节重点和力度。不同的具体税种及其税率在消费、投资、收入、贸易等领域也有着不同的调控功能。通过减免税、加速折旧、投资抵免等税收优惠措施，能够更加灵活地支持结构调控工作。

二是财政支出中的结构调控机制。财政的支出通过方向、流量及其力度的变化，决定并调节着生产结构。在工作中就是通过科学划定财政支出的合理范围，提高支出效率，强化调控功能。通过处理好经济建设支出、社会文教支出、国防支出、行政管理支出、债务及其他支出的比重和关系，能够权衡各方面的轻重缓急，适应政治、经济、社会发展的状况和要求。通过处理好购买性支出和转移性支出的比重和关系，能够体现国家财政在资源配置、经济稳定、收入分配等方面的不同侧重点和政策意图。

三是预算政策中的结构调控机制。通过确定财政收支总量，选择赤字预算政策、盈余预算政策或平衡预算政策，国家财政能够有效地调节好积累与消费等重大比例关系。通过制定具体的预算科目，形成符合调控目标的资金投放结构并对其适时调整，就能够有效地调节财政支出结构乃至整个经济结构。通过建立健全预算管理体制，国家财政能够影响到中央与地方特别是中央财政与地方财政之间的关系。

四是国债政策中的结构调控机制。国债规模影响着国家可支配财力的规模，从而也影响财政收支结构以及社会总供求结构。国债本身的利率结构、期限结构、品种结构和持有者结构等对市场流通性、当期偿债率及国债的传导机制能起到较好的调节作用。

因此，从宏观调控看，财政是国家治理的政策基础。

四、从深化改革看财政是国家治理的制度基础

深化改革，说到底是兼顾、协调各方利益，实现各方利益的相互包容，形成各方心情舒畅的和谐环境，构建包容开放、共建共享的社

会，以全面建成小康社会，进而建成富强民主文明和谐的社会主义现代化国家、实现中华民族伟大复兴的中国梦。

利益主体过去主要表现为两个阶级，即统治阶级和被统治阶级，利益关系也主要是两者之间的利益关系。在市场经济不断发展的基础上，社会结构及其整个上层建筑都发生了极大变化，形成了多元的利益主体，如国家、企业、居民，城市、乡村，中央、地方等，构成了极其复杂的利益关系。

在所有国家治理事务所涉及的利益关系中，由于所有公共事务均要最终落实到政府与市场、政府与社会、中央与地方等关系的调整上，通过财政收入的缴纳、财政支出的拨付以及财政资金的调动所形成的财政关系实际上构成了这些利益关系的基本方面。因此，在当前复杂的利益关系中，我们可以抽出三条主线：一是国家与市场（企业）的关系；二是国家与社会（个人）的关系；三是中央与地方（城乡区域）的关系。财政也通过对政府与市场、政府与社会、中央与地方的关系等的调节，成为了国家治理的制度基础。

一是协调政府与市场的关系。政府和市场关系的处理，实际上就是要处理好在资源配置中效率的问题。理论和实践都证明，市场配置资源是最有效率的形式。市场决定资源配置是市场经济的一般规律，因此，必须使市场在资源配置中起决定性作用。同时，要更好发挥市场作用，通过保持宏观经济稳定，加强和优化公共服务，加强市场监管，维护市场秩序等，解决通过市场不能解决或解决不好的问题，为经济社会发展营造良好的外部环境。

在政府参与资源配置的过程中，财政通过以下机制和手段影响了资源配置的效率，调节了政府和市场的关系。（1）在明确社会主义市场经济中政府职能的前提下，确定社会公共需要的根本范围，确定财政收支占 GDP 的合理比重，从而实现资源配置总体效率。（2）优化财政支出结构，保证重点支出，压缩一般支出，提高资源配置的结构效率。（3）合理安排政府投资的规模和结构，保证国家的重点建设。（4）通过政府投资、税收政策和财政补贴等手段，带动和促进民间投资，吸引外资和对外贸易，提高经济增长率。（5）提高财政资源配置本身的效率。

二是协调政府与社会的关系。政府与社会关系的核心是公平。我国历来高度重视这一问题，历史上曾出现过“不患寡而患不均”“理国要道，在于公平正直”等经典论述。党的十八大报告提出，公平正义是中国特色社会主义的内在要求。如果每个人或每个群体均受到了政府的公平对待，国家治理必然呈现一片祥和景象；相反，如果某些人或某些群体受到了不公正对待，国家治理必然蕴含着解决不和谐、不稳定因素等诸多任务。

作为政府直接影响个人利益的重要手段，财政一方面通过向个人征收所得税、消费税等筹集收入，一方面又通过提供教育、医疗卫生、社会保障和就业、环境保护、公共安全等领域的公共物品增加居民个人获得感，在一收（收入来源群体、税种的不同）一支（支出结构、对象的不同）之间影响着公平程度，调节着政府与社会的关系。

三是协调中央与地方的关系。中央与地方关系的核心在于集权与分权问题。我国长期强调中央集权，并一直在寻找中央与地方间集权与分权、放权与收权的合适程度。由于我国地域广博、民族众多、地区特征明显、发展差距较大，在国家治理的视野下，有必要让地方成为一个有效的、相对独立的治理主体，使国家治理从集中治理到分级治理，从一级治理到两级治理。这就必然涉及中央与地方权力与权益的分配。而作为在某种程度上反映着国家权力纵向配置状况的政府间财政关系，其明确了政府间事权和支出责任划分、财权划分，并通过转移支付制度弥补了地方财力差异，调节着中央与地方的关系。

五、从对外开放看财政是国家治理的安全基础

安全是国家生存之本，也是国家治理的重要基础和重大目的。2014 年 4 月 15 日，习近平总书记在中央国家安全委员会第一次会议上指出，“必须坚持总体国家安全观，以人民安全为宗旨，以政治安全为根本，以经济安全为基础，以军事、文化、社会安全为保障，以促进国际安全为依托，走出一条中国特色国家安全道路。”“构建集政治安全、国土安全、军事安全、经济安全、文化安全、社会安全、科技安全、信息安全、生态安全、资源安全、核安全为一体的国家安全体系”。中国开放的大门不会关上，经济全球化趋势不可逆转。在保障对外开放过程中的国家安全方面，财政发挥着基础性的作用。

第一，维护国家政治安全。国家政治安全是指国家主权、领土、政权、政治制度、意识形态等方面免受各种侵袭、干扰、威胁和危害的状态。如果不能保持政治秩序的正常运行和政治稳定，一切安全问题都将是空谈，相反，在政治安全良好的状态下，其他的安全问题相对容易解决。

维护国家政治安全，最重要的就是维护意识形态安全，维护我国宪法确立的国家政治制度，增强全国人民的中国特色社会主义道路自信、理论自信、制度自信、文化自信。在全球化的进程中，国与国之间不仅仅是在进行商品贸易，也在进行人生观、价值观的交流，因而

所有的人都要面临“来自其他社会的知识和文化的冲击”。同时，长期以来，以美国安全观为代表的西方安全理念是建立在排他性思维基础上的。它们把与西方不同的意识形态与发展模式视为异己，企图通过军事、外交、文化等多种途径，迫使他国接受其安全观，维护西方国家在国际安全领域的“领导地位”。这表明，当前世界意识形态领域的博弈非常激烈，维护国家政治安全至关重要。

在维护意识形态安全等方面，财政起着支撑和导向作用，是重要的物质保障。由于文化产品具有高度的外部性特征，因此公益性的文化产品必须由政府予以提供。同时，对于经营性的文化产品，财政也需要通过税收优惠政策或者是增加财政投入，对产品结构予以调整，以弘扬社会主义核心价值观，抵御外来不良文化侵蚀。

第二，促进经济经济安全。经济安全是基础，只有努力形成经济可持续发展和国家安全建设的良性互动，国家安全才能真正得到保障。

在维护经济安全方面，财政发挥着重要作用。一是促进我国经济长期健康发展。当前，我国经济发展中不平衡、不协调、不可持续问题依然突出，科技创新能力不强，产业结构不合理，发展方式依然粗放，城乡区域发展差距和居民收入分配差距依然较大，教育、就业、社会保障、医疗、住房、生态环境、食品药品安全等关系群众切身利益的问题较多，部分群众生活困难。应对这些问题，必须按照新发展理念，着力推动供给侧结构性改革，在这其中，无论是通过发挥资源配置职能，促进经济转型，还是通过调整支出结构，解决民生疾苦，或是发挥收入分配职能，缩小贫富差距，财政都发挥着重要作用。

二是积极应对国际金融危机。经济全球化使得金融市场发挥巨大能量的同时也隐藏着极大的风险，进入 20 世纪 80 年代，金融市场蓬勃发展，逐渐成为主导全球的力量。1994 年末的墨西哥金融危机，尤其是 1997 年发生的亚洲金融风波，2008 年美国次贷危机，都显示了金融危机的冲击性。在一国之内，健康的金融体系和健全的金融监管对化解金融风险十分重要，但后盾还是得靠财政来保证。在整个制度结构中，财政处于边际位置，是防范公共风险的最后一道防线，即财政总是最后兜底。换句话说，财政是公共风险的最终承担者。如 1997 年亚洲金融风暴中，在千钧一发的时刻，香港政府动用近千亿港币阻击索罗斯，最终取得胜利。应对 2008 年国际金融危机，我国运用积极的财政政策，在全球范围内率先实现了经济复苏。虽然仓促上马的“四万亿”投资计划给我国经济带来了诸多问题，但如果没有雄厚的国家财力做保障，很难想象我们能有效应对国际金融危机。

第三，保障军事安全。军事建设作为典型的公共商品，其性质决定了其必须由政府予以提供。“大国财政支撑的军事实力是大国参与全球治理和影响全球安全的强大后盾”，面对复杂的外部军事环境，国防现代化的建设离不开必要的物质基础。财政通过合理配置国防军事财力，优化投入结构，提高资金使用效益，使得国防军事建设与经济发展建设相互促进协调发展，进而维护国家治理。

第四，促进国际安全。当今中国与世界的关系已经发生了深刻变化，国内安全和国际安全的界限出现模糊的趋势，国内问题国际化与国际问题国内化成为普遍现象。在这种条件下，只有统筹国内国际两个大局，以国际安全为依托，才能有效维护国内安全。在这里面，财政发挥着基础作用。

一是为人类命运共同体建设提供财力保障。无论是完善中国—东盟、中阿合作论坛、上海合作组织、G20 等合作平台，推动国际秩序朝着更加公正合理的方向发展；或是积极参与解决朝鲜半岛问题、伊核问题、巴以冲突、反恐等热点问题，派遣维和部队，努力承担大国责任；抑或是发起“一带一路”倡议，积极参与金砖银行、亚洲基础设施投资开发银行建设，让更多人群享受世界经济发展的成果，财政都为我国参与全球治理、促进国际安全提供了重要基础和支撑。

二是在国际环境不确定性增加的情况下，保障国民安全。近年来，党和政府在各项大政方针的制定中，在国内外国家安全事件处置中，都充分体现出“以人民安全为宗旨”的价值取向。前些年日本核泄露中的撤侨，利比亚内战中的撤侨，叙利亚危机中的撤侨，以及在马航事件中的奋力搜救，大量事实表明，在走出国门的中国人越来越多的今天（2013 年已达 9 800 多万人次），党和政府也越来越重视我国国民的海外安全问题，不仅在每次重大事件发生时都及时采取了必要的救援措施，而且还在外交、公安、军队等部门成立了相应的专门机构。而这些行动的背后都是国家财力的保障。

作者工作单位：中国财政科学研究院

供给侧结构性改革下的财政政策选择

◇ 刘成奎　王朝才

摘　要：在中国经济与财政收入增速趋缓、产业结构升级受阻、居民追求高质量生活水平受限的情况下，推进供给侧改革是现实选择。西方供给理论有古典供给理论、均衡供给理论、要素创新理论、新自由学派的供给理论等，西方需求理论有边际需求理论、均衡需求理论与凯恩斯需求理论，这些经济学理论都是对当时经济社会发展做出的理论回应。供给侧改革中的去产能、去库存、去杠杆、降成本与补短板在现实中都存在诸多困难，而推进供给侧改革有助于发挥市场机制的基础性作用、提高产品质量、促进产业结构升级并会深刻影响政府政策选择等。推进供给侧结构性改革需要明确政府的发展目标、明晰市场与政府的关系、构建与完善一系列的财政政策。

关键词：供给侧改革；财政政策；供给；需求

在中国经济高速发展了30多年后，受到国内外因素的双重影响，经济增长进入了中低速的新常态，由此而来的就是中国经济需求结构与供给结构的失衡。在此背景下，2015年10月中央财经领导小组办公室主任刘鹤在广东调研时明确提出，要重视“供给侧”调整，加快淘汰僵尸企业，有效化解过剩产能。同年11月习近平在中央财经工作会议第11次会议上指出，在适度扩大总需求的同时，着力加强供给侧结构性改革；之后国务院常务会议强调部署以消费升级促进产业升级，培育形成新供给新动力扩大内需，在十三五规划纲要座谈会上李克强提出要在供给侧、需求侧两端发力促进产业迈向中高端。2015年12月习近平、李克强再次强调，稳定经济增长，要更加注重供给侧结构性改革，明年及今后一个时期，要在适度扩大总需求的同时，着力加强供给侧结构性改革，实施相互配合的五大政策支柱。至此，供给侧改革正式成为政府的政策重点，也引起了学术界的高度关注。

一、供给侧改革的文献综述

在供给侧结构性改革提出后，引起了学界与政界的高度关注，对其的研究主要是围绕着概念辨析、政策选择等展开的。

（一）供给侧改革概念辨析

对供给侧改革的概念尚已有众多研究从不同角度进行了解读。中国供给侧改革与西方供学派的政策实践虽然有些类似之处，但是二者并不能等同（贾康，2016；孙亮、石建勋，2016）。因为中国供给侧改革是为了提高我国经济的长期增长率、释放技术创新的潜力（姚洋，2016），其主要关注长期与动态的经济结构的调整和经济的转型从而改善供给（胡希宁，2016）；而改革的关键是消除价格扭曲、矫正要素配置扭曲、消除体制性与机制性障碍以形成政府和市场的良性互动（崔军、张雅璇，2016）。但是，必须明确的是供给侧改革并非意味着放弃需求侧改革，而是应该在以供给侧改革为主时，同时需要两者相互配合（任保平，2016；刘亮、李洁、李明月，2016）。

近年来中国经济发展遇到了一些困难，如财政收入增速明显下滑、财政支出面临刚性需求、地方政府债务问题严峻（邓晓兰、陈宝东，2017），而中国经济长期向好的基本面没有变（楼继伟，2016）。但是中国经济中存在的杠杆率高（任泽平、冯赟，2016；高惺惟，2016；魏鹏，2016）、库存高（曾宪奎，2016；刘慧，2016）、产能过剩（任泽平、张庆昌，2016）、企业成本高（张杰、宋志刚，2016；吴群、侯祥鹏，2016）、短板制约（周学东、戴国海，2016；殷醒民，2016）等问题直接影响了经济社会的可持续发展，由此必须依赖供给侧改革政策去解决中长期的经济增长的“新动力”问题，强化以企业为中心的资源配置机制（付敏杰、张平，2016）；同时要实现产业结构由传统产业转向现代产业、要素驱动向创新驱动的转变、政府管制向市场机制的转变（冯志峰，2016）。当然，在供给侧改革中不宜采用过于激进的改革方式，因为激进改革成本较高（娄成武、董鹏，2016）。

（二）供给侧改革中财政的作用

在供给侧改革中，财政政策选择基本上都是围绕着调整财政支出结构、减税、提供社会保障等而展开，且多以组合拳方式运用多种政策工具（闫坤、于树一，2017）。在中国当前经济增幅与财政收入增幅下滑背景下，应着重提高财政宏观调控能力，尤其是注重结构性调控与跨周期调控，将短期经济波动和中长期经济发展有效地兼顾起来（闫坤、刘陈杰，2016），并将财政调控模式转向市场决定机制下的供给端的结构优化模式，而非行政主导机制下的需求端的总量治理模式（袁红英、张念明，2016）。

在财政支出上应该压缩政府开支（王秋波、魏联合，2016），优化财政支出结构与优化公共产品供给结构（刘晔，2016），创新公共服务供给机制以提高供给质量和效率（连太平，2016）。在税制优化上要以结构性减税为主要途径（石寅，2016），减轻企业与个人税负（李枢川，2016；曾康华、陈雪莲、王春鹰，2016），发挥减税对供给结构的优化作用（刘晔，2016），并推进税制从间接税的单一主体税种为主的结构转向直接税、间接税的双主体税种并重的结构（马海涛、段琦，2016）。在社会保障上应该加快推进社会保障制度改革，如多途径补充社保基金缺口、加快社保制度的顶层设计（刘再杰、李艳，2016），为结构性改革托底（连太平，2016）。

二、供给侧改革的背景

如同任何一种重大改革或者理论创新都有着其深刻社会经济背景一样，中国提出供给侧改革也是在中国经济社会发展进入新阶段而必然的诉求。

（一）经济增长进入中低速

在2013年之前，中国经济增长速度基本上都保持了两位数的增长（2009年例外），但是2014年仅为8.14%，2015年为6.9%，2016年为6.7%。中国经济增速趋缓，除了与中国经济体量很大而增速放缓外，也与国际市场的萎缩、国内有效需求下滑等有关。特别是传统的依靠投资、出口的经济增长模式，已经遭遇了产能过剩而消费不足、环境承载力趋于饱和等因素的制约，经济的中低速增长应该是未来的常态。如表1所示。

（二）财政收入进入困难期

与 GDP 增速趋缓一致，中国的财政收入也进入中低速增长时期，2012～2016 年财政收入的增速分别为 12.9%、10.2%、8.6%、8.4%与 4.5%，同期的财政支出的增速分别为 15.3%、11.3%、8.3%、15.8%与 6.4%，除了 2014 年收入增速快于支出增速 0.3%外，其他年份都存在财政收支缺口，尤其是民生支出的刚性很强，则财政收支缺口短期内难以消除，由此可以认为中国财政收入的增收进入了困难。如表 2 所示。

（三）产业结构升级受阻

一个国家经济的发展必然会引致其产业结构的升级，第三产业的占比会逐步增加。而且世界经济发展经验显示，在人均 GDP 超过 4 000 美元时，其第三产业的占比一般在 68.56%，即使是世界平均水平也已经达到了 67.7%。2015 年底中国人均 GDP 已经达到了 7 800 美元，而中国 2015 年第三产业 GDP 却只有 50.6%，2016 年为 51.6%，与国际平均水平相差 16.1%。中国第三产业占比被拉低的原因虽然很多，但是第二产业中的僵尸企业与高耗能企业的存在是其中一个重要原因。如表 3 和表 4 所示。

表 1　　中国 2006—2016 年 GDP 增速

年　份	GDP（万亿）	年增速（%）
2006	21.77	17.1
2007	26.80	23.1
2008	31.68	18.2
2009	34.56	9.12
2010	40.89	18.31
2011	48.41	18.40
2012	53.41	10.33
2013	58.80	10.09

续表

年　份	GDP（万亿）	年增速（%）
2014	63.59	8.14
2015	67.67	6.9
2016	74.75	6.7

表 2　　中国 2006—2016 年财政收支增速

年份	财政收入增速（%）	财政支出增速（%）	收支增速缺口（%）
2006	22.5	19.1	3.4
2007	32.4	23.2	9.2
2008	19.5	25.7	-6.2
2009	11.7	21.9	-10.2
2010	21.3	17.8	3.5
2011	25	21.6	3.4
2012	12.9	15.3	-2.4
2013	10.2	11.3	-1.1
2014	8.6	8.3	0.3
2015	8.4	15.8	-7.4
2016	4.5	6.4	-1.9

表 3　　世界产业结构对照表

人均 GDP（美元）	第一产业占比（%）	第二产业占比（%）	第三产业占比（%）
< 300	45.7	20.07	34.29
300 ~ 800	26.47	28.33	45.20
800 ~ 4 000	9.79	35.55	54.66
> 4 000	3.24	28.24	68.56
世界平均	3.80	28.60	67.70

表 4　　中国主要年份三次产业结构占比

年份	第一产业占比（%）	第二产业占比（%）	第三产业占比（%）
1978	27.9	47.6	24.5
1990	26.7	40.9	32.4
2000	14.7	45.4	39.8
2013	9.4	43.7	46.9
2014	9.2	42.6	48.2
2015	8.9	40.5	50.6
2016	8.6	39.8	51.6

（四）无法满足居民对高质量生活水平的追求

随着中国经济发展与居民收入的增加，对高质量生活产品品牌的追求逐渐增加，而国内产品虽然很丰富，但是不少产品在品牌与质量上与发达国家依旧存在不小的差距，中国产品在国际市场上实际上更多处于低端市场。正是国内优质生活产品品牌的缺乏，导致很多中国人在国外旅行或者访学时爆买国际高端品牌产品，尤其是部分国内生活产品出现问题（如问题奶粉）更加推高了中国人在国外的爆买现象。此外，中国传统的依靠投资与进出口的经济发展模式，在 GDP 快速增加的同时也导致了中国的资源消耗严重（而且很多是浪费式的消耗），导致我国的环境污染日渐严重。由此可知，中国高质量国产产品的不足、环境污染日益严重等问题已经影响了居民追求高质量的生活方式，供给侧改革势在必行。

三、供给与需求理论的演变

综观世界近 300 年来的西方经济思想发展的脉络，在不同的经济社会背景下，经济学研究相应地或者重视供给或者重视需求来展开的。

（一）供给理论的演变

在资本主义经济萌芽与发展过程中，古典经济学、庸俗经济学、新古典经济学、熊彼特的创新理论、新自由学派等都关注如何经由资本、劳动、土地三大生产要素的组合与调节实现经济增长。

1. 古典供给要素理论。工业革命的形成与发展引发了资本主义生产力的极大发展，而当时在生产技术领先的新兴资产阶级要求放弃重商主义的贸易保护政策，转而推行自由贸易政策。古典经济学与庸俗经济学主要关注资本、劳动与土地三大要素的配置，即如何提高资源配置效率问题。古典经济学的代表性人物配第认为人口数量、技艺水平和勤劳程度是经济发展的关键；斯密认为分工、资本积累能够增进国民财富，且在看不见的手的调节下实现经济增长；李嘉图则强调技术进步、对外贸易对经济发展的重要影响。庸俗经济学的代表性人物萨伊提出了资本－利润、劳动－工资、土地－地租的三分法，提出了萨伊定律，即供给会主动创造需求的思想。在当时需求尚未得到有效满足、金本位制的条件下，供给自动创造需求应该说有一定合理性。

2. 均衡供给理论。马歇尔将古典经济学的供给理论与边际学派的需求理论综合起来构建了新古典经济学，并将生产要素扩展为土地、资本、劳动、组织或管理（指分工与机器的改良、产业的相对集中、大规模生产和企业管理等）四大要素，认为劳动的供给取决于劳动的“负效用”，资本的供给取决于资本家对未来享受的“期待”，土地没有生产费用故没有供给价格，组织供给取决于教育培训成本。

3. 要素创新理论。熊彼特认为“创新”对企业与经济发展极为重要，创新就是企业家对生产要素的组合，包括新产品或新用途、新生产方式、新市场、新原材料或半成品、新企业组织方式等，其条件依赖于企业家精神、资本信贷的支持，对经济发展过程包括创新—模仿—适应三个阶段。

4. 新自由学派供给理论。凯恩斯经济学到了20世纪70年代已经无法解释当时的“滞胀”问题，反凯恩斯的新自由学派都认为要减少政府干预，应按市场规律配置资源。货币主义认为通胀的根源在于货币发行量过大，而货币政策在短期内会影响产量、在长期内只会影响价格，应实行单一货币政策；理性预期学派认为未被预期到的政策在短期内有效，而能够被预期的规则政策无效，政府所做的不应干预经济，而应取信于民；供给学派根据拉弗曲线理论主张结构性减税，促进经济增长。

（二）需求理论的演变

相对于供给理论，需求理论的形成相对较晚，也是在物质产品供给出现过剩后才出现的，主要有边际学派、新古典经济学与凯恩斯经济学等。

1. 边际需求理论。到19世纪70年代随着经济技术的发展以及垄断的出现，导致当时出现企业规模越来越大，供求结构失衡的矛盾已经出现，并引发思考：企业规模是否越大越好？企业规模边界在哪里？边际学派迎合了这种需求，将传统经济学的研究从重视生产、供给与价值转向了重视消费、需求与效用，从宏观的生产者分析转向微观的消费者心理分析，正式构建了从人的行为心理分析出发的需求理论。

2. 均衡需求理论。新古典经济学的需求理论基本上是沿用了边际学派的需求理论，即企业对劳动、资本、土地、组织的需求取决于各自边际生产力。

3. 凯恩斯需求理论。20 世纪 30 发生的世界经济大危机引致了凯恩斯的需求理论，在边际消费倾向递减、资本边际效率递减、流动偏好三大心理规律作用下导致有效需求不足，而提升有效需求的政策重点就是实行积极的国家干预政策。

四、中国供给侧改革及其对经济发展的影响

中国的供给侧改革就是通过矫正生产要素的配置，扩大有效供给，灵活应对居民需求，更好满足居民需要，促进经济社会持续健康发展。西方的供给学派强调的是在资本主义私有制基础上的生产要素的配置从而追求生产效率的提高。

（一）供给侧改革的内容

供给侧改革是一次经济发展模式的重大变革，具体包括五个方面内容，即去产能、去库存、去杠杆、降成本与补短板。

1. 去产能。去产能是为了解决产品供过于求而引起的恶性竞争，进而进行产品转型与升级。去产能的行业主要包括钢铁、煤炭、水泥、有色金属、油气、玻璃等，其中最主要的就是钢铁业与煤炭业。就钢铁业而言，2015 年底钢铁业的实际产能约 11 亿吨，利用率为 71.5%；据估计 2015 年大中型钢企亏损约为 645.34 亿吨，亏损面达 50.5%；2016 年去产能目标为 4 500 万吨，需要安置职工 18 万人。就煤炭业而言，2015 年底煤炭业的实际产能约 57 亿吨，利用率不足 70%；2015 年前 11 个月，规模以上煤企利润额为 425.5 亿元，同比下降 61.2%，亏损面超过 90%；2016 年去产能目标为 2.8 亿吨，需安置职工 70 万人。

去产能中最关键的问题在于：如何衡量既有产能停工与开工的成本与收益，即如何衡量开工与停工的边界停损点？以及如何避免地方政府在去产能中因自身利益影响而消极怠工？进而要思考在新增加的其他行业产能中如何避免可能在未来形成的产能过剩？

2. 去库存。去库存包括两层含义，一是指降低产品库存水平，这是企业能较快做到的，二是消化过剩产能，这是比较长期的过程，对企业与社会经济发展是一个较为痛苦的漫长过程。去库存的行业主要包括房地产、家电、汽车行业等，尤其是房地产行业。数据显示，2015 年底中国库存规模约为 66.72 亿平方米，约需要 5.19 年的消化周期；累计占用资金规模约为 40 万亿元，其中，约有 1/3 为房地产开发商的自有资金，另外超过 2/3 部分为“债务”，一旦房地产行业的资金链断裂，很有可能引发类似美国 2008 年发生的金融危机。而房地产行业去库存面临的最大困难在于非住宅去库存难、三四线城市去库存难、降低购房首付率与去杠杆存在矛盾、房产税会阻碍去库存以及土地供应量的限制等。

3. 去杠杆。“杠杆化”指通过借债进行投资运营，以较少的本金获取高收益；而“去杠杆化”指减少使用金融杠杆的过程，包括金融产品去杠杆化、金融机构去杠杆化、投资者去杠杆化等。数据显示，中国企业部门杠杆率 2015 年达到了约 165%，而且在 2008—2015 年呈现出明显的高速增长态势，这与当年推行的财政刺激政策有高度相关性；政府部门的杠杆率从 2004—2015 年呈现出持续递增态势，2015 年达到了 56.5%；金融部门的杠杆率从 2008 年开始呈现出逐步递减的态势（见图 1）。数据也显示，中国水电气行业的负债率达到了 61%，其次是采矿达到了 59.7%，最低的是制造业达到了 54.9%（见图 2），由此也说明垄断性较高的行业、资源型行业的负债率较高，而这与这些行业的融资环境相对宽松有一定关联；国有控股、集体、股份制、外资与私营企业的负债率分别达到了 61.4%、58.9%、57.1%、54.2%、51.2%（见图 3），而这恰好说明私营企业由于投资的谨慎性较高、融资条件相对较差等原因从而导致其负债率相对较低。

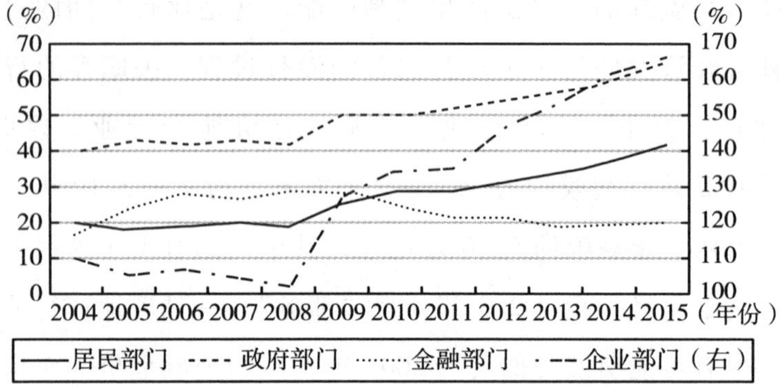

图 1 各部门负债占 GDP 比重变化趋势

资料来源：WIND，申万宏源研究。

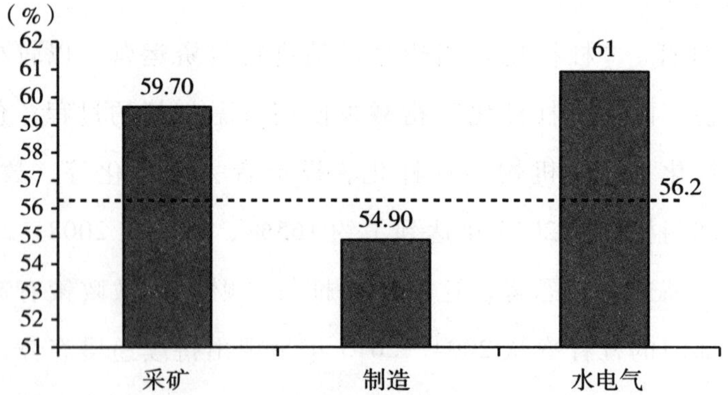

图 2 部分行业资产负债率

资料来源：WIND，申万宏源研究。

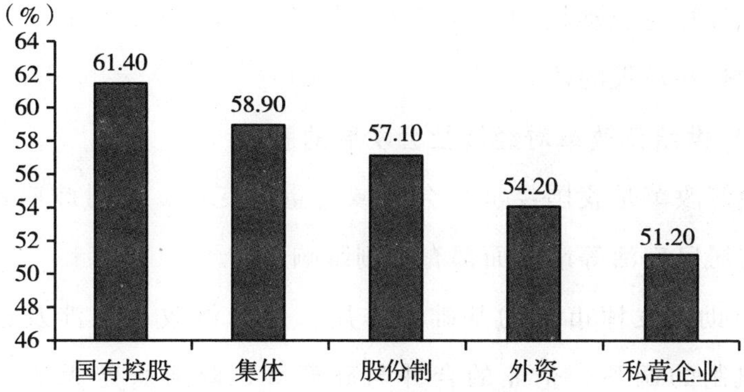

图3　部分企业资产负债率

资料来源：WIND，申万宏源研究。

4. 降成本。降成本主要包括降低制度性交易成本、用工成本、社保缴费、企业融资成本、税费负担等，尤其要降低企业负担的各类隐性成本，为企业发展提供宽松的税费环境与制度环境。企业税费类别较多，但大体上可以分为显性的税费成本以及隐性的各类收费与制度性管理成本。降低企业的显性成本主要是通过税制调整、收费制度调整等来降低企业的税费水平，如通过营改增、降低企业的社保缴费率（目前已经有16个省通过了有条件的降低社保费率的办法）来降低企业的显性成本，而且效果明显。降低企业隐性成本的范围较为广泛，如通过规范行政管理行为降低审批环节的成本，尤其是要降低各类制度性隐性成本，为企业发展提供真正宽松的各类收费与制度性管理环境。

5. 补短板。补短板理论渊源于西方管理学中的“木桶理论”，即木桶的盛水量取决于木桶最短的那一块木板。在中国经济社会的诸多短板中，贫困短板、三农短板、技术设备短板、人才短板等是关键，尤其是中国关键技术短板与关键人才短板是重中之重。而这些短板主要集中于具有高流动性的人才身上，因此如何培养、留住、用好这些关键人才是补短板的核心。

（二）供给侧改革对经济社会发展的影响

供给侧改革是我国经济社会领域的重大变革，其对政府治理、市场供给与居民生活等诸方面都有深刻影响。

1. 有助于发挥市场的基础性作用。供给侧改革中涉及很多运行制度与机制的调整、企业的合并与破产等，政府肯定无法完全置身事外，但是政府切不可包揽一切，而是除了做好社会保障外，其他的一切事务都交给市场来完成。这也是构建发挥市场的基础性作用的重大机遇。

2. 提高产品供给质量。传统的依赖大量投资的经济发展模式一方面引致商品生产极大丰富，另一方面也引致部分行业未能有效对接需求，尤其是居民收入提高后的高端产品需求，从而出现了部分行业的产能过剩或者无效供给。供给侧改革通过减除过剩产能，减少无效供给，提高产品供给质量，满足居民收入水平提高后对高质量产品的追求。

3. 促进产业结构升级。现有产业结构是在传统经济发展模式下形成的，第二产业中的很多过剩产能或者高能耗产能占用了大量的物质资本与人力资本，但是未能形成有效供给，而且在某种程度上也影响了第三产业的发展。通过供给侧改革消化过剩产能或者高能耗产能，实现第二产业中部分物质资本与人力资本的流动，有助于增加第三产业的占比，从而促进产业结构升级。

4. 深刻影响政府政策的选择。供给侧改革是一项系统性改革，很多制度都需要进行调整以适应改革后的现实经济社会发展需要。今后政府政策的选择应该更多地注意：经济政策要从传统的总量性政策（大水漫灌式）转向结构性的政策（如宽财政、稳货币）；从单纯的经济政策转向经济、社会并重的政策，关注提升居民的获得感与满意度；更加注重财政资金的使用绩效；更加注重通过政府资金来撬动民间资本（如 BOT、PPP）；更加重视促进产业结构优化；应注重发挥财政政策的诱导作用。

五、应对供给侧改革的财政政策选择建议

供给侧改革牵涉的范围非常广泛，制定相关的政策需要思考供给侧改革的可行目标与可行政策之间的关联性，并采取针对性的政策措施。

（一）以居民幸福而非济发展目的为政府目标

提高居民的福利是政府的终极目标，经济发展只是实现这一目标的手段与中间过程。而事实上我们经常混淆了提高居民福利与经济发展，将经济发展当作了社会经济活动的目标本身。由此，导致了中国 GDP 在高速增长的同时，而居民的幸福感却没有同步提高，甚至有的感到了不幸福度的提高。今后政府决策目标不能仅仅盯着 GDP，而是应该在抓好 GDP 增长的同时，一定要关注居民的获得感、幸福感与满意度，并将其作为政府决策与财政政策选择的重要目标。

（二）准确界定政府与市场关系

在供给侧改革中，涉及很多企业的破产与重组、人员的分流与失业、地方 GDP 增速的减缓、财政收入的趋缓等诸多社会经济问题。在地方政府地方利益保护与政府官员自身利益最大化下，中央或地方政

府很容易陷入主动干预市场的行为，导致企业的破产与重组、人员的分流与失业未能遵循市场规律来完成，导致政府干预的越位与缺位的同时存在。

在供给侧改革中政府的唯一也是最要的职责就是提供可靠的、可信赖的社会保障，确保所有分流与失业人员能安心，为供给侧改革提供和谐的社会环境。除此之外，所有的一切经济活动应该全部交由市场来完成。如美国钢铁业曾经也出现了产能过剩，但是在去产能中，完全依赖于钢铁企业自主的兼并重组与破产，效果良好。

（三）应对供给侧改革的财政政策选择

1. 切实做好社会保障。社会保障是经济社会发展的稳定器，尤其是供给侧改革中会出现企业破产、兼并重组、人员分流与失业等，财政必须做好充分的社会保障计划，而且要有较长期的规划，以便保证供给侧改革的顺利推进。德国鲁尔工业区、美国东北部锈带的转型中都出现了类似中国供给侧改革中出现的企业破产与人员失业问题，但是通过可靠的社会保障确保了转型的顺利推进。

2. 完善税制，进行结构性税收调整。具体而言应该包括：第一，降低制造业的增值税税率，如将现有的主税率17%降为10%，而且将四档税率合并为一档。第二，完善税收激励政策，如对创业、创新企业的激励，重化工业等的抑制；取消地区性优惠政策。第三，降低企业税负，尤其是小微企业、高新企业的税负。

3. 提高财政投资效率。财政投资效率的提高应该做到：第一，建立财政支出项目库。第二，严格落实财政绩效评价制度。第三，加大对中小城镇、中西部地区和农村地区的基础设施投资。第四，加快重大科技创新投入。第五，加大民生支出。

4. 重视撬动社会资本的作用。通过 BOT、PPP 等多种途径将社会资本引入政府计划的项目，以弥补政府投资不足、效率不高、管理不够优化等问题。

作者工作单位：刘成奎，武汉大学经济与管理学院；
王朝才，中国财政科学研究院

新常态背景下的财政政策定位调整思路

◇ 刘小川　汪　冲

摘　要：经济新常态背景下，我国的经济社会发展遇到一些新问题，主要体现在经济增长和财政收入的增速双下降、社会就业形势严峻、社会保障压力增加等。然而，现行财政政策思路却面临着众多困惑，如强刺激财政与经济结构调整的矛盾、财政赤字与责任政府建设的矛盾、公共支出扩张与政府职能转变的矛盾等。因此需要调整现行财政政策定位。调整的思路是：弱化积极财政政策、夯实财政基础，强化财政市场功能、带动政府职能转变，加强法治财政建设、规范政府行政履职。

关键词：经济新常态；财政政策；政策思路

经济新常态是对我国经济发展阶段性特征的高度概括，是对我国经济转型升级的规律性认识，是制定当前及未来一段时期我国财政政策的重要依据。我国现行的财政政策，显然是基于延续新常态之前的传统定式思维制定的，不仅没有也不可能解决好我国社会经济的深层次问题，而且会通过矛盾转嫁而加重代际负担。鉴于此，亟须调整我国财政政策定位的思路。

一、新常态下的我国经济社会发展新态势及其困境

（一）现实经济的困境

2013—2015 年，我国经济逐年下行，GDP 增速比上年分别下降了 0.2、1.9 和 1.3 个百分点，2016 年一季度比上年同期又下降了 0.6 个百分点。中国经济在从高速增长进入中高速增长的通道中，必然会出现一些问题，如部分行业产能过剩、有效需求不足、工业品价格下滑等。我国经济从高速增长进入中高速增长，经济增速持续回落，部分行业产能过剩，经济总体有效需求不足，价格下行，工业品出厂价格指数（PPI）连续数十个月为负。消化过剩产能已经成为中国经济当前面临的巨大挑战。对外贸易从高速增长转变为低速增长，外贸对经济增长的贡献显著降低，出口导向型经济难以为继。对外经济产业结构逐步调整，加工贸易比重大幅下降，部分劳动密集型产业转移至成本更低的其他低成本国家。

同时期，全国一般公共财政收入增速分别下降了 2.7 个、1.6 个和 2.8 个百分点。在财政收入相比 GDP 下行更甚的境况中，财政刚性支出居高不下、各项改革的减收增支压力增强、收支缺口扩大。财政收入增幅低于年初预期的主要原因是受经济下行压力影响，2015 年全国固定资产投资、社会消费品零售总额、外贸等主要经济指标增幅均低于年初预期。2016 年，全国一般公共预算收入 157 200 亿元，仅增长

3%，既有经济增长减缓的原因，也有税收改革带来的减税原因。总体上看，如此之低的财政收入增长率是历年罕见。

此外，在经济增长放缓和减税降费改革的同时，非税收入波动性较大，使得我国的财政收入的稳定性和增长的可持续性也受到削弱。2015 年，全国一般预算的非税收入 27 325 亿元，增长 28.9%，同口径增长 10.6%。其中，中央非税收入 6 997 亿元，增长 57%，同口径增长 50.3%，主要是部分金融机构及中央企业上缴利润增加；地方非税收入 20 328 亿元，增长 21.5%，同口径仅增长 1.3%。作为地方政府性基金收入的大头，国有土地使用权出让收入的增长情况关系到地方政府的财力。两年前的 2014 年，国有土地使用权出让收入高达 40 385.86 亿元。2015 年，国有土地使用权出让收入仅为 32 547 亿元，同比减少 8 840 亿元，下降 21.4%。2016 年，国有土地使用权出让收入 28 248.6 亿元，较 2015 年又下降 13.2%，已经连续两年下滑。

（二）现实社会的困境

伴随经济增速下降，失业问题凸显。目前，中国的失业集中在以下四个层面。一是农村过剩劳动力。金融危机爆发以后，中国的出口和工业增加值跳水般地下降，失业急剧增加。2009 年初，中央农村工作领导小组发言人称受金融危机影响，有 2 000 万农民工返乡。二是外资白领，随着大量外资撤出中国，不少原来薪资优渥的白领失去工作。三是失业大学生，由于学校里要求大学生提供就业证明才发放毕业证，学生被迫想方设法让父母或者亲戚单位提供假的就业证明，大学生就业远非统计数据所表明的那样高。四是城市中那些初、高中毕业后长期在家待业的青年，媒体将这些人称为“啃老族”。中国的失业者到底是多少？有两个数据可供参考。前总理温家宝在 2010 年 3 月出席中国发展高层论坛时宣布中国失业人口有 2 亿。2015 年 1 月林毅夫在 2015 冬季达沃斯论坛表示，由于工资上涨，中国将有 1.24 亿人的制造业岗位转移至其他发展中国家。

伴随着经济新常态，我国社保压力增大。一方面，社会保障收入增加放缓，支出增长速度高于收入增速。在财政补贴大幅度增加的背景下，社会保险基金收入增速仍低于支出增速。在社会保险降费率的基调下，预计我国社会保险基金的缴费收入难以增长。另一方面，财政补贴刚性上升。社会保险基金的财政补贴增长过快，需要警惕。根据财政部公布的 2015 年社会保险基金预算，2015 年初的预算安排是：全国社会保险基金收入 43 088.07 亿元，其中：社会保险费收入 31 633.39 亿元；财政补贴收入 9 741.75 亿元；社会保险基金支出 38 463.97 亿元。而预算执行的结果是全国社会保险基金收入 44 660.34 亿元，其中：社会保险费收入 32 518.48 亿元、财政补贴收入 10 198.15 亿元、社会保险基金支出 39 356.68 亿元。从中可以看到，除了社会保险基金收入基本上与预算数保持一致以外，财政补贴和社会保险基金支出都超过了预算数，给财政带来了压力。

伴随着经济新常态，我国社会矛盾日益突出。一方面，失业上升和财政压力增大同时并存；另一方面，一些社会矛盾日益凸显，贪污腐败、既得利益和社会公平（贫富分化）已经成为公众最为关注的焦点。“既得利益集团”“政府不作为”“环境污染”“食品和生产安全”“医疗公平”等社会敏感词语表明公众普遍的不满情绪集中在对基层政府管理方式、改革开放成果分配不均、以牺牲环境保护换取经济利润等层面。特别是执法部门选择性执法，政府权力滥用与不受监督，基层政府的不作为，改革成果受惠对象不均衡，对敏感问题的过度反应与过度处理等都容易成为社会性事件的“引爆点”。

二、现行财政政策定位思路之困惑

显而易见，我国经济社会发展的环境已经开始发生重大的变化，党中央及时制定出应对宏观经济的政策目标，即保持经济增长合理区间、推动经济结构优化升级。可是我国财政政策的定位思路却没有相应调整，在实践中必然会产生许多困惑。即使我们对形势的判断以及改革目标对策都是正确的，但是有可能因财政政策定位的失误而前功尽弃。

（一）现行政策目标

我国现行财政政策目标之一是保持经济增长合理区间。面对经济换挡的现实、结构调整的阵痛以及前期刺激政策负面效果的显现，当前政府一直在着力淡化各方对 GDP 的过度强调，以“区间”的方式明确经济增长目标。这将明显扩大市场对于 GDP 增速“可接受度”的弹性，从而让市场对于中国经济的预期更为稳定。同时，保持合理区间可以避免政策对经济波动过于灵敏，为结构改革护航。避免各方对于经济增速短期的波动过于敏感，确保宏观政策能够稳得住，从而为结构性改革创造更大空间。

我国现行财政政策目标之二是推进战略性新兴产业发展。当前，新一轮科技革命和产业变革蓄势待发，发达国家推进高起点“再工业化”，战略性新兴产业已经成为一国产业结构升级和抢占世界经济发展制高点的关键。我国顺应世界经济发展趋势，大力发展战略性新兴产业，推动经济结构优化升级，提高国际竞争力，已经取得初步成效。节能环保、新一代信息技术、生物、高端装备制造、新能源、新材料和新能源汽车七个产业已经成为当前战略性新兴产业发展的主要着力点。战略性新兴产业正在成为我国经济保持中高速增长、产业迈向中高端水平的中流砥柱。

（二）财政政策目标的困惑

现行财政政策目标的困惑之一是：实施扩张财政，将进一步刺激地方经济攀比，加重代际负担。为了配合推进结构改革和增长方式转变，推动战略性新兴产业发展，在落实“十三五”规划的过程中，政府执行了以增加基础设施投资和公共产品供给为主要内容的扩张性财政，同时，货币政策积极为扩张性财政政策提供支持。

2012 年之前全国一般公共预算赤字基本呈下降趋势，可是 2012 年之后的赤字增加额出现持续上升，2013 年为 2 304 亿元，2014 年为 412 亿元。2015 年出现强势拉升，财政赤字增加了 5 600 亿元。按此口径，2016 年全国财政赤字将高达 21 800 亿元，占 GDP 的比重为 3.02%。如果包含政府性基金的赤字，则 2016 年全国财政赤字达 25 800 亿元，占 GDP 的比重为 3.58%。财政赤字的攀升，必然带来政府债务的高企，尤其是地方债务，2014 年，全国地方债务余额高达 15.4 万亿元。显然，这一财政强刺激政策，不仅加重了代际负担，而且通过提高地方可支配财力，进而必将激励地方攀比追逐经济增长。

现行财政政策目标的困惑之二是：盲目提高社会保障水平，将大幅度加重财政负担。为了助推经济结构调整、提升就业水平、缓解当前社会矛盾，当前政府通过一系列政策以提高社会保障水平。包括提高对地方财政补助，建立健全特困人员供养制度、困难残疾人生活补贴和重度残疾人护理补贴制度。同时，统筹考虑职工平均工资增长率和物价涨幅等因素，大幅提高企业和机关事业单位退休人员养老金标准。建立基本工资正常调整机制，促进在职和退休人员待遇水平协调增长。完善职工养老保险个人账户和职工基础养老金全国统筹等。为缓解大学生就业难问题，通过财政补贴鼓励高校毕业生到科技型、创新型中小企业和城乡基层就业创业政策，拓宽高校毕业生就业渠道。设立规范公益性岗位政策，建立困难群体长效就业帮扶。在实施结构调整的过程中，为了化解过剩产能及人员安置，中央财政安排奖补资金，根据地方任务完成情况（主要与去产能规模挂钩）、需安置职工人数、地方困难程度等因素，实行梯级奖补。

2012—2015 年，我国社会保障支出增长率分别为 25.1%、19.5%、18.2% 和 19.3%；2012—2014 年，财政社会保险基金补助增速分别为 21.4%、15% 和 14.5%；2016 年一季度财政社保支出增长率为 23.2%，相比去年同期的增速提高了 11 个百分点。显见，财政社保支出的增长速度要远远高于 GDP 和财政支出增长的速度。2013—2015 年，社会保险基金的收入和支出的剪刀差分别比上年缩小了 1.0、7.5 和 47.6 个百分点，全国社会保险基金财政补贴的增速分别比去年增加了 2.66、14.58 和 20.74 个百分点。显见，由于社会保险基金的收支盈余呈现大幅缩小，导致财政负担激增。

按照现行财政政策思路的选择是：通过继续实施赤字财政、增加政府债务等方式，大幅度扩大财政社会保障支出。显然这一政策，不仅难以持续，而且不利于经济活力的提升。

现行财政政策目标的困惑之三是：大幅度增加公共服务供给水平，将导致财政效率下降以及社会公平的缺失。在教育方面。进一步完善城乡义务教育经费保障机制，统一义务教育学校生均公用经费基准定额。继续实施农村义务教育薄弱学校改造计划等重大项目和财政补贴制度，健全家庭经济困难学生资助政策体系。在医药卫生方面，提高城乡居民基本医疗保险财政补助标准和基本公共卫生服务项目年人均财政补助标准，建立重特大疾病医疗救助。在脱贫攻坚方面，继续增加财政扶贫专项资金。在农业方面，全面推开农业“三项补贴”改革和粮食主产区利益补偿机制，加大对产粮（油）大县奖励力度。同时，推进棉花、大豆目标价格和玉米收储制度改革。在生态环保方面，加大大气污染治理力度，推进实施水污染防治行动计划。开展山水林田湖系统治理修复试点，实施新一轮退耕还林还草和草原生态保护补助奖励政策。提高天然林保护工程补助和森林生态效益补偿标准。加快新能源汽车充电基础设施建设，通过财政补贴鼓励可再生能源发电。扩大节能减排财政政策综合示范、跨省流域上下游横向生态补偿机制试点范围。在保障性安居工程方面，落实棚户区改造税费优惠政策和贷款贴息政策，积极推进棚改货币化安置和政府购买棚改服务。在文化体育方面。推动基本公共文化服务标准化、均等化，提高公共文化服务供给体系质量和效率。

2012—2015 年，我国财政公共服务支出增长率分别为 19.5%、13.8%、14.3%和 15.8%，远高于 GDP 的增长。在全社会公共服务领域中，财政公共服务支出似乎存在全覆盖和替代市场的倾向。例如，教育服务领域，社会教育经费的财政支出占比，从 2012 年的 78.3%提高到 80.7%（2013 年）和 80.6%（2014 年）。但是，我国的公共服务均等化状况并没有由此而根本好转。例如，2014 年的全社会人均教育经费，上海（3 738 元）是河南（1 650 元）的 2.3 倍。公共服务经费的使用效率也未见有较大提高。显然这一政策，不仅不能有效实现公共服务均等化，而且增加了中央财政转移支付的压力。

（三）现行财政政策效应分析

现行财政政策效应分析一：可能出现追逐经济增长思潮回归且与调结构目标相悖。

分析上一轮刺激政策，单纯增加财政赤字刺激经济增长会造成产能过度积累和债务负担提升，特别表现在两个方面：一是与基础设施建设相关的工业品企业的债务和产能的快速扩张，二是以地方融资平台为代表的投资主体的债务扩张。保持合理的经济增长速度区间是基于当前经济增长的趋势所作出的科学判断。虽然当前国内需求的低迷需要适当的积极财政政策，要从需求、供给两方面入手保持经济短期的合理增速并增强经济长期增长的动力，让短期增长符合长期最有增长路径，但这绝不是采取强刺激财政政策的借口。

现行财政政策与党中央四个全面战略布局是存在差距的，其特征主要体现在：第一，经济增长“锦标赛”模式的回归，与调结构目标严重相悖。上一轮的刺激政策，即通过增加财政赤字刺激经济增长，所造成的产能过度积累和债务负担攀升的状况，迄今为止不仅尚未完全化解，而且有可能继续加速延伸下去。第二，现行财政政策的实质是“打补丁”，仅体现于经济体制改革“减震器”和“安全阀”的功能定位，而对推动社会转型升级的“发动机”功能认识不足。第三，现行财政政策的另一潜在后果是：政策着力点忽略了体制机制性的基础性矛盾，而是将现行的经济社会矛盾发力向后推移，延缓矛盾爆发的时间。显然这是一种“短视战略”，只会造成代际之间的负担不公平和矛盾的继续累积，是不可持续的。

现行财政政策效应分析二：财政赤字的大幅增加与责任政府建设相矛盾。

具有责任能力的政府在行使管理职能的过程中，应积极主动地就自己的行为向人民负责，实现权力和责任的统一。从现实结果来看，为应对金融危机带来的巨大需求面冲击，中国采取了一揽子刺激经济政策，政府批准了大量的以铁路、公路、机场、地铁为代表的基础设施建设项目。支撑这些项目融资的是银行贷款，以及地方融资平台为代表的融资机构的快速扩张。由于刺激政策的不可持续性，当刺激政策力度削减以后，产能过剩现象凸显，再加上庞大债务带来的利息负担，企业利润锐减，遏制了新增投资。大型产能过剩企业和地方融资平台为了维系下去，不惜高息融资，进而又带动资金利率上升，而中小民营企业受高资金利率影响，利润和投资也受到负面影响，进一步制约了就业和投资增长。

维系政府信用是政府的显要责任之一，这是因为法定货币的失败对政府的合法性无疑是致命的威胁。上一轮刺激政策中的货币政策已经对政府信用提出了严峻考验，现时背景下继续增加财政赤字与责任政府这一行政理念无疑是相悖的。在经济增长放缓、社会矛盾突发的背景下，各级政府扮演“全能型政府”的角色的趋势却越来越明显，出现对整个社会实行大包大揽的局面。所以，在新常态背景下，过多增加公共投入与政府职能转存在矛盾，显然不利于政府职能的转变与行政部门管理效率的提升。其特征主要体现在：第一，与责任政府建设相矛盾。政府债务持续居高不下，不仅不利于降产能、调结构，而且将会危及政府信用体系，无疑与责任政府理念大相径庭。第二，不利于政府职能转变。在经济增长放缓、社会矛盾激化的背景下，过多增加财政公共投入，将会强化地方政府的“全能型政府”的角色定位，不仅不利于公共服务水平的提升，而且不能有效推进政府职能的转变。

三、财政政策定位调整思路

鉴于上述分析，需要对现行财政政策进行适当调整。首先，树立财政政策定位的新思路，即积极顺应新常态、通过夯实基础进而促改革，而非采取强刺激式的财政政策；其次，确定财政政策新定位，即弱化积极财政政策、强化财政的市场功能；最后，确定重点抓手，即国有资产市场化改革、政府购买服务改革、推进财政领域法治化进程。

（一）实施部分国有资产市场化改革

制定盘活国有资产政策与制度。实施此项改革，不仅可以部分解决财政缺口问题，而且有助于在激发市场活力的同时，推进政府职能的转变。我国拥有庞大的国有资产规模，根据财政部于2016年公布的数据，2015年我国国有企业利润总额23 027.5亿元，年底资产总额高达119万亿元，所有者权益也高达40万亿元。不同研究机构的有关国有净资产统计数据（2013年）分别为：106.9万亿元、92.3万亿元和56万亿元。可见，在维护公有制前提下，适当选择盘活国有资产制度改革路径，解决部分财政压力问题是完全可行的。盘活国有资产制度改革的方式有多种选择，例如，国资产权（使用权）转让、国企股权置换、混合所有制以及公私合营等。通过此项改革，不仅有利于激发市场活力和创造力，充分发挥财政的经济转型升级“发动机”功能，而且有利于政府职能的优化。

通过部分国有资产市场化改革，除了有望大幅增加政府财力之外，还有利于消除那些不利于经济增长、阻碍经济转型升级、压制创新、有违公平的扭曲行为，激发市场活力和创造力，让财政切实承担起改革排头兵的角色，扮演经济转型升级“发动机”的重任。在部分国有资产市场化改革过程中，通过向非国有资本推出符合产业政策、有利于转型升级的项目，加快技术创新、管理创新、商业模式创新，合理限定法人层级，有效压缩管理层级。这不仅将显著增加政府的可支配财力，更重要的是能够为经济转型升级发挥更强有力的支撑与助推作用。

（二）强化政府购买服务改革

按照政府预算经济分类口径统计，2014 年的一般公共服务类支出为 1.33 万亿元，而当年的服务类政府采购额仅为 1 934 亿元，占比仅为 14.5%，可见政府购买服务的潜力空间巨大。强化政府购买服务改革，不仅有利于降低政府公共服务供给成本、减轻财政收入压力，而且通过形成规范的公共服务市场体系，有助于促进各级政府部门的管理观念更新与管理机制创新。

政府和社会资本合作模式可以有效打破社会资本进入公共服务领域的各种不合理限制，鼓励国有控股企业、民营企业、混合所有制企业等各类型企业积极参与提供公共服务，给予中小企业更多参与机会，大幅拓展社会资本特别是民营资本的发展空间，激发市场主体活力和发展潜力。从国际经验和现实国情来看，实施政府购买服务改革的潜力较大，可以涵盖能源、交通运输、水利、环境保护、市政工程等需要实施特许经营的领域，以及像农业、林业、科技、保障性安居工程、医疗、卫生、养老、教育、文化等公共服务领域，不仅有利于加快转变政府职能，实现政企分开、政事分开，也有利于完善财政投入和管理方式，提高财政资金使用效益。

政府购买服务是通过公共服务供应与生产的分离，为主体间建立平等关系，使主体充分享有选择权而建立条件，从而通过刺激竞争来克服公共服务供给中存在的市场失灵、政府失灵和志愿失灵问题，进而提高公共服务的质量和效率。在我国，政府购买服务是推动政府职能转变，建设服务型政府的一项重要改革创新。服务型政府更加强调公民本位、社会本位的指导理念。政府不再扮演经济建设主体角色，它不仅要提供良好的市场环境，还要为经济和社会协调发展提供基本而有保障的公共产品和服务。可见，服务型政府体现了政府职能转变的方向。为了践行以公民为本位，服务型政府不仅需要根据公众的意愿和偏好来提供公共服务，也要通过创新公共服务体制，通过规范和优化购买方式，支持社会组织参与社会管理和公共服务。

政府购买服务改革的另一显著优势在于能够降低政府公共服务供给成本，减轻财政压力。政府购买服务中可以采用竞争性购买，通过公开询价、招投标等方式展开。政府根据公共利益需求，在多个社会组织提供的公共服务项目或方案进行比较和择优，并通过契约的方式与社会组织建立合作关系。政府与社会组织之间的关系更为独立与平等，合约精神得以更为完整地贯彻。在公平公正的环境下，政府决策和选择范围随之扩大。由于引入了市场竞争机制，政府可以提高公共服务质量，降低公共服务成本，提高公共服务效率。政府以运营补贴等作为社会资本提供公共服务的对价，以绩效评价结果作为对价支付依据，并纳入预算管理、财政中期规划和政府财务报告，能够在当代人和后代人之间公平地分担公共资金投入，符合代际公平原则，有效弥补当期财政投入不足，有利于减轻当期财政支出压力，平滑年度间财政支出波动，防范和化解政府性债务风险。

（三）严格依法规范理财

随着新《预算法》的通过、《立法法》对税收法定原则的确定以及《税收征管法》的修订等，我国的财政法规体系正在不断完善。财政政策的履行需要法规依托，而依法理财是关键。所以，严格依法政府理财，不仅可以强化政府内部权力的制约、规范政府行为，而且可以减少不必要的政府干预、维护市场秩序、进一步提升财政管理效率。

严格政府依法规范理财，加强对政府内部权力的制约，对财政资金分配使用、国有资产监管、政府投资、政府采购、公共资源转让、公共工程建设等权力集中的部门和岗位实行分事行权、分岗设权、分级授权，定期轮岗，防止权力滥用；完善政府内部层级监督和专门监督；保障依法独立行使审计监督权。推进政务公开，重点推进财政预算、公共资源配置、重大建设项目批准和实施、社会公益事业建设等领域的政府信息公开。

严格政府依法规范理财，在减少行政审批事项的前提下，厘清政府财政管理的界限。首先，对现行的行政审批前置环节的技术审查、评估、鉴证、咨询等有偿中介服务事项进行全面清理。严禁借实施行政审批变相收费或者违法设定收费项目；其次，打破地区封锁和行业垄断，废除妨碍全国统一市场和公平竞争的规定和做法，纠正违反法律法规对外地产品或者服务设定歧视性准入条件及收费项目、规定歧视性价格及购买指定的产品、服务等行为；再次，发挥市场专业化服务组织的监督作用，加快发展市场中介组织，推进从事行政审批前置中介服务的市场中介组织在人、财、物等方面与行政机关或者挂靠事业单位脱钩改制；最后，在财政供养人员总量不增加的前提下，推动执法力量向基层和一线倾斜，加强执法队伍建设。

严格政府依法规范理财，提高财政管理效率。其一，实施财政政策的精准杠杆调控。完善财税政策的激励约束机制；其二，切实转变财政支持经济发展的方式方法，减少直接投入，更多地运用财政贴息、参股、以奖代补等手段，最大限度地吸引信贷资金和民间、社会、域外等资本进入，充分发挥财政资金的带动作用和乘数效应；其三，突出税收征管重点，改进征管手段，全面清理各种优惠政策，依法打击偷税、骗税和逃税行为；其四，建立以绩效目标为导向、绩效评价为核心预算管理体系；其五，优化财政支出结构，力求支出向重点领域倾斜，实现民生保障支出和产业发展支出占财政一般预算支出的比重合理上升，降低行政成本支出所占比重。

作者工作单位：上海财经大学

矛盾与对策：国际评价视角下我国政府预算透明度研究*

◇李　燕　李海波

摘　要：党的十八届三中全会提出财税改革的目标是建立现代财政制度，建立现代预算制度是建立现代财政制度的核心和基础所在，而现代预算制度运行的基础在于预算的公开透明。我国自20世纪90年代特别是2008年以来采取了一系列以加强预算信息公开透明的措施，我们主观感知我国政府预算信息与以往相比更加公开透明，但是以IBP为代表的国际组织对我国的政府预算透明度评价却不甚理想。本文基于上述矛盾，以IBP预算透明度评价体系为研究视角，通过研究回答了"是什么"，即IBP评价体系框架与规则是什么、"为什么"，即为什么我国预算透明度得分比较低。并且结合

* 基金项目：国家社会科学基金重点项目"建设现代预算制度研究—基于制约和监督权力运行的视角"（14AZD022）、中央财经大学重大科研培育项目"国家治理能力提升下的政府施政行为规范研究"、中财—鹏元投融资研究所研究项目

我国预算公开透明实际情况，提出了“如何办”，即通过什么对策来提高基于国际标准的我国政府预算透明度。

关键词：预算透明度；IBP；评价对策

一、引言

党的十八届三中全会《中共中央关于全面深化改革若干重大问题的决定》中赋予了财政是“国家治理的基础和重要支柱”的战略定位，而实现这一目标的基础就是通过深化财税改革建立现代财政制度，现代财政制度是良好财政治理的重要体现。而建立现代财政制度的核心内容就是建立现代预算制度。我国建立现代预算制度的关键词在预算法中做了定位，即“全面规范、公开透明”。因此，可以说预算的公开透明是建设现代预算制度的核心内容，这是因为预算的公开透明是实现财政民主和有效监督的重要前提，体现着公共财政的本质特征。

为了更好地衡量预算公开透明，诸多国际组织、研究机构、专家学者提出了预算透明度的理念，用以评估预算公开透明的程度，由此，预算透明度作为公共财政领域透明度问题的核心内容，是良好财政治理的关键指标。事实上，我国自 20 世纪 90 年代特别是 2008 年《政府信息公开条例》实施以来推出了一系列推动政府预算信息公开透明的举措，至 2014 年预算的公开透明内容写入了新修订的预算法，至此我国政府预算的公开由受保密法约束到正式纳入预算法，从而有了法律约束力。可以说我国近年预算公开透明工作有了实质性的变革，我国政府预算透明度显著提高。

然而，令人遗憾的是，从国际上看，国际相关组织对于我国政府预算信息公开的评价却不尽如人意。在国际组织评价中，国际预算项目合作组织（International Budget Partnership，IBP）的调查是目前世界上覆盖面最广的、最具有代表性的、唯一能够量化各个国家预算公开情况的调查，其调查结果被国际所认可，并在不同程度上指导、影响着受评国家的预算信息公开的工作，可以说是评价预算信息公开的国际权威标准。该评价自 2006 年开始，每两年一次对世界各国的预算透明度按照一定的指标与规则打分并且排名。自从 2008 年 IBP 将中国纳入预算透明度评价以来，IBP 给中国的打分均较低。在满分 100 分中，中国在 2008 年、2010 年、2012 年、2014 年（2016 年尚未出结果）分别被给予了 14 分、13 分、11 分、14 分，排名分别为 64 名（85 个国家）、79 名（94 个国家）、85 名（100 个国家）、92 名（102 个国家），如图 1 所示。可见我国的预算透明在 IBP 评价体系中处于较低的水平。显然，这与我国政府预算信息公开透明取得的显著进步是不匹配的。因此，有必要通过深入剖析 IBP 评价体系，找出我国预算透明度评价较低的原因，进而提出我国基于 IBP 评价体系的提升预算透明度的对策与建议，以推动我国预算公开透明既符合中国国情，又能与国际标

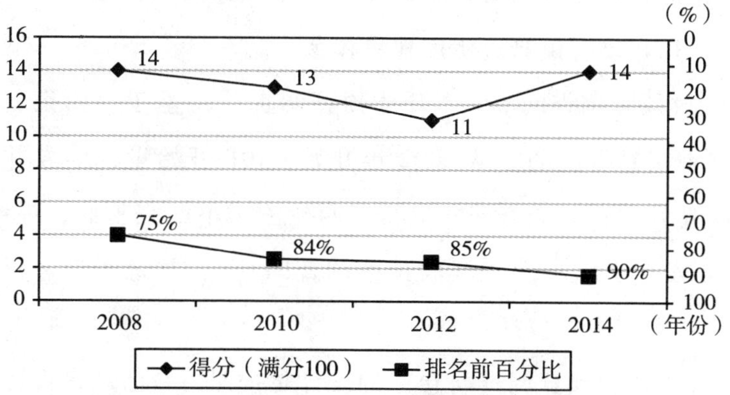

图 1 中国历年得分及排名前百分比

数据来源：根据 IBP 2008—2014 年《开放预算调查报告》整理计算得出。

准有序接轨，充分体现我国在国际上的大国地位，助力我国现代预算制度的实现，进而为建立现代国家治理体系与提升治理能力奠定基础。

二、IBP 预算透明度评价体系概述

20 世纪 90 年代，许多国家出现了民主开放的浪潮，加之一系列剧烈的金融危机的影响，将国际社会的注意力集中到相关国家的缺乏财政透明度和承担的财务责任上，在此环境下，IBP 应运而生。自 1997 年 IBP 成立以来，它致力于促进公民参与政府预算，从而使政府预算系统更加透明、更具公信力。IBP 有诸多成果，其中最有影响力的就是编制了世界上第一部有关预算透明度和公信力的独立性、比较性调查——“开放预算调查”（Open Budget Survey）。为了便于衡量被调查国家在预算透明度上做出的整体努力，并在各国之间做出比较，IBP 在“开放预算调查”中编制了“开放预算指数（Open Budget Index）”，“开放预算指数”是以得分的形式呈现各个国家的预算透明度。

（一）IBP 政府预算透明度评价体系

1. 开放预算调查问卷。“开放预算调查”是基于一份由 IBP 精心设计的调查问卷得出的。从 2002 年开始，IBP 开始设计问卷并初步形成调查问卷，并在对调查问卷进行了两轮测试不断完善后，最终，IBP 于 2006 年发布了第一份“开放预算调查问卷”，并每两年进行一次全球测评，其内容主要包括：

第一，“开放预算调查问卷”的设计是按照财政活动来设计的。

财政预算活动是一个过程，它通常分为编制、审批、执行和决算四个阶段，每一个阶段都会有大量的预算信息，对于保证公共资金和

资产的合理使用都具有独立的特殊意义。因此，完整的预算信息体系应该覆盖财政活动的全过程。

第二，“开放预算调查问卷”围绕着两大关注点：预算透明度和预算监管机构，关注的是对公众可以获取的预算信息进行评估。

“开放预算调查问卷”中的大部分问题是围绕着各国应根据良好国际惯例公布的八份预算文件的内容和时效性进行的，还有一些问题评估了重点监督机构即立法机构和最高审计机关等。前者形成“开放预算指数”，用来衡量各个国家的预算透明度，后者形成“立法机构的力度”“最高审计机关的力度”，来评估国家立法机构和最高审计机构如何有助于提升预算透明度和公信力。如表 1 所示。

表 1　2008—2014 年开放预算调查问卷中问题分布情况

	2008 年	2010 年	2012 年	2014 年
反映“开放预算指数”问题数量	92	92	95	109
反映“立法机关力度”问题数量	31	31	30	31
开放预算调查问卷问题数量（合计）	123	123	125	140

数据来源：根据 2008—2014 年“开放预算调查问卷”整理得出。

2. 评分规则。“开放预算调查问卷”中的大多数问题要求调查研究人员在 a、b、c、d、e 五个答案中进行选择，选择答案“a”得分为 100 分，“b”为 67 分，“c”为 33 分，“d”为 0 分，选择答案“e”表示“不适用”，即该问题将不会在预算透明度中计入。还有一些问题有三个可选答案：“a”，“b”或者“c”（不适用），对这些问题，选择答案“a”得分为 100 分，“b”为 0 分，“c”则该问题将不会在预算透明度中计入。

3. 预算透明度量化指标——开放预算指数。“开放预算指数”衡量的是各个国家的预算透明度，反映了八份预算文件，即《预算前声明》《行政机构的预算提案》《出台的预算》《公民预算》《年内报告》《年中报告》《年终报告》《审计报告》的内容和时效性得分平均值。

（1）八份报告基本内容。“开放预算调查问卷指南”中给出了八份预算文件的定义，IBP 规定调查国只要有类似的能够反映相应内容的实质性文件即可，在名称上不一定需要完全与 IBP 的八份预算文件一致。

第一，《预算前声明》。也被称为《预算前报告》，该文件一般在预算开始编制前一个月左右由政府行政机构向公众公布，旨在披露制定预算时的所用的假设，诸如宏观经济预测以及收入支出政策、预期总收入、预期总支出以及债务水平。

第二，《行政机构的预算提案》。是指预算制定阶段的结果，列举政府对下一预算年度所要实行的政策和要务的详细说明，包括向各部门和机构的具体分配，介绍政府通过税收和其他来源而获得财政收入的计划，以及如何支付这些钱以支持其优先事项，从而将政策目标转化为实际行动。

第三，《出台的预算》。是一个法律文件，授权行政者实施预算中包含的政策措施。在讨论行政机构的拟议预算之后，立法机构通常会制定某种形式的预算或拨款，《出台的预算》为本财政年度进行的任何分析提供基础信息，换句话说，它是监测预算执行阶段的起点。

第四，《公民预算》。是预算的一种简要版概要，通过公众广泛接触的媒体和他们使用的易懂的语言进行宣传，它是一个非技术性的介绍，使广大公众通俗的了解政府获得财政收入、支出公共资金以及实现政策目标。

第五，《年内报告》。是指行政机构应每月或每季度发表对财政收入、支出和债务的报告。定期公布的报告是确保公信力的关键，它让公众了解到政府是否坚持预算中所批准的支出、收入以及债务水平，并使得让公民可以在偏离了被批准的政策时提出问题。

第六，《年中报告》。有时候也称为《年中回顾》，是指在一个预算年度的中间时点对预算的影响提供一个概述，并讨论影响批准的预算政策的经济假设的任何变化。这项报告旨在评估相对于初期经济预测的经济状况，并更新当年剩余时间的经济预测，应提供最新的支出、收入和债务估计数。IBP 强调了预算年度六个月后发布的《年内报告》与《中期报告》的区别，指出《中期报告》必须在报告期结束后三个月内（即财政年度中间点后三个月）向公众公布。

第七，《年终报告》。是指在财政年度结束时，行政机构应该发表一份综合的年终报告，这份报告应该不仅仅是一份简单的财务报告，它应该是政府对公民的主要的述职报告——对实现年初时确定的目标完成情况进行阐述，并解释与年初存在差异的原因。

第八，《审计报告》。是由该国的最高审计机构对政府账目进行的独立评估。它通常评估行政机构获得提出的财政收入以及支出的款项是否符合核定的预算，政府收入和支出项目是否准确和可靠，能否对财政状况提供可靠的描述。

（2）得分结果的分档内容。“开放预算指数”得分结果用“提供广泛信息、提供大量信息、提供部分信息、提供少量信息、提供极少信息或根本不提供信息”五个档次来对各个国家的预算透明度进行层次分类。表 2 反映了 2008—2014 年不同档次得分的国家数，可以看出我国的得分始终处于“提供极少信息或根本不提供信息”这一层次中。

表 2　　2008—2014 年不同层次得分的国家数

预算透明度表现	国家数（个）			
	2008 年	2010 年	2012 年	2014 年
提供广泛信息（81～100 分）	5	7	6	5
提供大量信息（61～80 分）	12	13	17	19
提供部分信息（41～60 分）	27	33	36	44
提供少量信息（21～40 分）	16	19	15	17
提供极少信息或根本不提供信息（0～20 分）	25	22	26	17
合计	85	94	100	102

数据来源：根据 2008—2014 年“开放预算调查报告”整理得出。

（二）IBP 评价体系特点和局限性

1. IBP 评价体系特点。

（1）量化性。IBP 评价体系中的“开放预算指数”可以量化，这也成为其被世界各国关注的原因，相比于 IMF、OECD 来讲，量化性的具有对比意义，可以推动调查过横向、纵向比较，进而进一步促进本国的预算信息公开透明工作。

（2）全面性。IBP 的调查具有全面性，涉及财政过程的全面性和考察主体的多样性。一方面，IBP 全方面地考察了预算过程的四个阶段，衡量了不同阶段的预算信息的公开情况；另一方面，在考察主体上，IBP 是全方位的考察，不仅考察了预算文件等预算信息，同时也考察了预算监督机构的表现。

（3）独立性。任何一项具有说服力的调查必定是客观独立的，IBP 的《开放预算调查》也是这样的。首先 IBP 是一个非政府民间组织，独立于政府组织之外；其次进行问卷调查人员是独立的，研究者全部来自学术机构或者民间的社团组织，都独立于政府机构和政党；最后，同行评论之间也是独立进行的。总之，IBP 的“开放预算调查”具有独立性，能够客观真实地反映各国的预算透明度。

2. IBP 评价体系局限性。

IBP 的“开放预算调查”也存在着一定的局限性。它的局限性主要表现在两个方面：一方面它的重心在于考察一国中央政府的预算透明度情况；另一方面，该项调查考察的是预算信息公开的全面性，但是并没有对预算信息的质量和可信度进行评价。

三、IBP 评价体系对我国预算透明度评价现状分析

我国从 2008 年开始被 IBP 纳入测评体系，历年来反映我国预算透明度的“开放预算指数”具体情况如表 3 所示。从表 3 中可以看出，总体上我国在反映公众获取的八份预算文件的信息中，《预算前声明》《行政机构的预算提案》《公民预算》《年中报告》几乎没有得分。《出台的预算》《年内报告》《年终报告》《审计报告》得分情况也不理想，仅仅有几个问题可以得到“a”，相当多的问题得“b”“c”甚至“d”。需要指出的是历年来问卷调查中，我国没有出现打分“e”即不适用的情况，说明 IBP 认为“开放预算调查问卷”中涉及的问题完全适用于我国预算公开实际情况。

表 3　　2008—2014 中国开放预算指数得分情况

涉及文件	2008 年得分	2010 年得分	2012 年得分	2014 年得分
《预算前声明》	0	0	0	0
《行政机构的预算提案》	200	0	0	33
《出台的预算》	0	0	0	366
《公民预算》	0	0	0	0

续表

涉及文件	2008 年得分	2010 年得分	2012 年得分	2014 年得分
《年内报告》	434	601	601	500
《年中报告》	0	0	0	0
《年终报告》	367	266	200	367
《审计报告》	266	333	234	233
合计	1 267	1 200	1 035	1 499
问题数	92	95	95	109
开放预算指数得分	13.772 （14）	13.043 （13）	10.895 （11）	13.752 （14）

数据来源：根据 2008—2014 年“开放预算调查报告”整理得出。

四、IBP 评价体系下我国预算透明度得分较低原因剖析

（一）整体来看：IBP 预算透明度评价体系各文件权重不同

IBP 的预算透明度评价是由八份预算文件所涉及的问题得出的，尽管 IBP 评价体系中并没有赋予不同文件不同的得分权重，但是实质上，每个文件所涉及的调查问卷中的数量已经构成了其权重，如表 4 所示，反映了各年各文件中的问题数量占比。图 2 反映了历年各文件平均问题分布比，可以看出，《行政机构的预算提案》所涉及的问题数量在 60% 左右，而该文件我国历年几乎没有得分，因此导致了我国预算透明度得分偏低；在我国预算透明度得分较多的《年内报告》《年终报告》《审计报告》上则所涉及的问题数量较少，即赋予的权重较少，导致影响透明度的权重下降。如果在问题权重的赋予上倾向于《年内报告》《年终报告》《审计报告》，即倾向于预算执行与决算阶段，则我国的预算透明度得分将会有显著提升。我国政府、学者、民众主观感

知我国预算公开显著进步也是因为我国在《出台的预算》《年内报告》《年终报告》《审计报告》上的公开。

表 4　　八份预算文件历年各文件问题数占比

涉及文件	2008 年问题占比	2010 年问题占比	2012 年问题占比	2014 年问题占比
《预算前声明》	3.26%	3.26%	3.16%	5.5%
《行政机构的预算提案》	63.04%	63.04%	61.05%	49.54%
《出台的预算》	1.09%	1.09%	1.05%	5.5%
《公民预算》	1.09%	1.09%	4.21%	3.67%
《年内报告》	8.7%	8.7%	8.42%	8.26%
《年中报告》	4.34%	4.34%	4.21%	8.26%
《年终报告》	10.87%	10.87%	10.53%	12.84%
《审计报告》	7.61%	7.61%	7.37%	6.43%

数据来源：根据 2008—2014 年“开放预算调查报告”整理得出。

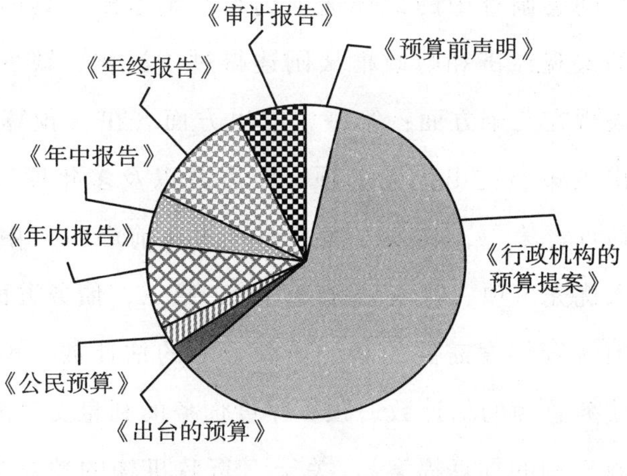

图 2　八份预算文件平均问题分布比示意图

（二）具体来看：八份预算文件公开情况存在不同程度的问题

为了进一步探究我国预算透明度得分较低的原因，本文逐一对各文件进行分析。

1.《预算前声明》。关于《预算前声明》，研究人员认为我国政府没有制作《预算前声明》。的确，我国目前没有独立制作《预算前声明》，但是我国有类似的预算前信息的部分发布，如每年年底召开的中央经济工作会议和财政工作会议，会就来年经济及财政大政方针进行部署，作为各项经济及财政工作的重要依据。我国预算编制决策实行的是“上下结合”的程序，即在编制前财政主管部门都会下达编制预算的官方通知，作为编制预算的指南，并且能够在财政部门官网上查到。但是即便这样，也不会从国际评价中的这一项中获得较多分数，这是因为：一是我国没有形成 IBP 要求需单独形成报告的专门的《预算前声明》，如美国这项得分也较低，就是因为美国虽有类似的信息，但是没有形成专门报告；二是我国目前所体现的《预算前声明》的信息也较少，与问卷调查中的最佳选项仍有一定差距，具体而言就是关于我国政府的宏观经济和财政框架阐述得过于泛化，缺少重要的细节性的阐述。表现在三个方面：第一，支出方面。在《预算前声明》中要有关于支出政策、支出优先事项、年度及以及多年度（两年以上）支出总额的估计；第二，收入方面。在《预算前声明》中要有关于收入政策、收入优先事项、收入总额的估计；第三，债务方面。《预算前声明》中要有预算年度需要的新的借款金额的估计数、预算年度结束时未偿还的债务总额的估计数、预算年度债务的利息支付的估计数。

2.《行政机构的预算提案》。关于《行政机构的预算提案》，在我国可以称为“预算草案”，但名称不一样并不是该项得分低的原因，因

IBP 规定调查国只要有类似的文件也可以进行相关问题的评测。我国得分低主要是因为此文件对于公众来说不可得，属于“已经颁布但公众不可得”的范畴，而国际预算透明度关注的是公众可以获得的预算信息的评估。例如，我国中央政府的预算草案（类似于《行政机构的预算提案》）形成的过程大致如下：每个预算部门在每年的 9 月份向财政部提交次年的最初预算的提议；财政部评估完于 11 月份给出预算限额反馈给预算部门；预算部门 12 月初提交修改后次年的预算提案，形成初步的预算提案；次年 1 月财政部提交初步的预算提案给全国人大预算工作委员会①，接受咨询和反馈；在预算工作委员会磋商和提出修改建议后，财政部在次年 2 月提交预算草案给人大财经委员会②，在次年 3 月全国人民代表大会上进行审议和批准。可以看出，在这期间，行政机构的预算草案只在人大专门机构的内部讨论的层面上会有人大代表参加，但不会向公众公布。因此我国在《行政机构的预算提案》上评测得分比较低。IBP 要求的《行政机构的预算提案》向公众公布的具体表现在四个方面：第一，全面性。主要体现编制时，要在支出、收入、债务等方面全面地向公众公开；第二，详细程度。主要体现在编制时，支出方面（按照行政单位、功能、经济性质分类）、收入方面（按照来源分类）、债务方面（国内国外债务、债务利息）等要公布到各项目；第三，可比性。本年度编制预算时以前年度的已经发生的支出、收入和债务是否全部向大众公布；第四，反馈情况。编制时《行政机构的预算提案》是否反映了《预算前声明》中支出、收入、债务方面的政策特征。

---

① 预算工作委员会是全国人民代表大会常务委员会下设的委员会之一。

② 财经委员会是全国人民代表大会下设机构之一。

3.《出台的预算》。《出台的预算》在我国相当于经人大审批通过后的预算案。从2014年IBP给我国在《出台的预算》打分的得分情况来看，我国在该项得分中取得了不错的分数。这是因为，近些年来，随着预算公开透明的法律法规及制度的完善，每年我国中央政府通过专门网站、新闻报道各种媒介等形式向民众宣传，这也是国际社会对我国认可的原因。但仍然没有得到满分，原因主要为：第一，《出台的预算》仅仅按照功能分类列出了数据，并没有按照IBP要求的行政单位、功能、经济性质三方面都列出数据；第二，关于政府债务方面。IBP要求需要向公众公布预算年度需要的新借款数据、预算年度结束时未偿还的债务数额和预算年度债务的利息支付，但是当年我国仅仅向公众公布了预算年度结束时未偿还的债务数额。

4.《公民预算》。IBP认为我国目前没有《公民预算》，没有对政府预算这一专业性很强的报告进行简要的非技术性的预算阐述，因此没有得分。的确，在《公民预算》上，我国在调查期内确实还没有形成专门的《公民预算》，但是从2014年开始，我国在《公民预算》上有了实质性的进步，可以说有了实质性的《公民预算》。因为从2014年开始我国财政部和全国人大预算工作委员会就共同编写了《政府预算解读》，即对我国政府预算的一种简要版概述，报告以彩页的形式，图文并茂的对政府预算政策及收支安排进行了介绍，并发放给人大代表。这与IBP对《公民预算》内容的要求及其核心信息必须包括预算所依据的宏观经济预测、支出总额、收入总额、预算中的主要政策举措等是一致的。2015年除了发布《政府预算解读》外，财政部官网还转载了光明日报的“和小明一起读懂国家账本”，并首次推出微信简本——“解码政府预算报告”，通过全国人大、财政部门户网站以及财政部和新华社的微信公众号，统一推送。这与 IBP 对《公民预算》传播渠道的要求即其通过至少三种不同的适当工具和媒体（如互联网，广告牌，广播节目，报纸等）的组合广泛传播是一致的，许多地方也在跟进这种做法。这一切均表明我国在《公民预算》方面已经取得了实质性的进步，据此可以推断 2017 年 IBP 即将公布的《预算公开调查 2016》在该项我国应该有较好的得分。

5.《年内报告》。目前我国是颁布《年内报告》的，并且公众是可以通过多种渠道获取和了解的。我国 2015 年实施的《预算法》要求预算公开的内容中包括预算执行情况，财政部和地方财政部门目前也能够按月、按季度在官网上公开预算执行情况。但是在 IBP 预算调查问卷中涉及《年内报告》中反映我国债务水平的 2 个问题并没有得分，这是因为研究人员认为我国债务水平的信息并没有在《年内报告》中反映。事实上，我国的债务水平的信息已经有向公众发布，在财政部国库司官网上可以查到，但是 IBP 要求反映债务的信息（债务的利率、债务的到期情况、国内国外债务）需要在《年内报告》中体现出来，这一点也反映出由于我国相关信息的分散而使得信息的获取困难以致得分较低。

6.《年中报告》。关于《年中报告》，IBP 研究人员认为我国目前没有制作《年中报告》。但事实上，我国中央政府是有半年度的预算执行情况的报告，报告可以在财政部官网上查到，并且新《预算法》也规定各级政府也要向各级人大常委会报告半年预算执行情况。但是我国目前的半年度预算执行情况仅仅停留在总类上的数据，并没有向公众公布各个部门具体“各项目”上的预算执行情况的数据，即在详细程度上没有达到 IBP 关于《年中报告》的最佳实践标准。更加重要的是我国的半年度预算执行情况更多的是停留在前半年的总结阐述上，基于前半年的数据对下半年的数据进行调整的情况还不多。换言之，仅仅是总结了前半年的预算执行情况，并没有重新预测、估计、调整下半年的预算数据，而IBP在该项中更注重的是对下半年的数据根据预测的调整重新更新。因此根据我国目前已有的《年中报告》的水平，仍然不能得到较多的分数。而对于《年中报告》的预测和更新具体表现为：一是《年中报告》需要结合上半年实际情况，对宏观经济预测进行更新；二是下半年预计财政支出、收入和债务的数据更新。

7.《年终报告》。目前我国各级政府已经有类似于《年终报告》的文件，即每年各级财政部门在年初各地两会上会提请各级人大审议政府年度预算执行情况以及每年下半年会向各级人大常委会提交的决算报告，这符合IBP对于在预算年度结束后六个月以内公布《年终报告》的最佳实践要求。但是我国《年终报告》的披露也仅仅在及时性这一项中得到了最佳实践，其余问题得分仍然比较低，这也是《年终报告》最终打分较低的原因。主要表现在：第一，IBP重视《年终报告》与《行政机构的预算提案》之间的差异。IBP要求在《年终报告》不仅仅要提供数据之间的差异，也要求就差异的原因进行叙述性的阐述，具体涉及支出估计、收入估计、债务估计、预算外资金估计四个方面；第二，IBP要求《年终报告》有按照行政、功能或经济分类详细地体现各收支项目的数据，但是我国在测评期《年终报告》还没有全部的反映各个收支项目的数据。事实上，这些详细的数据在每年的《中国财政年鉴》中已经有具体的体现，但是不符合IBP规定要在《年终报告》中体现才可以得到相应的分数的要求；第三，IBP要求《年终报告》反映宏观经济假设与实际情况是否相符，并且有叙述性的阐述，但是我国的《年终报告》并没有反映；第四，IBP在《年终报告》

中关注了旨在惠及国家最贫困人口的政策的资金使用情况，但是我国《年终报告》并没有反映。

8.《审计报告》。按照《中华人民共和国审计法》的要求，我国制定了《中华人民共和国审计法实施条例》，来指导我国的审计工作。每年由审计署向全国人大常委会作《审计工作报告》。目前我国已经依法公布了《审计报告》，这符合 IBP 对于《审计报告》公布时间的最佳实践即在预算年度结束后六个月以内。但是《审计报告》得分也不理想。分析原因主要有：第一，IBP 要求《审计报告》中能够反映对审计结果所采取的行动，在我国实践中，政府也会向人大常委会做关于审计问题整改情况的专题报告，但是由于没有在《审计报告》中报告其审计后所采取的行动而影响了该项的得分；第二，IBP 认为我国《审计报告》中并没有体现对于预算外资金的审计，我们理解应该是对“全口径”预算资金的要求。我国虽然自 2011 年已经全面取消预算外资金，但在预算资金的口径上与国际标准尚存在差异。

综上所述，由八份预算文件来看，我国预算透明度得分较低的原因有：一是我国制作了相应的报告，但是并没有对公众发布。这在《行政机构的预算提案》中体现的尤为明显；二是我国已经有实质的报告公开信息但是并没有制作相应专门报告。如《预算前报告》《年终报告》；三是目前我国已有但测评期还没有，如《公民预算》；四是颁布的文件并不完全能够符合 IBP 的要求，这在《出台的预算》《年内报告》《年中报告》《年终报告》《审计报告》中都有体现，这也是我国预算透明度亟须提升的原因所在。

五、基于 IBP 评价体系提高我国预算透明度的建议与对策

从前述分析可以看出，我国的预算公开透明，就目前与过去相比，

的确有了很大的进步，但与 IBP 评价体系的预算透明度评价标准最佳实践来说还有较大的差距。虽然 IBP 的一些具有影响力的标准是为成员国和非成员国提高预算透明度提供一个参考性工具，是用以评价和指导各国政府预算透明度的重要参考，但这些最佳做法是围绕各类具体的报告而设置的，由于不同的国家有着不同的报告制度，关于透明度的侧重点也由此而各不相同，因而这些标准并不一定具有普适性。但是为了全方位提高我国预算透明度，在符合我国国情的同时，推动我国国际地位进一步提升，深度融入国际社会，增进我国的国际影响力，可以从以下几方面努力推动我国预算透明度提升。

（一）整合已经公开的预算信息，统筹纳入 IBP 评价体系中

推动预算信息的公开与以 IBP 评价体系为代表的国际评价标准接轨可以从整合我国预算信息的公开方面入手，主要体现在我国已经颁布并且对于公众来说可得的预算文件上，这类预算文件已经形成了 IBP 评价体系下形式上的预算文件，但是并没有完全反映该文件中的所有预算公开信息，部分预算信息以其他渠道进行了公开，具体而言主要指对于《年终报告》《审计报告》预算信息的公布。统筹纳入 IBP 评价体系中，整合其他已经公布的预算信息是目前我国预算信息公开成本最低的举措，也可以一定程度上提高我国预算透明度的得分。

本文以 2014 年调查问卷①的问题作为基础，测算了通过整合已经颁布并且对公众来说可得的预算信息的透明度得分，如表 5 所示，可以看出我国预算透明度得分从原来的 14 分提高到了 17 分，得分提高

① 由于 2016 年 IBP 对于中国的预算透明度评价尚未公布，因而本文以 2015 年 IBP 公布的《开放预算调查 2014》作为测评。

了 21.4%，在受测评的 102 个国家中从原来的第 92 名提高到第 88 名。

表 5 调整后的我国预算透明度得分（1）

涉及文件	涉及问题	数量（个）	中国得分（分）
《预算前声明》	问题 54 - 58，+1（单表）	6	0
《行政机构的预算提案》	问题 1 - 53，+1（单表）	54	33
《公民预算》	问题 64 - 67	4	0
《出台的预算》	问题 59 - 63，+1（单表）	6	366
《年内报告》	问题 68 - 75，+1（单表）	9	500
《年中报告》	问题 76 - 83，+1（单表）	9	0
《年终报告》	问题 84 - 96，+1（单表）	14	467
《审计报告》	问题 97 - 102，+1（单表）	7	433
合计		109	1 799
开放预算指数	平均分 16.505（17 分）		

数据来源：根据 2014 年“开放预算调查报告”重新计算得出。

（二）规范预算信息的公开，推动我国预算信息公开系统化

规范预算信息的公开重点体现在没有形成 IBP 评价体系下的预算信息文件，但是已经其反映的预算信息以其他形式公布并且对于公众来说可得，具体体现在《预算前声明》《年中报告》上。尽管我国每年编制预算前都会有类似《预算前声明》信息的公布以及半年度时都会有《年中报告》中信息的体现，但是由于没有规范性的形成预算公开文件，使得公众难以简单明了、准确无误地获取相关的信息，造成了此类预算信息并没有公开的假象，因而要推动我国预算信息公开系统化，形成 IBP 要求的预算文件，这为进一步全面提高我国预算透明度奠定基础。

本文以 2014 年调查问卷的问题作为基础，测算了通过规范相关文

件预算信息的公开的得分，如表 6 所示，可以看出我国预算透明度得分从原来的 14 分提高到了 17 分，得分提高了 21.4%，在受测评的 102 个国家中从原来的第 92 名提高到第 88 名。

表 6　　调整后的我国预算透明度得分（2）

涉及文件	涉及问题	数量（个）	中国得分（分）
《预算前声明》	问题 54 - 58，+1（单表）	6	199
《行政机构的预算提案》	问题 1 - 53，+1（单表）	54	33
《公民预算》	问题 64 - 67	4	0
《出台的预算》	问题 59 - 63，+1（单表）	6	366
《年内报告》	问题 68 - 75，+1（单表）	9	500
《年中报告》	问题 76 - 83，+1（单表）	9	166
《年终报告》	问题 84 - 96，+1（单表）	14	367
《审计报告》	问题 97 - 102，+1（单表）	7	233
合计		109	1 864
开放预算指数	平均分 17.101（17 分）		

数据来源：根据 2014 年“开放预算调查报告”重新计算得出。

（三）加快推进预算信息的公开范围，让公众能够参与预算过程

加快推进预算信息的公开范围，主要体现在政府已经颁布的但公众不能获得的预算文件上，具体体现在《行政机构的预算提案》上。《行政机构的预算提案》是 IBP 评价体系中最重要的一个组成部分，如若能够提高《行政机构预算提案》公开的得分，将极大地增加我国的预算透明的得分。加快预算文件的公开范围不仅仅意味着我国预算透明度得分的提高，其重要意义还体现在公众不仅可以被动地获得预算信息，还可以主动参与到预算决策的过程中去，无疑将展示我国民主开放的程度。其实这一点在新《预算法》中对基层“人民代表大会举行会议审查预算草案前，应当采用多种形式，组织本级人民代表大会代表，听取选民和社会各界的意见。”提出了要求，在我国目前开展的预算支出事前的绩效目标评审中也都有体现。但是如何以及以何种方式公开还需进行积极的研究。IBP 评价体系下的《行政机构的预算提案》为我国预算编制阶段的信息公开提供了较好的示范作用。

本文以 2014 年调查问卷的问题作为基础，测算了通过加快推进预算信息的公开范围后我国预算透明度的得分，如表 7 所示，可以看出我国预算透明度得分从原来的 14 分提高到了 36 分，得分提高了 171.4%，在受测评的 102 个国家中从原来的第 92 名提高到第 74 名。

表 7　　调整后的我国预算透明度得分（3）

涉及文件	涉及问题	数量（个）	中国得分（分）
《预算前声明》	问题 54－58，＋1（单表）	6	0
《行政机构的预算提案》	问题 1－53，＋1（单表）	54	2399
《公民预算》	问题 64－67	4	0
《出台的预算》	问题 59－63，＋1（单表）	6	366
《年内报告》	问题 68－75，＋1（单表）	9	500
《年中报告》	问题 76－83，＋1（单表）	9	0
《年终报告》	问题 84－96，＋1（单表）	14	367
《审计报告》	问题 97－102，＋1（单表）	7	233
合计		109	3 865
开放预算指数	平均分 35.459（36 分）		

数据来源：根据 2014 年“开放预算调查报告”重新计算得出。

（四）加大预算信息公开力度，全面推动我国预算信息公开迈上新台阶

前述对策是基于我国已经公布的预算信息，着重强调其如何通过规范性的、符合 IBP 评价体系的措施来提升我国预算透明度的得分。如果站在 2016 年的时间点来重新评估 2014 年的“预算调查公开问卷”，《公民预算》中的部分调查问题将获得相应的分数，综前述建议，本文重新评估了我国现有已经公布的预算信息使我国预算透明度的得分，如表 8 所示，可以看出我国预算透明度得分从原来的 14 分提高到了 44 分，得分提高了 214.3%，在受测评的 102 个国家中从原来的第 92 名提高到第 60 名，预算透明度层次从“向公众提供极少预算信息或根本不提供预算信息”提高到“向公众提供部分预算信息”。

表 8　　调整后的我国预算透明度得分（4）

涉及文件	涉及问题	数量（个）	中国得分（分）
《预算前声明》	问题 54－58，+1（单表）	6	199
《行政机构的预算提案》	问题 1－53，+1（单表）	54	2 399
《公民预算》	问题 64－67	4	267
《出台的预算》	问题 59－63，+1（单表）	6	366
《年内报告》	问题 68－75，+1（单表）	9	500
《年中报告》	问题 76－83，+1（单表）	9	166
《年终报告》	问题 84－96，+1（单表）	14	467
《审计报告》	问题 97－102，+1（单表）	7	433
合计		109	4 797
开放预算指数	平均分 44.009（44 分）		

数据来源：根据 2014 年“开放预算调查报告”重新计算得出。

尽管我国预算透明度得到了较大提升。但是，我国预算透明度的得分仍然处于“向公众提供部分预算信息”这一层次，显然这与我国的大国地位和影响力仍然是不匹配的，客观上反映了我国的预算信息向公众公开的情况仍够不理想。我们应该正视我国预算信息公开程度低的事实以及与国际上其他国家在预算信息公开方面的差距。因而要逐步加大预算信息公开力度，全方面推动我国预算信息公开迈上新台阶。在八份预算文件中都存在着一个共性问题，也是我国预算透明度得分较低的重要原因，即我国的预算信息公开工作局限于对整体预算信息的泛泛描述，缺乏具体项目的预算数据信息以及对其进行叙述性阐述。我国应该以“开放预算调查问卷”中的相关问题为依据，细化预算信息的公开，达到除我国《保密法》要求的预算信息不公开以外全方面预算信息公开的目的，进一步促进公众对预算信息公开的主观感知和认同感。

（五）建立健全我国预算信息公开体系，促进预算宏观调控作用的发挥

政府预算作为财政分配和宏观调控的主要手段，在推动我国良好财政治理中应该发挥着重要的作用。IBP 评价体系中也强调了预算执行和预算决算阶段同预算编制阶段的差异以及调整情况，从《年中报告》《年终报告》来看，我国预算的宏观调控作用并没有充分发挥。以我国目前的半年度预算执行情况报告（《年中报告》）为例，仍然停留在对半年度预算执行情况的总结阐述中，并没有重新进行调整、预测、更新下半年的预算信息数据，这对造成了对我国经济社会发展的估计不足，尤其是当前我国经济处于新常态下，及时重新评估我国下半年的预算情况显得尤为重要，关系我国经济社会发展大局，因而《年中报告》更应该在其中扮演重要角色。要建立健全我国预算信息公开体系，形成各年纵向可比的预算信息公开格局，充分发挥我国预算的宏观调控作用。

（六）推动我国立法机构预算审查监督改革，充分发挥预算监督机构作用

预算监督机构的监督对于预算透明度的提高也有极大的促进作用。

IBP评价体系中也评估了我国预算监督机构即立法机构和最高审计机构的监督情况，如表9所示，反映了预算监督机构的力度得分。尽管IBP表示监督机构的力度得分由于涉及的调查问卷中的问题数较少，但是仍然具有借鉴和参考意义。可以看出，我国预算监督机构尤其是立法机构对于预算信息公开的监督力度仍然存在着较大不足，亟须推动我国立法机构预算审查监督工作。我国立法机构是全国人民代表大会及其常务委员会，宪法赋予了全国人民代表大会审查批准预算的权利，但是从实践工作来看，预算审批及监督工作仍然需要较大改善。具体有：第一，我国预算审批的要求与代表的预算审查能力还有差距，因而，在人民代表大会的代表议案中有关政府财政预算的并不多，审议批准预算也往往流于形式；第二，没有足够的时间去审批预算。通常情况下，人民代表大会仅召开10～15天，在这期间，要审查万亿以上的财政收支项目，着实不易；第三，IBP评价体系也衡量了除人民代表大会立法机构以外，是否获取其他的独立研究机构帮助审查预算的能力。这也为我国预算审查监督提供了一种思路，即借助独立的研究机构或民间团体来发挥其监督作用。总之要推动我国立法机构预算审查监督工作，充分发挥预算监督机构作用，助力我国预算透明度的提升。

表9　　2008—2014我国监督机构得分情况　　单位：分

监督机构的力度	2008年	2010年	2012年	2014年
立法机构	19	3	2	2
最高审计机构	63	67	48	38
合计	82	70	50	40

数据来源：根据2008—2014年“开放预算调查报告”统计得出。

作者工作单位：中央财经大学财税学院

大国税制转型与促进社会公平*

◇ 何代欣

摘　要：促进社会公平是税制改革有待关注的全新领域。与直接消除不平等的其他制度设计相比，税收制度能够在公平税负和调节收入分配等领域发挥应有作用。促进社会公平的税制转型需要兼顾公平与效率，更需要相关政策工具协调配合。准确定位中国税制转型与社会公平的阶段特征，借鉴并创新发展税收促进社会公平的实践经验，将极有助于政策目标的达成。

关键词：税制转型；社会公平；公平税负；减税降费

作为当今最大的发展中国家和世界第二大经济体，中国税制转型广受关注且影响巨大。如何构建一个不断优化的现代税制体系？已大不同于传统上的理解。兼顾效率与公平成为税制建设的长远目标。事

* 本文是国家自然科学基金青年科学基金项目（71603273），国家留学归国人员科技活动择优资助计划（2016）的阶段性成果之一。

实上，中国税制体系的调整从未停止。基于现代复合税制体系的通行标准，增值税、企业所得税和个人所得税等主要税种，均经历了多次不同程度的修订。其他政府收入形式也日趋规范。眼下的税制改革开始顾及更多、更深层次问题——比如促进社会公平。可以说，如何在一个发展中大国，协调税制转型与社会公平之间关系？既是严肃深刻的理论课题，也是紧迫具体的实践探索。

现行税制具备了从高效筹集收入转向兼顾社会公平的条件。相对于大多数发展中国家普遍存在的组织收入困难，中国政府收入体系的效率显然比较高。数据显示，中国广义政府收入占 GDP 比重为 34.5%（2016），与 OECD 国家 34.2%（2015）的平均水平大致相当。1994—2016 年，中国税收收入同比增速的平均值为 16.1%；同一时段的 GDP 平均增速为 9.35%。学界普遍认为，此成绩得益于 1994 年分税制财税体制改革的有效实施（高培勇，2006；吕冰洋和郭庆旺，2012 等）。客观上，只有具备了较强的筹集收入能力，才可能腾出手来关注制度公平。这是税制建设的先后顺序，也是很多国家的成功经验。立足于大国税制转型和促进社会公平两大任务，本研究将探讨其中的关键问题、分析化解思路并指出政策取向。

一、关键问题

（一）如何让整个社会公平承担税负

只有获悉了谁在承担税负，才可能实现公平税负。遗憾的是，我们对现行税制的税收归宿（tax incidence），依然知之甚少。这导致减税或者税负调整时无从下手。首先，间接税为主的税制结构不利于真正弄清楚谁承担了税负。而且营改增之后，不易追踪税收归宿的增值税体量更大。减间接税而增加直接税的改革设想，或许还有更多的路要走。其次，各种政府收入形式所增加的社会成本，往往难以定性。2016年，政府性基金收入一项，就达46 852亿元，占一般公共预算收入比重为29.3%，可换算为税收总收入的35.9%，超过最大税种——增值税的占比（31.2%）。这类政府收入形式是一种什么样的非税社会成本？最后，面向个人的税收补偿机制尚未建立。相对于企业拥有的税收返还和费用扣除，自然纳税人如何获得税收抵扣与减免，还十分缺乏制度安排和信息保障（杨志勇，2009）。人为制造纳税法人和纳税自然人之间的不对等地位，显然不利于实现社会公平。

（二）如何发挥税收调节收入分配的有限作用

税收促进社会公平主要体现在经济层面。曾经一度，缩小收入分配差距寄希望于税制改革来推动。特别利用所得税和财产税改革来调整收入分配，研讨甚多。这一良好愿望忽视了税收调节收入分配的有限作用。中国目前面临的主要问题如下：其一，是不是解决了人群间的收入分配差距，就理顺了收入分配关系？显然，此定义过窄。政府与企业、个人的收入分配格局、行业间、区域间的收入分配差距，可能是税制改革更该去触及的实质性内容（何代欣，2012）。其二，提高个人所得税调节力度和增设财产税可以缩小收入分配差距吗？这是《二十一世纪资本论》作者——托马斯·皮凯蒂认可的观点，也曾在不少国家被验证（Saez，2016）。我们要问的是，现行税制有没有类似的调节基础？或者说，所得与财产多寡形成的收入分配差距，是不是因为缺乏税收调节造成的？其三，调节收入分配层面税收政策与支出政策该如何协调？改进公共服务和提高转移支付是改善社会公平的政策工具，更是落实对低收入人群保障的主要办法。税收收入则是公共支出的基础（Gordon 和 Li，2005）。精确分析税收政策和支出政策分别可以在哪个层面、什么领域促进社会公平？才是有待于细致研究的内容（Finkelstein，2007）。

（三）如何定位中国税制转型与社会公平的阶段特征

所有国家的税制改革都有极强的阶段特征，促进社会公平也基本会依据时间维度顺序安排。多数研究认为，大国税制转型中，1994 年的中国改革和 1986 年的美国改革都较为成功（Feldstein，2011）。迄今为止，两个大国的税制调整也都是基于上述两次改革框架来展开的。针对现阶段税收促进社会公平，我们有如下判断与疑问：第一，中国税制侧重筹集收入和推动经济发展的特征明显。那么，未来一段时间，如何在维持收入规模下来促进社会公平？换言之，经济社会发展战略对税制的要求是什么？其中对税收促进社会公平的进度安排又该做哪些考虑？第二，社会公平包括起点公平、结果公平和过程公平。税收在这三个领域的发力点不一样。如扶贫攻坚：在制度与财力双约束并存下，现在可以做什么，后续又做该什么？不同方案的花费与成效，差异或许会非常大（Banerjee 和 Duflo，2007）。第三，构建有利于创新发展的税制就很可能要对资本重税和劳动轻税。这会直接有助于社会公平。20 世纪 80 年代美国向新经济的成功转型得益于此（Aguiar 和 Amador，2011）。但是，我们是否能在配套的货币政策、产业政策、移民政策和外交政策等上做好准备？资本和劳动的税收弹性能否支撑新的税制调整？税制变动对公共支出会不会有影响？

（四）如何借鉴并创新发展税收促进社会公平的实践经验

发掘税收促进社会公平的普遍规律，有助于避免制度探索上走弯路，也能减少政策摇摆所致损失。世界范围看，利用税收促进会公平已然进行过不少有益的尝试。首先，捐赠的税收减免问题。大多数发达国家对捐赠抵税都有比较充分研究和相对成熟做法（Poterba 等，2008）。经验证实，一旦能够在捐赠方和受助方之间架起税收优惠的桥梁，便能大幅度推动非盈利组织和社会互助事业发展，也可以显著减轻政府部门的各种压力。其次，如何规范地为广义社会福利活动提供税收支持？捐赠只是增进福利的第一步或者说一个方面。伴随老龄化和医疗保障等公共服务需求的增加，以及扶危救困体系日趋完善，福利事业运行和管理中的税务问题会逐步凸显。长期看来，不能只依靠单项的政策或文件规定来保证其持续健康运转。制度化的政策调整势在必行。最后，税制设计要善于营造促进社会公平的外部印象。近年来的一些报道不能被忽视。无论是“死亡税”“馒头税”“工薪税”这类对税收的称呼，都带有一定的贬义色彩。税收不仅是经济手段，也是治理工具。纳税光荣不能只停留在在口头。怎样将税收塑造成促进社会公平载体之一？仍有大量工作亟须谋划。

二、化解思路

（一）以公平税负促进社会公平

首先，公平税负是要在不同税负承担者之间动态调整税收分布。如果不能厘清谁承担了税负，那么调节精度将大打折扣。毋庸置疑，间接税具有高效筹集政府收入的优点。正因如此，增值税在发明以后短短 40 年里便风靡全球 140 多个国家。特别是广大发展中国家竞相引入之后，大都很快解决了政府收入不足的问题。然而，相对直接税能够知晓税负承担者，间接税模糊了税收归宿。最终导致实施税负调节时，政府难有大的作为。理论上，分析税收归宿的前提是获悉商品和服务的供给与需求弹性。一旦要强化税制的调节功能，以往忽视的弹性测算便需要立即着手展开。其次，不能将所有的社会成本都归咎于税收，也不能把税负等同于税收所致的负担。税负应该理解为一个税费总成本的概念。其中，税收的合法合规性高于其他政府收入形式。广义上，“简政放权”“放管服”以及“税费改革”都是大幅度降低社会成本，实现公平税负的重要举措。最后，公平税负需要更多的纳税人信息。这对目前的税收管理体制而言，挑战较大。比较通行的做法是在获悉纳税人信息基础上，实施有针对性的税负调整。然而，海量的自然人及法人信息，如何采集、加工、使用和保存，都不是一朝一夕可以完成的。本质上，征税是依靠信息而非其他。令所得、财产和消费等信息浮出水面，将是政策与管理层面亟待着手的难点。

（二）探索效率和公平相结合的税收调节收入分配之路

其一，普遍征收与均等化的税负原则应该得以贯彻。相对于发达国家税制设计科学和依法征管，发展中国家一般会选择更高的名义税率来弥补税收的跑冒滴漏，并赋予征管人更大的自由裁量来激励收税。殊不知这种办法可能对筹集收入有效，却对社会福利不利。现代税制要求的普遍征收和均等化税负原则背后是对税收中性的坚持。此外，资产价格上涨引致的财产增值不等同于流量收入增加。征收财产税要妥善应对流量收入不足以支付税收的情况。其二，加强税收影响经济社会活动的分析。所得税是调节收入分配的直接税种。国际主流研究对应税所得弹性的极为关注（Feldstein，1995；Kleven，2016）。知晓应税所得弹性有助于实现税收调节收入分配，并在保证收入同时减小税收的负外部性（Saez，2001）。其三，过高、过细的所得税边际税率设计已不符合世界潮流。除了美国所得税最高边际税率还维持在39%左右，中国周边及OECD国家的所得税最高边际税率大都低于25%。近三十年来，多数国家的所得税累进级次减少，平均税率降低，配以实施有针对性的税收减免或抵扣。税收差异化特征明显。促进社会公平的所得税改革理应关注到上述动向。其四，税收政策还要与支出政策紧密配合。公共支出除了关心传统领域，也应回头“反哺”组织收入的活动。促进税收兼顾效率与公平也是公共支出的责任。

（三）明确中国税制转型的长期性和促进社会公平的艰巨性

第一，税收促进社会公平不能背离发展阶段与发展战略。税制转型要解决短期问题，也应注意税制优化的长期目标。具体到中国，短期扶贫与长期提升居民福利水平都需兼顾。迈向“中等发达国家”还是掉入“中等收入陷进”，社会公平程度是非常重要的因素。税收现代化的护航作用不可或缺。第二，社会学所提及的公平理论落实到政策层面不易，对接税制转型大有可为。例如，起点公平、过程公平与结果公平都有不同的政策涵义。最近的一份研究表明劳动力市场歧视、教育代际固化以及家庭背景影响是中国机会不平等的来源（宋扬，2017）。决定上述影响的主要原因都不在税收，但税收要设法在消除不平等中有所作为。第三，对资本还是劳动侧重征税，是既简单又复杂的决策。复制美国的办法会不会成功，税收可能不起决定性作用。国际经济政治因素的影响往往很大。美元的国际货币地位以及本身具备的科技实力，都是吸引创新资本与人才的基础。税收至多是促进其不断转型发展的制度环境。开放经济环境下的税制设计受到外部影响越来越多，亟待引入经济学已确认验证的研究结论来全面支撑。

（四）重视引入微观层面的实践经验并使之中国化

首先，促进社会公平的大多数政策直指微观领域。税收政策不能只停留在宏观层面，要善于发现微观机制的撬动原理。如若谋划得当，税收政策完全可以在医疗、教育、养老、社会救济等方面，实施精确定位并发挥积极作用。税收机制设计上还应注意发挥地方政府的积极性。如何将各地对招商引资的税收减免，引导到对社会福利建设的支持上来，有赖于体制机制上做出相应的安排。其次，促进公平的税制设计要适当放弃收入原则，全面对接财政补贴，实现协同发力。例如，养老机构普遍短缺、民办教育层次较低、基本医疗服务向贫困地区覆盖不足等具体问题，除了政府主动作为，市场主体参与也极为重要。为此，已有不少税收减免政策在逐步落实。全面评估政策绩效，进而更大力度的激励民间参与（特别是自然人捐赠等行为），才是促进社会公平、持续提升社会福利水平的长久之计，也是大多数发达国家几十年来的经验。最后，税收促进社会公平不能停留在生硬的制度层面。要设法让多数人感受到社会福利提升和社会公平改善中的税收作用。例如，当前的个人所得税改革不宜只局限在工薪税领域，房地产税的探讨也不要静态说成是筹集地方财政收入或控制房价等等。可以看到，目前各方面税收意识处于不断上升期，在促进社会公平领域，税收的正面作用理应适时凸显。

三、政策建议

（一）持续发挥减税降费的政策红利

首先，全方位衔接税收归宿的分析与税制改革，真正实现公平减税。政府报告显示，2016 年中国降低企业税负 5 700 亿元（占税收总收入 4.4%），超过年初 5 000 亿的预期。营改增减少的重复征税和降低了部分税率是主因。为了更精确制定未来减税计划，就要明确谁受益于税负降低。第一步要分析哪些行业或者哪类企业被减税幅度最大；第二步要弄清这些减税对鼓励创新和增加投资起到了多大作用；第三步是为了巩固社会减负预期，或许可以制定一个未来五年的减税规模，比如3万亿左右（约占财政累积收入的3%）。当然，今年要重点监测增值税简并税率之后的成效。其次，寻求有能力的研究机构或者学者开展对于税收相关的弹性测算。美国税制改革非常重视税收弹性变化的外部影响。这是全面追踪并准确把控税制改革的高技术手段。官方掌握的微观大数据和相关情况，可以在一定范围内深度挖掘，使之成为科学决策的主要依据。再次，降低广义社会成本是促进社会公平的基础。持续发挥“简政放权”和“放管服”的政策红利，使降低时间成本、机会成本和税费成本继续成为未来政策主线。进一步规范非税收入与其他政府收入形式，坚持推进各级部门全口预算管理。最后，只有落到个人，税费减免才有更大的福利效应。税务部门迫切需要集合各部门手中与税收有关的信息。对于银行、房产、户籍等信息的采集利用，或成为未来很长一段时间，促进税负公平的基础性工作。

（二）建立效率与公平结合的现代税收制度

其一，现代税制既有高效筹集收入的能力，也应具备调节收入分配、促进社会公平的功能。立足现阶段国情，优化税制设计，使之利于税收遵从。进一步发挥金税工程建设的成效，降低税收成本、提高征管效率。充分认识发展中国家广泛存在的地下经济与现金交易对普遍征收与均等化税负原则的影响。为此，应长期动态维护税务基本信息，做好纳税人日常管理工作。善于利用各类经济信息做好税收风险预测。其二，精确化所得税调节收入分配的作用。改变传统上只注重免征额调整和平均税率高低的做法，重视边际税率变动对纳税人就业、消费和储蓄的影响。运用现有数据信息，尽快测算企业与个人的应税所得弹性（Elascticity of Taxable Income）。权衡累进税率和单一税率对收入分配的不同影响。其三，主要税率调整和税制变动要参考相似经济体的改革经验。避免成为税收洼地或者税收高地，影响正常的国际经济活动与人员往来。如个人所得税最高边际税率和平均税率下调窗口期已现（过去5年所有税种中增幅最快），可考虑在综合制框架下降低名义税率。其四，加强税收与支出联动促进社会公平。扩大税式支出规模与范围，既能鼓励诚实纳税，还可成为减税降负的灵活办法。

（三）构建税制转型与促进社会公平的协同机制

第一，多一分对社会公平的考虑，税制改革的正外部性就更显著。中国经济社会转型体量在变大，速率却在降低。促进社会公平的任务不会减轻。税制转型面临的“硬骨头”大多直接关乎企业或个人的利益。由于历史过于久远等原因，解决这些问题很难照搬现成做法，唯有吸收各国引导经济社会全面发展的经验。例如，成功迈入中等发达国家的经济体，其税制设计往往都有弥合收入分配差距、鼓励创新发展等特点。第二，作用于起点公平、过程公平和结果公平的税收制度可以有所作为（刘尚希，2010）。鼓励生育、支持子女教育和赡养老人费用扣除等税收制度安排应尽快推进（张斌，2010）。不仅是所得税减免与抵扣，其他与社会福利相关的税收制度，如教育附加等怎样安排征收和使用，都可以再深入探讨。此外，在开放经济与全球低税率趋势下，贸然开征财产税和提高所得税税率看似指向收入分配调节，却可能引发资本和税收外流等不可控后果。第三，现阶段对资本和劳动都应适当轻税，至少稳定税负。这有助于稳定社会税负预期，降低外部不确定性对经济转型和百姓生活的冲击（何代欣，2016）。重点基础设施和技术升级改造有待加大投资，增值税抵扣固定资产的范围还要逐步扩大。探索国民素质提升和创新人才引入都将体现为劳动创造价值。减税对劳动乃至创新的尊重和鼓励。

（四）重视并宣传税收促进社会公平的微观效应

首先，促进社会公平的最后一公里依靠基层。税收政策真正发挥作用，不仅是少收，而是可以直达需要照顾的个体单元。哪些企业与人群该减税，谁的福利水平能得到提升，找到税收归宿后，执行部门其实非常关键。分税制财税体制赋予基层的权利大小不一。促进社会公平的任务却每时每刻。养老机构的税收核算、赡养抚养人数的确定以及财产价值、综合收入汇总，都是极微观的工作，也是减税红利输送下去的最难点。发挥基层的积极性要有具体表述，如能关注到上述细节，相信很多政策并不难落地。其次，放弃收入原则不等于税收不进入。现在看农业税免征的正面作用大于废止。普遍征收要与税收返还和税收减免结合使用。特别是在鼓励发展的基本公共服务——教育、医疗、养老和社会救济等领域，常态化的税收返还与税收减免机制及运作模式都应尽快建立运行。最后，人们税收意识的提升不单是关心税负多寡，还在关心税收的调节作用和支出的合理性。注重对税收积极效应的分析整理，提供给社会明确的正外部性信息，也是促进社会公平，化解社会矛盾的有益工作。

作者工作单位：中国社会科学院

深化资源税改革中的租、税、费关系探讨

◇ 张德勇

摘　要：矿产等资源属于国家所有，这种性质决定了国家应依法征收资源租。2016年启动的全面推进资源税改革，实施清费立税、从价计征、理顺资源税费关系等，未涉及资源租的问题。要纠正资源租的“虚位”问题，就需要在未来的深化资源税改革中，进一步理顺租、税、费之间的关系，明确资源租的角色和具体的体现形式，使三种收入形式各就其位、各司其职。

关键词：资源税；资源租；清费立税

2016年7月，全面推进资源税改革启动。这次改革包括了普遍推行从价计征改革、扩大征收范围、全面清理涉及矿产资源的收费基金和下放部分权限给地方四大核心内容。这是继2016年5月全面推开营改增试点后，我国税制改革方面的又一具体进展，有助于促进资源集

约利用，实现经济社会的“绿色”发展。

在这次改革中，全面清理涉及矿产资源的收费基金，既有助于资源税改革的顺利实施，也有助于在当前供给侧结构性改革中发挥降成本的作用。不过，目前列为资源税征收范围的，不论是矿产资源，还是水资源，清费立税、理顺资源税费关系，调整的是税与费的关系，没有涉及体现国家所有权的租的问题。鉴于上述资源国家所有的性质，因此，未来深化资源税改革，应该从国家兼具所有者和管理者双重身份出发，正确处理租、税、费三者之间的关系。

一、租、税、费的各自性质

在政府收入体系中，租、税、费是三种收入形式。尽管从收入的最终结果看，都体现为政府收入，没有什么差别，但何为租、何为税和何为费，或者说是否可以用一种收入形式代替其他收入形式，例如，用资源税取代其他两种收入形式，不仅是个理论问题，也是个法律问题。而且从多数国家的实践来看，租、税、费一般是并行存在的。

（一）学理视角

租是凭借财产权力直接参与分配取得的。这里，财产权力也就是所有者的权力。如果矿产资源等自然资源属于国家所有，那么国家就可以依靠这种权力，获得各种应得的所有者收益。在资源的所有权与使用权分离的时候，资源的经营者应就其开发、使用的国有资源，按照一定形式向政府缴纳一定收入，以体现国家所有权。世界上多数国家征收的权利金或权益金，就属于这个性质，它是所有者财产权力的体现。

按照定义，税是凭借国家政治权力来征收的。自然，资源税就是凭借国家政治权力促进合理开发并保护自然资源而征收的一种税。虽然资源税与资源租都属于国家参与社会分配的形式，但参与分配的环节不同，租参与的是初次分配，税参与的是再分配。尤其是，租体现的国家的财产权力，其背后的依据是国家的所有权，而税体现的是国家的政治权力。

费是国家作为社会事务的管理者，可以依法依规在提供公共产品或服务过程中，按照成本补偿和非盈利原则向特定服务对象收取一定的费用，或对违反法律、法规、规章制度等的行为者进行一定的处罚，由此获得的各种行政事业性收费和罚没收入，它体现的是国家的管理权力。

（二）法律视角

在我国，矿藏、水等自然资源属于国家所有，这是有明确法律规定的。作为我国根本大法的《宪法》第九规定："矿藏、水流、森林、山岭、草原、荒地、滩涂等自然资源，都属于国家所有，即全民所有"。此外，《矿产资源法》第三条规定："矿产资源属于国家所有，由国务院行使国家对矿产资源的所有权"；《水法》第三条规定："水资源属于国家所有。"这些法律规定明确了目前资源税所涉及的资源，都属于国家所有的性质。而《物权法》第三十九条规定："所有权人对自己的不动产或者动产，依法享有占有、使用、收益和处分的权利。"这就意味着，国家所有的资源，国家可以依法享有这些资源的收益。租则是实现收益权的形式之一。如果依靠税的形式来分享这种收益，那么矿藏等资源的国家所有性质就无法体现出来，甚至否定了国家所有的合理性。

《资源税暂行条例》（国务院令第605号）对资源税纳税人、税目、税率等作出有关规定，并未涉及资源所有权问题；涉及资源的各种收费，如矿产资源补偿费、价格调节基金等，也没有体现国家以所有者身份占有资源收益的权利。无论是税，还是费，都可被视为是以公共职能为依据的收入，其中，税是以公共职能产生的共同利益为依据向全体社会成员征收的，费是以公共职能产生的特殊利益为依据向部分社会成员征收的。

二、我国资源税改革中的租、税、费关系

在我国资源税改革中，作为涉及资源的三种收入形式，租、税、费呈现了不同的特点。总起来看，资源税在强化，费在弱化，而租没有得到应有的体现。

（一）资源税：从少数征收、从量计征到普遍征收、从价计征

我国资源税制度建于 1984 年。是年 10 月，国务院发布《资源税条例（草案）》，对石油、天然气和煤炭 3 种资源开征资源税，征税范围比较窄。1992 年起将铁矿石纳入征税范围。总体而言，从开征到 1993 年底这段时期，资源税尚处于摸索阶段，以调节级差收入为主，主要采取累进税率，对销售利润率超过 12% 的部分征税，属于典型的“级差资源税”。

随着 1994 年的税制改革，资源税也相应进行了调整，征收范围扩大至原油、天然气、煤炭、黑色金属矿原矿、有色金属矿原矿、其他非金属矿原矿和盐等 7 种，按照普遍征收、级差调节的原则，实行从量定额税率，并根据资源开采条件、资源本身的优劣情况设置不同的税率，无论企业是否盈利都要纳税。这是首次对矿产资源“全面”征收资源税。

从2010年起，我国加快了资源税改革的步伐。是年6月，新疆率先实行了原油、天然气资源税从价计征的改革，同年12月改革扩大到内蒙古、宁夏、甘肃、四川等西部12个省区。随着修订后的《资源税暂行条例》于2011年11月起施行，这场改革推广至全国范围。

《中共中央关于全面深化改革若干重大问题的决定》提出："加快资源税改革，逐步将资源税扩展到占用各种自然生态空间。"于是，资源税改革成为新一轮财税体制改革中税制改革的重要内容而进一步加大改革力度。2014年12月，煤炭资源税改为从价计征。2015年5月，稀土、钨、钼资源税启动从量计征到从价计征的改革。2016年7月，我国全面推开资源税改革，对《资源税税目税率幅度表》中列举名称的21种资源品目和未列举名称的其他金属矿实行从价计征，并扩大资源税征收范围，在河北省开展水资源税试点工作，逐步将其他自然资源纳入征收范围。可见，资源税的角色在强化，普遍征收、从价计征是必然的大趋势。

（二）费：清费立税，理顺税费关系

从事矿产采掘经营的企业，除了缴纳与其他企业共同的各种费，也需缴纳因行业特点而产生的各种费。在这些费中，与资源税关系最为密切的是矿产资源补偿费。1986年颁布、1996年修正的《矿产资源法》第五条规定，"开采矿产资源，必须按照国家有关规定缴纳资源税和资源补偿费"。1994年国务院颁布实施《矿产资源补偿费征收管理规定》（国务院令第150号），于是资源补偿费于当年开始征收，其征收金额＝矿产品销售收入×补偿费费率×开采回采率系数。这样，很长时间以来，我国形成了资源税与资源补偿费并存的格局。

随着资源税扩大征收范围、从从量计征为主过渡到从价计征为主，资源税改革力度不断加大，资源税收入显著增长，而资源补偿费费率20多年来并没有进行过调整，导致该费收入增长缓慢，远低于资源税收入。特别是近几年以来，由于经济下行压力，矿产资源价格低迷，企业效益下滑明显。为了给企业减负，尤其是为了促进资源税扩大征收范围、改以从价计征的改革顺利推进，我国开始着手规范清理资源补偿费以及其他涉及资源的有关费种。《关于实施煤炭资源税改革的通知》（财税〔2014〕72号）、《关于全面清理涉及煤炭原油天然气收费基金有关问题的通知》（财税〔2014〕74号）、《关于全面推进资源税改革的通知》（财税〔2016〕53号）等文件的出台，都体现了清费立税、进一步理顺税费关系的政策思路，将资源补偿费费率降为零，规范清理涉及资源的相关收费基金。

（三）租：角色不明

目前，对于租的理论释义基本上有共识，但在实践中国家所有资源的租到底如何体现，却始终是资源税改革过程中一个难回答且无法回避的问题。对于我国资源税改革过程中何为租这个问题，长期以来大体形成了三种观点。

第一种观点认为《矿产资源法》所规定的资源补偿费就是租。其最直接依据来自《矿产资源法》和《矿产资源补偿费征收管理规定》，特别是后者明确指出征收矿产资源补偿费的目的是“保障和促进矿产资源的勘察、保护和合理开发，维护国家对矿产资源的财产性权益”。换言之，资源补偿费是国家凭借所有权对企业因开采国有所有的耗竭性资源的财产权益补偿，与国家凭借政治权力征收的资源税有着本质的区别。

第二种观点认为租的角色可由资源税来充当。这种观点认为，资源税实行“普遍征收、级差调节”的原则，普遍征收意味着既适用于开采优质资源的企业，也适用于开采劣等资源的企业。因此，根据地租理论，资源税实际征收的是不仅包括级差地租，也包括绝对地租，据此得出资源税体现了租的性质的结论。

第三种观点从实践角度出发，认为资源税、费、租三者之间理论上易区分，但实际上难区别，由此不妨可将针对资源开发利用征收的各种租、税、费统看作为广义的资源税，从而模糊了资源税与资源租的性质区别。不论是对国有资源征资源税还是收租，只要最终收入都进入国库，对收入做税还是租的性质区分没有多少实际意义。

就第一种观点而言，从资源补偿费征收上来的实际用途看，其中一部分是用于满足相关部门的运转经费之需，没有真正体现资源的国家所有权。例如，《矿产资源补偿费使用管理办法》（财建〔2001〕809 号）规定：“矿产资源补偿费纳入国家预算，主要用于矿产资源勘查支出、矿产资源保护支出及矿产资源补偿费征收部门经费补助；矿产资源补偿费征收部门经费补助，主要用于补助征收部门管理及人员经费”。而且，它虽纳入国家预算，却列在行政事业性收费名下，这就意味着其与国家所有权无关。再者，2016 年 7 月启动的全面推进资源税改革，其基本原则之一就是清费立税，将矿产资源补偿费等收费基金适当并入资源税。所以，从实际使用和资源税改革的轨迹与趋势看，资源补偿费是租的主张是难站住脚的。

第二和第三种观点其实是模糊了租与税的区别。由资源税担当租的角色或不去对租与税做区分，既容易引起理论上的混乱，也容易造成实践中的“一事一议”，标准不一致。例如，土地出让金是政府代表国有土地所有者出让土地使用权的所得，实质上是土地使用者为取得土地使用权而缴纳的租金；再如，国有企业上缴利润是国家作为所有者行使所有权、享有收益权的重要体现。如果将资源税与资源租混淆或以税代租，那么据此类推，是否也意味着可以用房产税取代土地出让金、企业所得税取代利润上缴呢？显然，这与法与理与情都说不通。所以，在资源税与资源租的问题上，租的角色不能由税来充当，否则容易引起连锁反应，波及其他领域的税与租问题。

三、在深化资源税改革中进一步理顺租、税、费关系

租、税、费各自的性质不同，都有其存在的理由，不能简单地以一种类型的收入形式代替其他类型的收入形式，而应是各就其位、各司其职。

（一）明租、正税、清费

从“十二五”规划到“十三五”规划，都要求在资源税改革中体现租的角色。“十二五”规划提出，“按照价、税、费、租联动机制，适当提高资源税税负，完善计征方式，将重要资源产品由从量定额征收改为从价定率征收，促进资源合理开发利用”；“十三五”规划提出，“建立矿产资源国家权益金制度，健全矿产资源税费制度”。两个“五年规划”的要求，意味着国有资源所有权的体现不能“虚位”，国有资源的租制度必须建立起来，必须明确租的具体实现形式，以维护国家作为所有者的应得收益。

《关于全面推进资源税改革的通知》（财税〔2016〕53号）开宗明义地指出，全面推进资源税改革的目的是“为深化财税体制改革，促进资源节约集约利用，加快生态文明建设”。据此，资源税的进一步改革，应着重体现其促进资源节约集中利用和加快生态文明建设的功能。

尽管从价计征一定程度上能够提高资源的综合利用水平，但其生态调节功能还待于具体落实。故而，除了扩大资源税征收范围，还应在资源税征收中纳入生态调节的因素。鉴于已确定未来将矿产资源补偿费等收费基金适当并入资源税，不妨可借鉴以前矿产资源补偿费的计算方式，在征收矿产资源税时，将开采回采率系数挂钩纳入计算税额的公式中，促进企业改进开采技术，提高开采效率。这样，既有助于进一步提高资源节约利用水平，也有助于体现资源税的生态调节功能。

从事资源开采的企业，基本上面临两大类费：一类是因从事资源开采而产生的具有行业性特点的费，如资源补偿费；一类是作为企业而缴纳的具有普遍性的费，如各种行政事业性收费和政府性基金。在这次全面推进资源税改革中，全面规范清理涉及矿产资源的收费基金，有助于降低企业前一类费的负担，而对后一类费的规范清理，则应将纳入整个社会全面规范清理各种收费基金的大盘子中。无论何种收费基金的规范清理，都应紧紧围绕当前供给侧结构性改革这条主线，着力贯彻落实降成本这个目标。为此，各级政府部门需要从大局出发，破除部门利益藩篱，在“放管服”改革的推动下，管住政府这支“有形的手”，用政府的“紧日子”换取企业的“好日子”，让企业有“真金白银”的获得感。

（二）协调好各方利益关系

一是政府与企业的关系。新一轮财税体制改革的基本思路是稳定税负，这同样也适用于资源税的进一步改革。稳定税负，既包括资源企业本身的微观税负，也包括整个社会的宏观税负。就前者而言，继续规范清理各种不合适宜的收费基金，赋予资源税税率一定的灵活性，为资源税的进一步改革和资源租的设置腾出足够的政策操作空间；就后者来讲，协调好资源税与消费税、环境保护税之间的关系。消费税面向高耗能、高污染产品及部分高档消费品的扩围改革与环境保护税的即将开征，都会与资源税产生不同程度的重复征收问题。因此，未来资源税改革应同消费者的扩围改革与环境保护税的开征一道联动设计。

二是中央与地方的关系。尽管从学理上讲，税基在各辖区之间分布不均匀的税种应划归中央政府，但出于发展中西部地区经济、充实当地财政收入的考虑，此次纳入改革的矿产资源税收入全部为地方财政收入。这种制度安排，很可能会诱发过度开采资，也易导致资源税税负向辖区外转嫁。为了平衡这种倾向，可以考虑通过资源租的设置，将租收入归属中央政府，以此提高中央政府对资源开发利用、生态保护和稳定宏观税负的调控能力。

三是部门间的关系。矿产资源补偿费征收率降为零和其他收费基金适当并入资源税后，由多部门征收相关收费基金将改由财税部门征收。对于由此产生的相关部门的履职经费需要，各级政府应统筹安排、予以保障。此外，未来设立资源租后，其征收也应当归口于财税部门，以提高征管效率、降低征管成本。这也符合各种政府收入都归口财税部门管理的财税体制改革需要。

（三）坚持税收法定，完善相关法律

坚持税收法定，完善相关法律，这是全面依法治国的重要体现。目前，指导资源税实践的是国务院颁布的《资源税暂行条例》，但其还不具备完全的法律效力。十八届三中全会将“落实税收法定”作为财税体制改革的目标之一；《立法法》第八条规定了财政基本制度只能制定法律。因此，进一步深化资源税改革，必须走税收法定之路，结合新一轮财税体制改革，加快资源税立法工作，争取在现代财政制度基本建立之际完成资源税立法。

同时，按照目前全面推进资源税改革的思路，将矿产资源补偿费等收费基金适当并入资源税、将资源税征收范围扩大至水资源和其他自然资源，都会冲击到现行的相关法律。例如，将矿产资源补偿费并入资源税，就需要修改《矿产资源法》有关规定；对水资源等自然资源征收资源税，同样面临修法问题。此外，在深化资源税改革中要明确资源租的地位、确立资源租的征收方式等有关事项，也需要通过制定新法律或修改现有相关法律的途径加以明确。

作者工作单位：中国社会科学院财经战略研究院

中国居民收入分配的制度性缺陷及矫正路径*

◇ 卢洪友

摘　要：中国渐进式市场化进程中，初次分配不公与再分配不公相互叠加，造成居民收入分配差距持续扩大，基尼系数长期高位运行、居高不下，影响经济可持续发展和社会和谐稳定。初次分配不公与再分配不公，源于制度性缺失。实现共享发展，重在制度建设，以公民权利平等、机会平等、规则平等为基础，规范初次分配秩序，整合、统一政府再分配制度，特别是持续推进以税负归宿公平和公共服务受益归宿公平为核心的现代财政制度建设，让每个人都平等地享有生存、发展机会，使发展成果惠及每个人。

关键词：收入分配；基尼系数；共享发展；制度性缺陷

---

* 基金项目：国家社科基金重大项目“建构基于生态文明建设的公共财政体制研究”（批准号：15ZDB158）；国家自科基金项目“财政分配的居民收入分配效应测度及矫正机制研究”（批准号：71573194）。

一、中国基尼系数长期处于高位运行状态

中国居民收入分配差距扩大，是伴随着市场化以及工业化、城镇化、所有制多元化等进程出现的，从这个意义上说，具有客观必然性，因而也具有合理性，换言之，我们不能简单地用计划经济下的基尼系数为标准，来衡量市场化进程中的收入分配差距。

1978 年，中国基尼系数只有 0.18。然而，这个基尼系数，既难言真正的公平，又付出了巨大效率代价，它实际上是以普遍的贫困换来的，因而是不可取的。这个基尼系数是政府替代市场、公共部门替代私人部门、单一公有制替代多元所有制制度安排下实现的，在这样的制度下，由于政府统包统揽、财政统收统支，干好干坏一个样，经营好坏一个样，经济运行中的预算软约束、激励不足，导致资源配置和使用效率低下，各种私人品和公共品均长期短缺，居民收入和消费水平普遍低，大规模的人口长期处于贫困状态，难以解决温饱问题。中国社会科学院和国务院扶贫办联合发布的《中国扶贫开发报告 2016》（扶贫蓝皮书）显示，若按 2010 年价格以及农民年人均纯收入 2 300 元扶贫标准计算，1978 年农村贫困人口高达 7.7 亿人，贫困发生率达 97.5%。

1978 年中国开启的渐进式市场化改革，遵循的是效率优先、鼓励少部分人和少部分地区先富起来的原则，在制度创新上，大幅调整政府与市场、政府与社会、公共部门与私人部门、中央政府与地方政府之间的责权利关系，建立了以公有制为主体、多种所有制经济共同发展的基本经济制度，按劳分配为主体、多种分配方式并存的分配制度，极大解放了社会生产力，实现了国民经济的持续高速增长，迅速解决

了各种私人品长期短缺问题，居民收入水平和消费水平也得到了大幅提升，同时，各种公共品的供给数量和质量，也得到了大幅改善。1978 年中国 GDP、财政收入、外汇储备分别为 3 678 亿元、1 132 亿元和 1.67 亿美元，2016 年 GDP 高达 74 万亿元、一般公共预算收入 16 万亿元、外汇储备 3 万亿美元，城镇居民收入由 1978 年的 343 元增加到 2015 年的 31 195 元，农村贫困人口则减少到 2015 年的 7 000 万人。尽管中国分配和再分配领域存在着许多亟待解决的问题，但是，无论如何也不能否定中国借助于市场机制实现居民收入整体性大幅增长、贫困人口大幅下降的历史性成就，这是人类社会经济增长史和反贫困史上前所未有的。

当然，中国居民收入分配差距和财产占有差距过大，而且呈现出固化、制度化和代际传递等问题，也须予以正视。

从居民收入分配差距看，早在 1997 年，世界银行发布的《共享不断提高的收入》报告就曾告诫我们，中国 20 世纪 80 年代初期的基尼系数是 0.28，到 1995 年就达到了 0.38，除了比撒哈拉非洲国家、拉丁美洲国家稍好外，贫富悬殊要比发达国家、东亚其他国家和地区以及前苏联东欧国家都大。此后，基尼系数不仅没有下降，而且还呈继续加速上升态势，2000 年越过国际警戒线（0.4），2007 年一度越过 0.5，有学者通过修正样本误差，得到 2007 年基尼系数为 0.5392（李实 2011）。“十二五”期间，尽管政府加大收入再分配力度，推进惠民生、“兜底线”的基本公共服务全覆盖，加大精准扶贫力度等，对缓解居民收入分配差距起了一定作用，使 2012—2016 年的基尼系数总体上呈现微弱下降趋势，分别为 0.474、0.473、0.469、0.462 和 0.465（2016 年比 2015 年略有反弹，增长 0.003，宁吉喆 2017）。但总体看来，基尼系数自2000年越过警戒线后，就一直处于高位运行状态，迄今已长达17年之久，近几年的微弱下降也十分脆弱。这表明，中国收入分配差距已呈现出固化、制度化和代际传递的态势。

从财产占有差距看，由北京大学发布的《中国民生发展报告2015》显示，中国顶端1%的家庭占有全国约1/3的财产，而底端25%的家庭拥有的财产总量仅占1%左右，表明中国居民财产不平等也已十分严重。居民收入分配差距和财产差距过大，既影响国内消费的提升，进而影响经济增长由投资和出口拉动向以国内消费拉动的转型，不利于经济可持续增长，又不符合普遍受益、共享发展的要求，需要认真研究其成因，并采取有效措施加以化解。

二、居民收入分配制度变迁脉络及制度安排框架

居民收入分配与再分配制度，包括分配主体、分配客体、分配形式、分配原则、分配依据等，不是一成不变的，是随着生产力发展、生产方式变化而变化的，同时，一国居民收入分配制度的形成与变迁，还受着该国历史、文化、传统、道德伦理等诸多因素的深刻影响。因此，研究中国居民收入分配制度，既要遵循市场经济一般规律，又不能脱离中国的历史文化传统。梳理居民收入分配制度变迁的大致脉络，是为了以史为鉴，寻找现代居民收入分配制度安排的一般规律性。

环顾当今，世界各国居民收入分配制度安排，总体上是市场机制基于经济公平准则解决初次分配，政府机制基于社会公平准则解决再分配问题，同时，各种非政府再分配机制起有益的补充作用。在理论渊源上，西方国家这种制度安排始于18世纪的洛克、伏尔泰、卢梭、

孟德斯鸠、斯密等思想家的思想及制度主张，特别是诸如主权在民、天赋人权、人人生而平等、分权、法治、有效政府、限权政府等“以人为中心”的思想，为构建现代国家治理制度及分配制度奠定了坚实的理论基础。但其理论的制度化过程则并不是一帆风顺的，而是艰巨、漫长、复杂的。为了增进税负归宿公平，英国小威廉．皮特自 1798 年就引入了个人所得税，但后来征征停停，历时上百年，直到 1911 年借助于第一次世界大战，个人所得税的主体税种地位才得以确立，所得税占税收总额的比重达 20%，战后的 1922 年进一步提升到 45.1%，税制结构也才真正实现了由间接税为主转为以直接税为主，税收再分配的功能才得以有效发挥。从政府财政支出的再分配功能看，如果从 19 世纪 80 年代德国率先引入养老金，到 1942 年英国普惠性的社会保障制度（“社会权利”新制度构建，史称《贝弗里奇报告》），也历时 60 多年，才建立起包括失业及无生活能力的社会救助、退休金、教育及健康保障在内的现代社会保障制度框架，至于公共教育、公共卫生、公共文化、就业及环境等各种基本公共服务由政府均等化提供、社会公众均等化分享，则要更晚。

需要指出的是，在西方国家开启如火如荼的工业文明后，中国却依然沉醉在农耕文明之中，直到晚清被迫开展的以“自强”“求富”为目标的洋务运动，也因局限于“器不如人”“技不如人”，而并没有真正认识到“制不如人”，最终也以失败而告终。由此看来，自 1949 年新中国成立特别是 1978 年改革开放，全面开启中国市场化、工业化、城镇化以及基本公共服务均等化进程，只不过几十年的时间，中国就在没有外力干预下建立起国家治理的基本制度体系，与之相适应，包括税收、转移支付、政府公共服务、社会保障等在内的各种政府再分配机制，无论是再分配范围，还是再分配规模及力度，也都取得了历史性进步。

中国漫长的农业文明，其实离我们并不遥远。20世纪60年代，在作者的童年记忆里，吃的还是母亲推磨做成的饭，穿的还是母亲纺线织成的衣，仿佛依然处在一家一户、自给自足、男耕女织、简单协作的农业文明时代，即使形式上采取了“人民公社”的生产制度和分配制度，但农业生产要素的需求和供给依然处于低水平均衡状态，生产率低下，剩余有限，难以摆脱普遍的贫困。

人类为什么摆脱农耕文明下的生产方式和分配方式，进入工业文明社会，关键在于工业文明是借助于分工、交易、技术进步，能够更为有效率地利用自然、改造自然，大幅提升生产率、推进创新，从而增进资源配置和使用效率，实现经济快速增长和社会进步。在农业文明下，即使最发达的欧洲国家，在18世纪以前，平均每年人均GDP增长速度也只有0.05%，人均收入要翻一番需要大约1400年。上下几代人的生活方式和消费水平几乎没有什么变化，作为以婚姻和血缘关系为纽带的家庭，既是生产主体和消费主体，又是分配与再分配主体。在家庭利益至上、仁义慈孝、尊老爱幼、邻里相助等伦理道德约束下，家庭成员成为休戚与共的利益共同体，同居共财、同舟共济，世代传承。家庭之外的分配和再分配，包括慈善捐赠、政府再分配等，因可供再分配的社会剩余有限，在农耕文明里也一直倡导“施取其厚，事举其中，敛从其薄”（《左传·哀公十一年》）的财政再分配政策。生产决定分配、经济决定财政是客观规律，如果财政取之无度、用之无节，唐太宗告诫官吏的“欲盛费则广、费广则赋重、赋重则民怨、民怨则国危、国危则君丧矣”（《资治通鉴》），就成为必然逻辑。况且，在“家国一体”下，“国家大事，在祀与戎”，田赋用到了祭祀和军事上，与平头百姓的切身利益相距甚远。

工业文明的生产方式和分配方式就截然不同不同了。工业文明是建立在分工、交易、专业化大生产基础之上的，“看不见的手”成为资源配置的决定性机制，以分工和交易为基础的业缘关系，取代了以血缘和地缘为基础的家庭或家族关系，家庭的经济功能被大为削弱，不再是生产单位，家庭取得的收入也是来自市场分配，家庭生产功能和分配功能外移给市场后，剩下的只是组织家庭消费功能——在家庭之外的市场上获得收入、组织家庭成员内部的消费。整个社会信奉的则是斯密的“自由竞争、自由放任”准则，国家以增加资本积累和国民财富为目标，将政府再分配范围与规模压低到最低限度，直到1910年，美国全国财政收入只有334亿美元，占GDP的比例仅为7.66%。

政府大规模的再分配并以此来缓解社会公平，始于1929年大危机以及1933年“罗斯福新政”。1936年凯恩斯发表《通论》后，为政府干预提供了坚实的理论基础。1938年，美国全国财政收入上升到861亿美元，占GDP的比重达20.31%，1945年进一步上升到2 231亿美元，占GDP的比重达30.22%。至此，可以说，自斯密发现“市场秩序”（1776）以来，发达国家一直采取的单一市场机制与私人部门制度安排被彻底打破，取而代之的是，市场与政府、私人部门与公共部门、市场初次分配与政府再分配相互交织在一起，共同解决资源配置和收入分配的混合制度安排。在混合制度下，政府通过产权、信用、契约、交易、司法等制度安排，规范市场秩序，让市场在初次分配中发挥决定性作用，以增进经济公平；同时，政府通过税收、公共开支、社会保障以及公共教育、卫生、就业培训、公共廉租房等制度安排，对市场分配的结果进行再分配，以控制基尼系数，改善社会公平，同时辅之以其他非政府主体的再分配补充作用，如慈善捐赠、社会组织救助等，这种复合型的分配与再分配制度安排，成为现代市场经济国家的普遍选择，已形成了成熟、完善的制度体系，业已成为社会各界普遍、稳定的心理预期。中国自1978年开启渐进式市场化改革历程起，如今已走过了近40个年头，现代市场经济的基本框架业已搭建起来，但是，由于中国市场分配与政府再分配都存在着规则不统一、制度不完善等缺陷，造成社会成员的机会不平等、权利不平等，并成为影响居民收入分配差距和财产占有差距的主要原因，成为整个社会的集体焦虑。

三、市场初次分配制度性缺陷及矫正路径

初次分配是再分配的基础，它涉及的范围广、规模大，解决的是基础性的分配关系——要素报酬归属，即“归谁所有”以及“所有多少”的问题。在市场分配领域，不仅资本、土地、技术、管理等生产要素成了商品（资本品），而且劳动力也成了商品，其价格（要素报酬）都由供求关系来决定，形成工资、红利、利息、地租、版权、专利等“初次分配收入”结构。由于要素所有者的资源禀赋存在差异，初次分配收入存在差距是理所当然的。例如，因不同的劳动者受教育程度、体力精力等差异，劳动收入也有差距是必然的、而且也是无可厚非的，一个没有劳动能力的人，在市场上甚至得不到任何劳动收入，这也并不违背“不劳不得”的市场分配准则。初次分配收入，可能会因非市场再分配而有所增加（如接受政府的财政转移支付和他人的捐

赠等)，或者有所减少（如缴纳税费或者捐赠他人)，考虑再分配因素后最终形成的居民“可支配收入”，首先用于即期消费，剩下的用于私人投资。至于个人缴纳的税款，则形成了政府的公共收入，并最终转化为各种公共品，满足公共需要，这已属于再分配范畴。

在初次分配环节，政府的职责是通过法律法规规范市场分配秩序，并通过税收、补贴等经济手段加以间接调节，一般不直接干预，以免造成市场价格扭曲，导致市场效率损失。中国的市场化改革是渐进式推进的，迄今，尚未建立起按劳分配和按要素分配相结合的规范、公平、统一的体制机制及实现形式，机会不平等、权利不平等、规则或制度不平等和不统一，使得各种要素的贡献难以按公平的市场价值实现，广泛存在的权力资本、城乡分割、地方垄断、行业垄断、“灰色收入”等，成为不合理、不公平的初次分配收入差距的主因。

解决市场初次分配不公问题，应以机会平等、权利平等和规则平等为基点，规范市场秩序，整合、统一市场分配制度。如完善资源占有和配置、资金分配和融通、市场准入等法律法规，以为各类市场主体创造初次分配的公平起点和公平竞争机会；整合、统一国有与非国有、垄断性行业与非垄断性行业的差别待遇制度；整合、统一地区间、城乡间、不同社会群体间的劳动权益保护制度；完善公共资源、土地和其他自然资源进入市场交易的制度；增强财政收支包括税费减免、财政补贴、专项转移支付资金、政府采购、公共工程招投标、财政投融资等影响市场竞争、市场分配的财政活动规范性和透明度，以防止权钱交易、设租寻租等腐败行为。

四、政府再分配制度性缺陷及矫正路径

以“要素贡献率”为尺度的市场初次分配，是高度资本化、商品

化和货币化的，甚至连劳动力都成了商品，对丧失劳动能力的人而言，因没有任何“交易价值”，就得不到任何劳动收入。一个国家、一个社会如果是完全商品化、资本化和货币化的，那么，就只有“丛林法则”的自然属性，而没有“丛林法则”的社会属性，这样的初次分配制度显然是反人性的。从这个意义上说，再分配本质上是回归人性——一个人，即使没有劳动能力或者失去劳动能力，他的生存权及其他权利也不能被剥夺，政府是社会公正正义的化身，以政府为主体的再分配，其最终目的在于平等尊重和保护公民基本权利、共享发展成果。

政府再分配分为政府收入与政府支出两个环节。政府收入层面的社会公平，核心是税负归宿公平，包括税收负担归宿的横向公平与纵向公平；政府支出层面的社会公平，核心是基本公共服务的受益归宿公平，包括政府用税收垫付成本的公共教育、公共卫生、公共文化、公共廉租房以及就业、环境等“一揽子”公共服务，政府应该“一视同仁”提供，城乡居民不分种族、出身、职业、户籍、居住地等大致均等化地分享。政府通过税收负担归宿的再分配和财政支出最终受益的再分配，客观上，具有缩小市场初次分配的基尼系数、为每个个体的生存与发展创造平等机会的功能。世界银行以“公平与发展”为主题的《2006年世界发展报告》指出：社会对于机会平等的关注应该胜于对收入平等的关注，机会不平等是深层次的原因，而收入不平等只是经济发展的一个结果。审视中国政府再分配制度安排，相对于高收入群体和经济社会地位高的群体，中低收入群体税负相对重、公共服务受益水平相对低，政府财政再分配的“一高一低”将中低收入群体置于生存和发展机会更为不利的地位，中低收入群体向上流动变得日益困难，社会阶层固化、分化加剧。

从中国政府收入制度安排层面看，1994 年中国建立了以增值税、消费税、营业税以及教育费附加、城市维护建设费等为主的税收制度，并实现了税收收入连年大幅超经济增长，然而，这样的税制体系，其税负归宿总体上是累退性的。2016 年全国税务部门组织的税收收入已高达 115 878 亿元，其中，国内增值税达 40 712 亿元，营业税 11 502 亿元，国内消费税 10 217 亿元，进口货物增值税、消费税 12 781 亿元，城市维护建设税 4 034 亿元，间接税合计占税收收入总额的比例达 70% 以上，近年来个人所得税尽管持续增长，2016 年也才刚刚突破 1 万亿元大关（10 089 万亿），企业所得税 28 850 亿元。众所周知，间接税是暗含在商品和服务价格之中的，不论收入水平高低、消费能力强弱、财产水平多寡，只要购买和消费同一种商品或服务，事实上就承担了该种商品或服务中的税负，收入水平和财产水平越低，相对税负就越重，换言之，规模如此庞大的间接税，是在生产环节和交易环节征收的，但最终又被生产经营者加在商品或服务价格之中归宿到消费者身上，因其累退性，广大中低收入群体事实上成了间接税税负的主要承担者，即使没有任何纳税能力的人，在其消费的即便是最基本的消费品中也包含着间接税，这显然有违税收公平准则。

从中国政府支出制度安排层面看，在中国市场化进程中，不仅基本公共服务供给水平低，而且均等化水平也低。前者归因于经济发展与社会事业发展的失衡，后者则根源于计划经济沿袭下来的差异化、歧视性的“二元”经济、“二元”社会、“二元”财政以及“二元”公共服务提供和分享制度安排，在这种制度安排下，公民在教育、就业、养老等方面的各种权利，都是与户籍、职业、居住地等“挂钩”的，而不是与公民权利“挂钩”的。这种“挂钩”与“脱钩”的错位，导致地区间、城乡间以及不同社会群体间的基本公共服务受益水平存在巨大差距，广大中低收入群体特别是农村居民，无论是公共服务受益的数量、质量，还是方便可及程度，与经济社会地位高的群体比较，都相距甚远。

增强政府再分配的社会公平功能，核心在于按照权利公平、机会公平、规则公平原则，从制度上解决“两个归宿不公”问题。在中国工业化和城镇化进程中，农村居民以农业税、工农业产品价格“剪刀差”、各种间接税等，承担了繁重税负、分享的公共服务又打了“折扣”，以此为中国工业化和城镇化提供积累，实属不得已而为之。如今的中国已成为世界第二大经济体，2016 年，全国一般公共预算收入就达 159 552 亿元，一般公共预算支出达 187 841 亿元，应该说已经具有足够的财政经济能力，解决税收负担归宿的制度性转型和公共服务受益归宿的制度性转型问题。

在税收负担归宿制度转型上，核心是分阶段、有步骤地持续推进间接税为主向直接税为主的转变，其中，个人所得税主体税种的培育又最为重要。从税制结构演化的历史进程看，税负归宿由间接税为主向直接税为主转变是曲折复杂的，其中，将个人所得税培育为主体税种、并为社会各阶层所认可，在英、美国家都经历了“征－停－征”的剧烈转换，最终借助第一次世界大战“战争－财政赤字－公债还本付息”确立下来。新中国成立后，早在 1950 年 7 月政务院公布的《税政实施要则》中，就曾列举了“薪给报酬所得税”税种，但因实行低工资制，却一直没有开征。直到 1980 年，全国人大颁布《中华人民共和国个人所得税法》，个人所得税制度建设才重被提上议程。遗憾的是，市场化进程中的税制演变，并没有合理平衡直接税与间接税关系，过于强调税收效率功能、财政收入功能，极大削弱了税收再分配的公平功能，整个税制沿着间接税“畸重”与直接税“畸轻”的路径演化。在个人所得税税制上，就是通过提高扣除标准，让越来越多的人退出纳税人行列，以至于目前个税纳税人只剩下2 800万人，加上世纪之初取消了农业税，中国公民与国家大都没有直接的税收联系，纳税意识淡薄、公民意识淡化，对现代国家治理制度、现代民主政治制度建立都是极为不利的。直接税特别是个税被边缘化，政府收入越来越倚重于税负归宿不透明、不公平的间接税，这与发达国家税制演化的方向形成了截然相反的对照。没有个税主体税种地位的确立，不可能建立真正的直接税为主的税制，也不可能建立真正的现代税制，从而，也就难以“打牢”国家治理体系和治理能力现代化的根基，可以说，这是绕不过的“槛”。在制度路径上，只有确立税负归宿“暗”改“明”的大方向、确立个税在整个税制体系中的主体税种地位，才可能优化直接税与间接税结构，接下来，才可能进一步优化直接税、间接税各自内部的税种结构，包括健全和完善财产税制度、开征遗产税等，最后，才能优化个人所得税的税制要素，包括税率结构优化、课征制度优化等，而中国恰恰相反。

在财政支出受益归宿制度转型上，核心是以公民权利平等、规则平等为基点，按照保基本、兜底线、全覆盖原则，持续推进基本公共服务均等化。人们在共同发展中互为发展，共享社会发展成果，是社会平等的必然要求。共享发展关乎每个社会成员的价值和尊严，关乎每个社会成员都具有平等的权利和地位。教育、卫生、文化等各种公共服务，是各种公民权利得以平等尊重和实现的载体和具体体现，政府一视同仁提供、公民大致均等化分享，也是社会公正正义实现的基本路径。从中国的实际情况看，基本公共服务均等化有一个“还欠账”的过程，换言之，在未来一段时期内，需要持续加大向贫困人口、社会弱势群体、农村地区基本公共服务供给的倾斜力度，在这个过程中，大力整合、调整“三六九等”的差异化、歧视性、碎片化的公共支出制度，逐步建立起统一、规范、公平、透明的“一揽子”公共服务提供和分享制度体系。

作者工作单位：武汉大学

从贸易再平衡到生态再平衡*

——基于贸易结构与雾霾污染的实证研究

◇ 白彦锋　董雨浦

摘　要：随着社会经济的发展，雾霾已经成为中国经济“新常态”无法回避的生态难题。作为经济增长的驱动力之一，贸易对环境的效应引发了广泛的讨论。本文检验了以我国工业制成品的出口额解释的贸易结构对本土雾霾污染的实证效应，结果表明自1985年以来我国工业制成品的出口对本土的雾霾污染具有正向影响。在构造模型的过程中，根据环境库兹涅茨曲线假说引入了人均国内生产总值并进行相应处理后取对数作为模型的控制变量之一，同时考虑到汇率变动对国内出口企业生产的影响从而间接对出口国的环境产生威胁，将其取对数处理后作为模型的第二个控制变量。随后的

* 本文受到国家社科基金重点项目《我国雾霾成因及财政综合治理问题研究(15AZZ010)》和“中财—鹏元地方财政投融资研究所”的资助。

Breusch-Godfrey 检验表明原模型存在随机误差项的二阶自相关，所以运用广义最小二乘法进行了差分修正。另外，本文从我国当前经济发展阶段的角度对我国对美国等发达国家同时具有贸易顺差和“生态逆差”进行了原因分析，并指出单纯地鼓励出口政策带有较强的“负外部性”，突出表现在对本土生态环境的负面影响。最后针对美国片面关注贸易差额而推动的“逆全球化”，本文建议中国对美的贸易顺差与“生态逆差”需要综合考量，并且自身需要深化供给侧结构性改革、推动我国产业结构转型升级，加大力度鼓励企业走出去，助推贸易结构优化净化，以此实现贸易和生态的“双赢”。

关键词：贸易结构；工业制成品；雾霾污染；生态逆差

一、引言

近年来，雾霾污染问题逐步从地区典型个例演变为一种区域性、带有一定全国普遍性的环境问题和社会问题，雾霾频发已经成为中国经济“新常态”无法回避的生态难题。以京津冀、长三角、珠三角三大“重灾区”为典型代表，雾霾污染严重威胁到公众的生活与健康，同时也造成社会经济发展在吸引投资、人才引进等方面严重受阻。在2014年“APEC蓝”大热后，各界人士均聚焦于分析雾霾之因、防治雾霾之源的研究上，但却莫衷一是。而随着大气环境问题受到重视，长期被认为有助于促进国际经济发展、推动国家福利改善的自由贸易所产生的收益问题受到了不小的质疑，不少人将国际贸易所带来的环境隐患与雾霾问题相联系。中国自实施对外开放“三步走”战略及一系列包括出口退税在内的税收减免政策以来，一向鼓励“两头在外”

的外向型经济，在此期间，出口产品中资本密集型产品占比提高显著，由 1980 年的 11.98% 增至 2015 年的 52.39%。问题在于，外贸出口的资本密集型产业中，具有代表性的冶金工业、石油工业、机械制造业等行业均具有高污染、高排放的特征，中国极有可能沦为国际经济体制中的“污染天堂（Pollution Heaven）”，将雾霾等问题留在本土。更令人担忧的是，在稳增长和促环保等“双重压力”之下，地方政府和企业可能通过“共谋”将污染通过高压手段直排深层地下水，其污染形式更加隐蔽、环境污染危害更加深远。因此，深入探索导致我国雾霾污染问题严重的成因，剖析其与贸易开放是否存在关联性及关联程度，对平衡实现经济发展与环境治理的双重目标、推进我国经济转型升级和国际贸易健康发展都具有重大的现实意义。

二、文献综述

雾霾污染，不纯粹是一个环境问题，也不简单是一个经济问题，围绕其产生的原因和防治的措施等问题已经引起了国内外不少学者的热切关注。基于此，本文的文献综述主要从雾霾的经济成因与雾霾的防治两个方面展开。

对于导致雾霾频发的经济因素分析中，Easy 和 Geradin（1998）基于理论层面指出，全球贸易自由化的结果是各国降低环境管制标准，以维持或增强本国竞争力，从而导致出现了“向底线赛跑”的环境宽松标准竞争（Competition in Laxity）现象；将视角缩小至国内，李猛（2009）恰恰从财政体制根源的角度论证了这一现象，得出 GDP 单维度的晋升激励机制，结合分税制下的地方税收收入不足，使得政府降低环境软约束以追求经济增长，由于环境具有强外溢性的公共特征，导致地方与地方之间以邻为壑、逐底竞争（race to the bottom）的现象频发；与环境标准竞争择次假说相关联的，杨来科、张云（2012）把环境要素纳入赫克歇尔—俄林（Heckscher-Ohlin，H-O）模型验证了“污染天堂假说”，指出环境规制差异会加深专业化生产程度，发展中国家扩大生产污染产品而发达国家扩大生产清洁产品，专业化生产和自由贸易加剧了发展中国家的污染水平。现实的情况则是南北间的自由贸易加剧了发展中国家的排放强度，同时这也是发达国家将雾霾“交接”到发展中国家的重要原因；马丽梅、张晓（2014）运用空间计量方法，探讨了中国31个省本地与异地之间雾霾污染的交互影响问题，分析指出产业转移加深了地区间经济与污染的空间联动性，并建立空间环境库兹涅茨曲线（Environmental Kuznets Curve，EKC）回归模型发现污染水平与能源结构以及产业机构的变动息息相关。冷艳丽、杜思正（2015）基于2001—2010年中国省际面板数据，通过建立固定效应模型（Fixed Effects Model）进行回归分析，结果表明：产业结构与雾霾污染正相关，即工业占GDP比重的增加会加剧雾霾污染，城市化的推进对雾霾污染具有正向影响，并且城市化水平越高，产业结构对雾霾污染的影响越大；产业结构越不合理，城市化对雾霾污染的程度也更显著。此外，模型控制变量的检验结果表明地区生产总值与雾霾污染显著负相关，而贸易开放度与其显著正相关，沿海地区产业结构和城市化以及二者的交互项对雾霾污染的正向影响均大于内陆地区。康雨（2016）则运用中国31个省1998—2012年PM2.5的数据，在空间计量分析的基础上同时考虑模型本身的内生性，分析证实了贸易开放对雾霾具有加剧效应的结论。

在雾霾治理方面，周景坤、杜磊（2015）则认为税收政策，包括征税政策和优惠政策，可以通过直接作用于企业和个人的成本—收益关系，从而引导和调节其经济行为，以达到产业无霾化和消费绿色化的目标，同时从国外雾霾防治税收政策工具的实践中得到启示：丰富能源、废气、以及机动车相关税种，优化现有消费税和资源税等税收政策，扩大直接减免、投资抵免以及加速折旧等一系列优惠政策范围空间；魏巍贤、马喜立（2015）利用了2010年中国投入产出延长表及相关数据资料，在构建中国社会核算矩阵（SAM）的基础之上，建立了中国动态可计算一般均衡模型（CDCGE），并结合情景模拟分析法，得出在加快能源清洁技术进步、提高能源利用效率的基础上并以硫税或碳税为工具降低能源强度是实现污染物减排与雾霾治理、经济增长损失最小化双重目标的最优政策选择。同时指出，如果没有其他政策配合，单独提高能源利用效率会使得能源使用成本降低而逆向增加能源消费，进而加剧大气污染；从机动车尾气排放对雾霾污染的形成机制考虑，Y. Chen 和 G. Z. Jin 等（2013）研究发现北京实行的限号限行政策确实能一定程度上缓解空气污染、改善空气质量，而这种改善效果的持久性大大取决于政策干预的持续性；另外从机动车出的行成本角度看，席鹏辉、梁若冰（2015）基于2005—2013年的中国城市日度数据，实证分析了油价对空气污染的影响效应，结果表明油价的提高无法改变一个地区的整体空气质量，这主要是因其对私人汽车、公共汽车以及摩托车无显著效应、而仅通过非私人汽车和出租车的使用变化来影响空气质量。

从已有的文献来看，对雾霾污染的研究无论是成因还是治理在一定程度上都是相当完备的。然而，尽管前述文献中有关于贸易会由于不同发展水平国家的环境规制标准差异而造成发展中国家雾霾污染的理论阐述，也有贸易自由度会加剧雾霾污染的实证分析，但却鲜有涉及贸易内部的差异性从而基于贸易结构与雾霾污染之间的关系而展开的研究。本文在现有研究的基础上，试图构建计量模型，旨在通过实证检验回答雾霾污染与贸易结构之间的内在联系。

三、模型设定与数据分析

（一）雾霾—贸易结构的计量模型设定

外国学者 Grossman 和 Krueger（1992）最早借助经验模型方程对环境库兹涅兹曲线（Environmental Kuznets Curve，EKC）进行分析，开启了经济发展与环境污染之间的实证研究。在这里，为了检验雾霾污染与贸易结构之间是否存在相关性及相关程度如何，本文借助 EKC 曲线的基本分析框架，构建如下计量模型：

$$\ln WMWR_t = \alpha_0 + \alpha_1 \ln(Ex\_Indusgoods_t) + \alpha_2 (\ln PGDP_t)^2 + \alpha_3 \ln Exch_t + \varepsilon_t \quad (1)$$

其中，t 表示年份，WMWRt 表示雾霾污染，$Ex\_Indusgoods_t$ 表示工业制成品出口额，PGDPt 表示人均国内生产总值，Excht 表示人民币对美元的外汇汇率，ε_t 反映了各年特定因素的影响，为随机误差项。对于可能存在的异方差问题，本文通过对各变量取自然对数的形式，从源头上消除异方差性对模型的干扰。

对模型（1）的变量设定与解释如下：

1. 被解释变量：WMWR。由于国内有关 PM2.5 及 AQI 等长期数据的缺失，而雾霾的主要组成成分为二氧化硫、氮氧化物以及可吸入颗粒物，因此，本文在真实数据可测的原则下选择以二氧化硫的年度排放量（万吨）来表征我国历年来的雾霾污染程度。

2. 核心解释变量：Ex_Indusgoods。自我国加入WTO以来，伴随着贸易开放刺激经济增长、经济发展带动贸易开放，更多的“中国制造”产品走向世界。在贸易出口的结构中，商品类型分为初级产品和工业制成品。不难理解，结合我国自20世纪80年代至21世纪初曾存在的高度人口红利，工业制成品的生产与贸易是我国经济发展的重要推动力量之一。然而，工业制成品的生产不可避免地会造成环境污染问题，中国极有可能“挥霍”自己的环境禀赋，将产品送往世界，把雾霾留在本土。因此，工业制成品的出口额与雾霾污染之间的关系在某种意义上可以反映中国是否沦为世界工厂的“污染避难所”。

3. 控制变量：本文在将工业制成品出口额作为核心解释变量的基础上，加入了人均国内生产总值和人民币对美元的汇率这两个控制变量，使模型的拟合更优化。

①人均国内生产总值：PGDP。Grossman等（1992）借鉴Kuznets（1955）所提出的经济发展与收入差距变化呈倒“U”型的假说，验证了经济发展与环境质量之间同样也呈现出一个倒“U”型的曲线关系，即经济发展初期，经济发展意味着更大规模的经济活动与资源需求量，结果人均收入的提高将会导致环境质量的下降；一旦经济发展超越了某一临界值点，经济发展又通过正的技术进步效应以及结构效应（如产业结构的升级与优化）减少了污染排放，结果人均收入的进一步提高反而会有助于降低环境污染、改善环境质量。因此，本文参考EKC曲线的内在机制，将人均国内生产总值作为控制变量之一。经可靠数据作散点图可以验证得到（见图1），表示雾霾污染的指标和人均国内生产总值分别取对数后，符合EKC曲线的倒“U”型特征，即在模型中加入（$\ln PGDP)^2$ 在理论上是可行的。而数据来源会在后文中介绍。

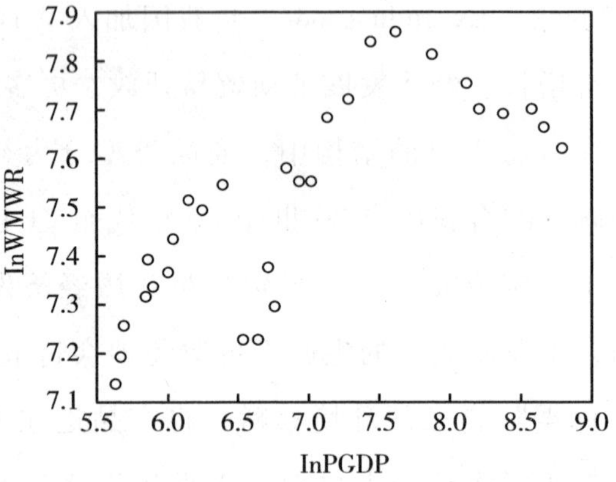

图 1 lnWMWR 与 lnPGDP 的散点图

②人民币对美元的汇率：Exch。根据经济学原理，出口国对进口国的外汇汇率变动会给出口国企业尤其是贸易企业的生产施加直接影响，进而对出口国的环境形成间接威胁。美国作为中国的第一大进口国，如果汇率（按直接标价法，人民币/美元）上升，将导致人民币贬值，那么中国出口产品的实际价格会下降，在其他因素不变的情况下，中国的企业会由于实际收入的减少而减产、停工停产，从而减轻了中国环境的压力。相反，如果汇率下降，结论将变成中国企业尤其是出口企业会为扩大出口而加大生产力度，加剧了对环境的破坏。

（二）数据来源及说明

历年二氧化硫排放量的数据来源于 1986 年至 2014 年每年的《中国统计年鉴》中各地区废气排放及处理情况如表 1 所示。其中，1985—1987 年、1988—1996 年、1997—2013 年的观测地区分别为我国的 29、30、31 个省级行政区（均不包括港、澳、台地区），30 个观测地区中将重庆市归入四川省，而 29 个观测地区则是排除了海南省。

表 1　**1985—2013 年中国全国二氧化硫排放总量**　单位：万吨

年份	二氧化硫排放量	年份	二氧化硫排放量
1985	1 325	2000	1 959.75
1986	1 250.00	2001	1 909.83
1987	1 412.00	2002	1 905.76
1988	1 523.00	2003	2 158.50
1989	1 565.00	2004	2 254.90
1990	1 494.00	2005	2 549.40
1991	1 622.00	2006	2 588.70
1992	1 685.00	2007	2 468.10
1993	1 795.00	2008	2 321.23
1994	1 825.00	2009	2 214.40
1995	1 891.00	2010	2 185.15
1996	1 363.57	2011	2 217.91
1997	1 362.63	2012	2 117.63
1998	1 593.02	2013	2 043.92
1999	1 460.09		

注：2000—2002 年，可得数据仅有工业二氧化硫排放量而缺少生活二氧化硫排放量，故根据前后 5 年的线性趋势进行了估计补充。

资料来源：根据 1986—2014 年各年《中国统计年鉴》整理得到。

工业制成品的贸易出口额数据来源于 1986—2014 年《中国统计年鉴》、2006—2013 年《中国贸易外经统计年鉴》中按国际贸易标准分类的出口商品金额如表 2 所示。根据《中国统计年鉴》的分类标准，工业制成品包含了化学品及有关产品、橡胶制品和矿冶制品、机械及运输设备、杂项制品等，均易产生污染性气体及可吸入颗粒排放物。

表 2　　　　1985—2013 年中国出口货物分类金额

单位：亿美元（现价）

年度	初级产品出口额	工业制成品出口额	年度	初级产品出口额	工业制成品出口额
1985	138.28	135.22	2000	254.60	2 237.43
1986	112.72	196.70	2001	263.38	2 397.60
1987	132.31	262.06	2002	285.40	2 970.56
1988	144.30	331.10	2003	348.12	4 034.16
1989	150.78	324.60	2004	405.49	5 527.77
1990	158.86	462.05	2005	490.37	7 129.16
1991	161.45	556.98	2006	529.19	9 160.17
1992	170.04	679.36	2007	615.09	11 562.67
1993	166.66	750.78	2008	779.57	13 527.36
1994	197.08	1 012.98	2009	631.12	11 384.83
1995	214.85	1 272.95	2010	816.86	14 960.69
1996	219.25	1 291.23	2011	1 005.45	17 978.36
1997	239.53	1 588.39	2012	1 005.58	19 481.56
1998	204.89	1 632.20	2013	1 072.68	21 017.36
1999	199.41	1 749.90			

资料来源：根据《中国统计年鉴》《中国贸易外经统计年鉴》历年数据整理得到。

而我国人均国内生产总值的数据来源于世界银行数据库（World Bank Open Data）中的 1960—2015 年中国人均 GDP 筛选整理得到如表 3 所示；人民币对美元汇率的数据来自于美国圣路易斯联邦储备银行经济研究部（Economic Research Division, Federal Reserve Bank of St. Luis）所统计的年度人民币对美元的汇率中间价，如表 4 所示。

表 3　　　1985—2013 年中国人均国内生产总值　单位：美元（现价）

年份	人均 GDP	年份	人均 GDP
1985	294.46	2000	959.37
1986	281.93	2001	1 053.11
1987	251.81	2002	1 148.51
1988	283.54	2003	1 288.64
1989	310.88	2004	1 508.67
1990	317.89	2005	1 753.42
1991	333.14	2006	2 099.23
1992	366.46	2007	2 695.37
1993	377.39	2008	3 471.25
1994	473.49	2009	3 838.43
1995	609.66	2010	4 560.51
1996	709.41	2011	5 633.80
1997	781.74	2012	6 337.88
1998	828.58	2013	7 077.77
1999	873.29		

资料来源：世界银行数据库：http://data.worldbank.org.cn。

表 4　　　1985—2013 年人民币对美元的汇率

年份	一美元可兑换的人民币数	年份	一美元可兑换的人民币数
1985	2.94	1992	5.52
1986	3.46	1993	5.78
1987	3.73	1994	8.64
1988	3.73	1995	8.37
1989	3.77	1996	8.34
1990	4.79	1997	8.32
1991	5.33	1998	8.30

续表

年份	一美元可兑换的人民币数	年份	一美元可兑换的人民币数
2000	8.28	2007	7.61
2001	8.28	2008	6.95
2002	8.28	2009	6.83
2003	8.28	2010	6.77
2004	8.28	2011	6.46
2005	8.19	2012	6.31
2006	7.97	2013	6.15

资料来源：美国圣路易斯联邦储备银行经济研究部网站：https://fred.stlouisfed.org/series/AEXCHUS。

四、实证检验与模型修正

（一）普通最小二乘回归结果

本文的研究重点在于系数 α_1，即工业制成品的出口额与雾霾污染之间是否存在关系以及关系如何。若为显著为正，则说明工业制成品的出口额与雾霾污染程度存在正相关性；反之则存在负相关性。根据上文数据，表 5 给出了 1985—2013 年时间序列样本的最小二乘回归估计。

表 5　模型 OLS 回归结果

	ln（Ex_Indusgoods）	$(\ln PGDP)^2$	lnExch	常数项	观测值	调整后 R^2	F 统计量	DW
lnWMWR	0.478*** (0.071)	-0.032*** (0.006)	-0.390*** (0.099)	6.140*** (0.131)	29	0.845	51.925	1.472

注：1. 括号内为稳健标准误差；

2. *** 表示各估计参数的 t 统计值在 1% 的水平上显著，即 p 小于 0.01。

方程的普通最小二乘估计结果为：

$$\ln WMWR_t = 6.14 + 0.478\ln(Ex\_Indusgoods_t) - 0.032(\ln PGDP_t)^2 - 0.39\ln Exch_t \quad (2)$$

首先，从判定系数来看，调整后的 R^2 为0.845接近1，表明方程的拟合优度较高，模型较为准确地反映了解释变量对被解释变量的影响程度。从回归结果不难看出，参数 $\alpha_1>0$，意味着我国工业制成品的出口在1%的显著性水平上对雾霾污染具有正向影响，具体体现在工业制成品的出口额每变动1%，雾霾污染的程度就会增加约0.48%，这也就意味着，我国作为出口大国，以工业制成品为重的贸易结构使得保留在国内的加工生产环节对当下国内的雾霾污染产生了重大影响。此外，模型的回归结果同时得出了参数 $\alpha_2<0$，一定程度上验证了被广泛认可的环境库兹涅兹曲线，即环境污染与人均国内生产总值之间确实存在着一种"倒U型"关系。并且参数 $\alpha_3<0$ 也证明了前文中对汇率会间接影响国内企业生产和污染排放的理论猜想。

（二）自相关检验及模型修正

本文建立的模型采用的是时间序列数据，因此采用线性回归时的误差项可能存在序列相关，而导致回归系数的OLS估计不再具有最优性。在此，采用布罗施—戈弗雷（Breusch-Godfrey，B. G）检验。借助Eviews 9.0软件，得到结果如表6所示。

表6　Breusch-Godfrey Serial Correlation LM Test

F-statistic	0.939891	Probability	0.4052
Obs * R-squared	2.191083	Probability	0.3344

检验结果中LM统计量在5%的显著性水平上不显著（$P=0.3344>0.05$），说明原模型具有二阶自相关性。为此，本文采用广义最小二乘法对原模型进行自相关的修正。首先，估计自相关系数 ρ。然后分别对

被解释变量和各解释变量作二阶广义差分变换。根据残差进行二阶回归的结果：

$$\hat{u} = 0.950\hat{u}_{t-1} - 0.365\hat{u}_{t-2} + v_t \quad (3)$$

$$(0.161)^{***} \quad (0.099)^{***} \quad R^2 = 0.59, s.e. = 0.04, DW = 0.87$$

进而作如下二阶广义差分：

$$GDlnWMWR_t = lnWMWR_t - 0.950lnWMWR_{t-1} + 0.365lnWMWR_{t-2} \quad (4)$$

$$GDln(Ex\_indusgoods_t) = ln(Ex\_indusgoods_t) - 0.950ln(Ex\_indusgoods_{t-1}) + 0.365ln(Ex\_indusgoods_{t-2}) \quad (5)$$

$$GD(lnPGDP_t)^2 = (lnPGDP_t)^2 - 0.950(lnPGDP_{t-1})^2 + 0.365(lnPGDP_{t-2})^2 \quad (6)$$

$$GDlnExch_t = lnExch_t - 0.950lnExch_{t-1} + 0.365lnExch_{t-2} \quad (7)$$

根据式（4）、式（5）、式（6）、式（7），得到广义最小二乘回归结果如表7所示。

表7　模型广义最小二乘回归结果

	GDln（Ex_Indusgoods）	GD $(lnPGDP)^2$	GDlnExch	常数项	观测值	调整后 R^2	F统计量	DW
GDlnWMWR	0.566*** (0.050)	-0.040*** (0.004)	-0.456*** (0.062)	5.949*** (0.098)	27	0.943	144.995	1.07

同样地，根据B.G检验的结果显示（见表8），在5%的显著性水平上模型的自相关性已经消除。那么，原模型经修正后的广义最小二乘估计结果为：

$$\ln WMWR_t = 14.795 + 0.566\ln(Ex\_Indusgoods_t) - 0.04(\ln PGDP_t)^2 - 0.456\ln Exch_t \quad (8)$$

表 8 Breusch-Godfrey Serial Correlation LM Test

F-statistic	4. 380697	Probability	0. 0481
Obs * R-squared	4. 483536	Probability	0. 0342

可见，修正后的模型结果拟合程度更好。另外，各参数的正负和显著性水平均未发生变化，故在此不再赘述各个解释变量与被解释变量之间的关系。

五、我国贸易“生态逆差”的现实分析

我国的商品贸易结构之所以会与雾霾等环境污染之间存在如此显著的关联性，很大程度上是由我国当前的经济发展阶段所决定的，换句话说，我国对美国等发达国家之所以同时具有贸易顺差和“生态逆差”，与我国的经济增长模式以及相应的政策安排是密不可分的。

当前，我国经济正处于转型升级的关键时期，加工制造业等第二产业依然在我国国民经济中举足轻重。2016 年，第二产业占 GDP 的比重仍然有 39. 8%。这样的产业结构无疑需要国家在国际市场上发挥对应的产品优势，进而就决定了我国在进出口税收政策安排上会坚持“出口导向”。就目前来看，这种“出口导向型”的税收政策安排具体体现在以下两个方面：其一是实行普遍的出口退税政策，具体包括增值税和消费税。尽管过去不包括营业税，但是 2016 年 5 月 1 日营改增政策试点在全国全面推开之后，我国增值税的出口退税当中事实上已经包括了过去的营业税。也就是说，我国出口退税力度在进一步加大。尽管实施出口退税是符合 WTO 规定的国际惯例，也是避免流转税重复

课税的重要举措，但是考虑到我国以流转税为主的税制结构，出口退税政策确实对出口起到了非常重要的激励作用。其二是针对加工贸易的特殊税收优惠。尤其是来料复出口的原材料和市场“两头在外”的贸易形式，我国在流转税上基本实行了不征不退的政策待遇。这些进出口的税收政策安排对鼓励出口都起到了非常重要的作用，作为拉动经济增长的出口、消费和投资的“三驾马车”之一，进出口的税收政策对于鼓励出口、拉动经济增长确实功不可没。如表9所示。

然而，单纯的鼓励出口政策带有较强的“负外部性”，突出表现在对本土生态环境的负面影响。在我国加工制造业为主以及“两高一资”产业方面，这一点表现得尤为突出。例如，在油气资源领域，近些年来中央不断放开初级资源性产品的进口权而更广泛地运用出口退税鼓励中间产品、工业制成品的出口，以此拉动GDP的增长。工业制成品的出口低门槛，恰好使得追求政绩的地方政府更加鼓励当地外贸加工制造企业的发展，甚至在为更多的外贸加工企业转移到本地区而竞争，不断“朝环境底线赛跑”。

表9　原油进口使用权、成品油出口退税政策简表

2006.11.16	《原油市场管理办法》	规定申请原油进口销售资格的企业，要注册资本不低于1亿元人民币、年进口量在50万吨以上、拥有库容不低于20万立方米的原油油库。高准入门槛使得原油进口权主要掌握在国营石油企业手中
2015.02.16	《国家发展改革委关于进口原油使用管理有关问题的通知》（发改运行〔2015〕253号）	出台了较为详尽的进口原油使用资质的申请条件，允许符合条件的地方炼油厂在淘汰一定规模落后产能或建设一定规模储气设施的前提下使用进口原油
2015.7.23	《商务部关于原油加工企业申请非国营贸易进口资格有关工作的通知》	明确了符合条件的原油加工企业可获得原油进口资格，并设定了一系列前置条件

续表

2016.8.18	《国家发展改革委办公厅关于进一步规范原油加工企业申报使用进口原油有关工作的通知》（发改电〔2016〕485号）	要求各原油加工企业严格执行各项申报条件，切实加强评估管理，淘汰落后产能，严厉打击偷逃税等违法违规行为
2016.11.4	《关于提高机电、成品油等产品出口退税率的通知》	经国务院批准，自2016.11.1起提高成品油（汽油、柴油、航空煤油）等产品的增值税出口退税率至17%

资料来源：国家发改委、商务部以及财政部网站。

从这种意义上讲，即使我国2018年开征了环境保护税，或者进一步研究开征碳税，但是税制结构内部深层次单纯鼓励出口的政策没有根本“理顺”，税制当中的“车马炮”不动、“兵象士”在那里“虚晃一枪”，那么就相当于环境污染的“病灶”不除，雾霾等生态文明问题还将“挥之不去”。出口导向的进出口税收政策安排是由我国产业发展阶段决定的“必然选择”。可见，目前经济模式和政策背景下的贸易方式，我国在贸易上算账是“得分”的，生态上却是“失分”的，在以污染本土环境为代价“为他人做嫁衣”。

六、结论及展望

（一）主要结论

本文检验了以我国工业制成品的出口额解释的贸易结构对本土雾霾污染的实证效应，结果表明自1985年以来我国工业制成品的出口对本土的雾霾污染具有正向影响。在构造模型的过程中，根据环境库兹涅茨曲线假说引入了人均国内生产总值并进行相应处理后取对数作为模型的控制变量之一，同时考虑到汇率变动对国内出口企业生产的影响从而间接对出口国的环境产生威胁，将其取对数处理后作为模型的第二个控制变量，回归结果的参数符号以及显著性水平均验证了该二项控制变量引入的正确性。随后考虑到模型的数据属性进行了自相关检验。结果表明原模型存在随机误差项的二阶自相关，所以本文运用广义最小二乘法进行了差分修正，最后得出消除自相关后的回归结果。我们可以从最后的回归结果解读到：工业制成品的出口额每增加一个百分点，我国雾霾污染的程度就会提高约 0.5 个百分点。可见，工业制成品出口背后带来的环境负效应不容小觑。

此外，本文从当前经济发展阶段的角度进行了原因分析。我国对美国等发达国家之所以同时具有贸易顺差和“生态逆差”，与我国的经济增长模式以及相应的政策安排是密不可分的。单纯的鼓励出口政策带有较强的“负外部性”，突出表现在对本土生态环境的负面影响。

（二）未来展望及建议

在当前时代背景下，西方发达国家主张新一轮全球化当中的“贸易再平衡”。以美国为代表的工业制成品进口大国，立足于与中国等发展中制造大国进行贸易时出现逆差，借此对我国实行反倾销、反补贴政策，成为了全球化发展过程中的“一股逆流”。美国这些成本输出国的内在逻辑看似无懈可击，实则不堪一击。中国等国家作为发展中大国，在国际贸易市场中赚的既是“辛苦钱”，也是“污染钱”。称其是“辛苦钱”，是因为我国不少出口产品附加值低、利润微薄；道它是“污染钱”，是因为不少出口产品是以牺牲本国环境作为代价的。而这种环境污染的治理和生态恢复，则是“来日苦多”。中国和美国之间可能存在贸易不平衡、中国对美国有贸易顺差，但是，从环境角度来看，中国对美国则存在逆差，即中国的对美贸易顺差是以大量牺牲环境为代价的。那么，如果发展中国家干了发达国家所不愿意干的“脏活”“累活”之后还要“落埋怨”的话，在道理上难以讲通。因此，既然发达国家主张新一轮全球化的“贸易再平衡”，我们则要主张“环境再平衡”，即中国对美的贸易顺差与“生态逆差”需要综合考量。

从全球治理角度，如果世界各国都能不断促进产业升级、追求环境友好，那么环境改善的压力最终促成的结果不是“污染天堂”，而是“生态天堂”，最终的结果是全球生态福祉总水平的提升，是全球的共赢，而非污染向落后国家传导的悲剧。从这种意义上讲，这也是实现全球治理的重要途径。

从我国自身“稳增长”与“促环保”的角度，要想在贸易和生态之间实现“双赢”，关键在于深化供给侧结构性改革、推动我国产业结构转型升级。2016 年，第三产业占我国 GDP 的比重已经达到 51.6%。如果我国能够进一步占领产业制高点、掌握更多的知识产权，同时加大力度鼓励企业走出去，不仅可以绕开贸易保护主义的关税壁垒和非关税壁垒，还可以在推进“一带一路”战略当中充分关注东道国的利益关切，减少“一带一路”战略的阻力。到那时候，“出口导向型”进出口税收政策的适当转型就会水到渠成。

作者工作单位：中央财经大学

区域性国际公共产品自主供给的行动逻辑

◇ 寇铁军

摘　要：无政府状态下的区域性国际公共产品供给需要区域内国家的相互合作。不同于传统公共产品政府强制和市场竞争供给，也区别于一般意义上国际公共产品霸权单边供给和发展援助自愿捐赠，区域性国际公共产品供给是有共同利益的区域内国家自主组织与联合行动的动态过程，属于集体行动问题。基于国家理性的行为假定，具体解决"由谁组织"和"如何组织"两个核心问题，国家间的策略互动最终实现区域性国际公共产品自主供给。

关键词：区域性国际公共产品；集体行动；区域合作

一、引言

在新古典经济学看来，公共产品由于其收益的公共性，会出现自愿供给不足的情形，因此需要政府干预。然而，整个国际社会的无政府状态，决定了区域性国际公共产品无法依靠超国家中央权威强制提供，而是需要区域国家自主组织与共同合作，以集体行动的方式予以供给。尽管区域性国际公共产品供给的潜在收益会引发区域国家集体行动的共同需求，但如果所有国家都根据短期自利的最大化原则进行决策，那么搭便车动机和机会主义行为将导致不合作的结果。可是现实世界中问题的关键在于：相比于实现区域性国际公共产品供给的收益而言，区域国家发现根据短期最大化原则作出的行为选择，长期来说是不利的，因而具有现实理性的国家应该努力通过区域合作实现国家长期利益与区域共同利益的统一。而且，在区域关系实践中，也能经常观察到诸如成立亚洲基础设施投资银行、"一带一路"建设等许多区域集体行动的成功案例，那么，区域性国际公共产品为何能够实现自主供给？或者说区域国家成功采取集体行动的内在机制和行动逻辑是什么？

二、区域性国际公共产品及其供给本质

区域性国际公共产品是一个合成概念，学界分别是从区域主义和公共产品独立进行研究的。在地区主义研究文献中，学者 Nye（1968）最早给"国际区域"下了一个定义，"区域是一定数目的国家因地理关系和一定程度的相互依存而联系在一起"。继 Nye 之后，Stubbs & Underhill（1994）将区域、区域化和地区主义联系在一起指出，"在地理上明显的一群国家或社会之间有共同的历史经验、共同的对问题的感知，这有效地界定了区域的范围"。Ferroni（1999）则比较笼统地认为，"一个区域可以大到覆盖半个地球，也可以小到只有几个邻国"。杨国庆、黄帅（2009）则认为"区域是可以涵盖全球和单个国家外的

任何跨国性空间范围”。可见，在地区主义文献中，“区域”首先表示一个地理范围，大多是指地理相邻的国家组成的特定区域。对大部分公共产品而言，以地理为基础的区域划分与公共产品理论的应用是相一致的。但这并不意味着，不同属于一个地理范围的国家就不能享有同一区域性国际公共产品。其中，最为常见的是依据功能导向确定区域范围。例如，Mansfield 和 Milner（1999）强调区域界定中的经济因素，认为区域往往和某种经济优惠安排联系在一起。功能主义的主要代表人物戴维·米特兰尼（DavidMitrany）（1966）也声称，一体化区域范围应该很清晰，在区域内各国可以通过合作得到直接利益，并且他还提出，“应该建立合作与跨国行动的国际组织，来满足诸如交通、贸易、生产和福利等方面的基本功能需要”。

除依据地理划分和功能导向界定区域的概念外，Stalgren（2000）则从公共产品理论视角指出，“适度大小的区域应该而且仅仅限于那些参与者受特定公共产品外部性影响的那些行为体”。因此，从公共产品理论本身的“外部性”来界定区域性国际公共产品概念中的“区域”范围更为合理。然而，并不是所有公共产品外部性影响都有明确的地理边界。公共产品性质的演变可能表明：在没有地理接壤的松散共同体中也可能出现受外部性影响的公共产品。如朝核六方，虽然美国与东北亚在地理上没有任何联结，但众所周知只有美国的加入这一区域性安全机制才可能成功建立，这是因为朝鲜半岛的稳定不仅关系东北亚的安全局势，同时也关乎美国的全球安全战略。因此，受特定公共产品外部性影响的参与者范围也可以确定为公共产品的特定“区域”。

明确了“区域”的含义，区域性国际公共产品可以界定为其收益仅惠及某一特定区域内的部分国家或全部国家，又由区域内国家自主组织联合提供的公共产品。具体来说，在消费上，其收益范围覆盖某一特定区域的部分国家或全部国家，惠及区域内不同人群和不同世代的公共产品，即不仅满足当代人的需求，也关乎后代人利益的公共产品。在供给上，不同于传统公共产品政府强制和市场竞争供给机制，也区别于一般意义上国际公共产品的霸权单边供给和发展援助自愿捐赠，区域性国际公共产品供给是有共同利益的区域内国家自主组织合作博弈的结果，属于集体行动问题。传统的理性选择理论过于抽象地讨论集体行动实现的困难，分析具体问题时往往假设个体是狭隘的完全理性，而且不考虑个体决策的具体场景，集体行动的结果通常陷入“囚徒困境”。但现实中集体行动并非传统理性模型所设定的匿名捐赠，至少是区域国家可以面对面交流、协商、谈判的场景，符合现实的集体行动理论分析必须转向动态自组织过程性分析。

三、区域性国际公共产品供给方式选择

（一）公共产品的供给方式

根据新古典经济学理论，公共产品主要通过两种方式得以提供：政府强制机制和市场竞争机制。传统的理论研究主要围绕政府与市场机制分析公共产品的供给问题。从抽象的角度来看，政府依靠强制力征税为社会提供公共工程、社会治安、国防外交、经济稳定等公共产品与服务。庇古、萨缪尔森、威克塞尔和林达尔等经济学家都试图提出理论模型优化公共支出和税收政策以提高公共产品的供给水平。从理论上讲，只要受益个体不谎报各自对公共产品的偏好，根据“受益人支付”的原则就能解决公共产品的有效供给问题。但是自利动机的存在难以保证理性个体如实说出各自的偏好信息，试图少支付或不支

付，搭其他个体的便车，如果所有个体都如此行事，那么公共产品将不会得到任何提供。因此，政府唯有通过征税的方式来提供公共产品。例如，国防、雾霾治理、基础设施建设等仍以政府供给为主要方式。但需要注意的问题是政府能够实现效率供给，重要前提是存在一个有强制约束力的中央政府。

关于通过市场机制提供公共产品的启发来自科斯的灯塔案例。科斯（1974）通过调查发现：英国在1842年共建有的46个灯塔中有34个为私人投资兴建，最后由于私人灯塔收费过高，全部私营灯塔转为公营。基于这个发现，科斯认为，从灯塔供给的演变路径可以证实，公共产品也可以通过市场竞争机制实现有效供给，并非一定要政府强制征税提供。但是，事实上，科斯得出的结论忽视了一个重要前提，那就是私人兴建的灯塔能够获得收费特权（或者说政府允许私人这么做），并且能够实现有效收费。只有满足这样的前提条件，通过市场自由竞争机制才能实现公共产品的供给。但现实中，以市场竞争机制提供公共产品不得不面临两方面的挑战：一是消费者不承认受益而不肯付费，二是承认受益但就是不肯付费（张五常，1988）。

尽管在满足一定的条件下，政府的国有化方案或市场的私有化方案均能实现一定数量的公共产品供给，但在更宽泛的条件下，新古典经济学家提出的政府方案会失效，市场方案也常失灵，在政府强制机制和市场竞争机制之外是否存在第三条道路？新制度主义学家奥斯特罗姆教授在摈弃国家理论和市场理论的基础上构建了公共池塘资源模型，从理论和实证的角度阐述了公共池塘资源共享者们（也称为“社群”）建立自主组织有效治理公共事务的可能性。奥斯特罗姆的“自主组织治理”理论认为，一定条件下的人们能够为了共同利益而自主组织起来采取集体行动，既不需要政府管制，也不需要把共同资源私有化。通过自主治理，能够在所有人都面对搭便车、规避责任或其他机会主义行为动机的情况下，取得持久的共同收益。

综上分析，公共产品供给主要存在三种方式：政府强制供给、市场竞争供给和社群合作供给。在公共性明显、受益范围较广的领域，公共产品主要是通过政府的强制力与公共管理予以提供，其中强制力是实现有效供给的保证；同样具有公共性但其受益对象局限在某一特定范围内的产品，通过社群内部的相互合作采取一致行动能够实现有效供给，其中群体成员间的自愿合作是成功提供这类产品的关键；而对于公共性不明显、纯私人的消费品领域，市场的自由竞争机制发挥着积极的作用，个体之间的相互竞争实现产品生产、消费和分配的效率。因此，公共产品供给的三种主要方式及其作用领域差别可用图 1 来表示。

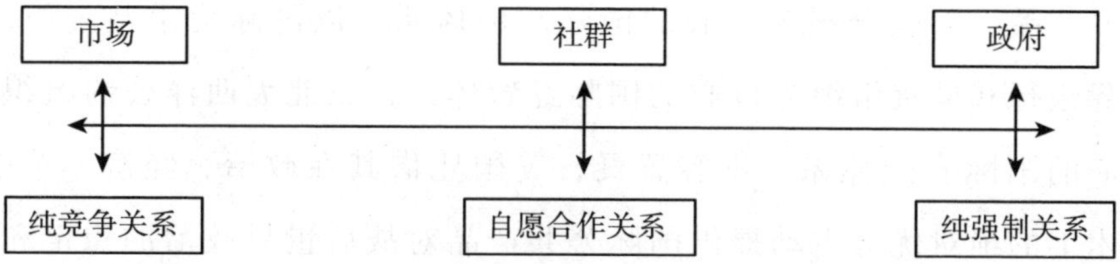

图 1　公共产品供给的三种治理方式及其作用领域

需要指出的是，如图 1 所示，依据各自相互关系不同的行为主体在公共产品供给的不同领域分别起着主导作用，但三种供给方式之间并不存在明显的界限，互为补充，共同发挥作用。

（二）区域性国际公共产品供给方式选择

区域性国际公共产品源起于公共产品，同样具有明显的公共性，在其供给治理中上述三种方式是否都适用或只适用其中某一种或两种，需进一步分析判断。

根据直觉的印象可以由一个“国际性政府”通过税收和公共支出的方式予以提供区域性国际公共产品，可现实的问题在于，世界政府缺失的不争事实，决定了区域性国际公共产品无法依靠超国家中央权威强制征税提供，而是需要民族国家自愿合作联合提供。根据理性经济人的假设，不存在单一国家为区域性国际公共产品的生产埋单，也不存在哪个组织或机构能够强制民族国家这么做。但事实上，在国际关系实践中区域性国际公共产品却得到了一定水平的供给，其中备受关注就是“霸权国供给模式”。为何霸主国能提供国际公共产品？这是建立在霸主国价值判断和预期利益的基础之上的。霸主国的目标是通过提供国际公共产品来赢得其他主要国家的认同，形成共同利益，并按照利益最大化的原则来制订国际规则和制度安排以建立由霸主国主导的国际体系。如在冷战时期美国牵头向西方阵营提供了一系列国际公共产品：以联合国为核心的国际政治体系；以国际货币基金组织、世界银行和世贸组织为核心的国际经贸体系；以北大西洋公约组织为核心的国际安全体系。不容置疑，美国凭借其在政治、经济、军事、技术上的绝对优势主动提供国际公共产品对战后世界政治的稳定和平和经济的恢复与发展起到了“稳定器”的作用。但不容忽视的问题是，“霸权国供给”模式也陷入了两难境地：一是二战后美国为建立霸权地位和霸权体系，树立世界威信，垄断了国际公共产品的供给，因此承担了大量的成本，耗费了大量的经济剩余，美国实力逐渐衰弱，然而，欧洲、日本乘机通过“搭便车”迅速壮大，成为在经济上能与美国竞争的后起之秀，这导致美国继续供给国际公共产品的意愿和能力都在下降，力不从心不言而喻，其结果是国际公共产品的供给处于严重不足的状态；二是美国为了维持其在国际体系中的霸主地位，通过向国际社会提供公共产品不是服务于受援国家和地区的公共需要，而是以此牟取私利。由此可见，以霸主国主导的治理机制提供区域性国际公共产品无疑无法实现有效供给。

在资本逐利的驱动下，国际市场中盈余资金更多地流向投资回报率较高的产业和领域，而对于基础设施、环境治理、跨区域河流治理等公共领域，因投资周期长、风险大、回报率低等因素，很难吸引私人、企业和国际集团的投资。虽然在国际公共领域，也能观察到很多跨国集团或民族国家投资行为，但相比于整个国际社会的公共产品需求，目前为数不多的供给数量远远不能满足。因此，希冀通过国际市场治理机制提供区域性国际公共产品也缺乏效率。

可见，通过霸权国和国际市场机制提供区域性国际公共产品都有其局限性，近年来区域性公共问题的治理更多的转向区域国家自主组织与自主治理。例如，中、老、泰、缅湄公河流域这类区域性国际公共产品的自然特征决定安全航行这一收益无法通过市场机制实现排他。同时，也没有一个凌驾于中、老、泰、缅四国政府之上的“中央政府”可以直接治理。湄公河航运危机催生的安全合作需求引发湄公河流域四个国家协商合作、联合行动对过往船只提供护航安全和沿岸治安。不止于此，随着区域一体化进程的推进，各种区域、次区域合作在全球范围内蓬勃发展，逐步成为区域性国际公共产品供给最主要的选择方式。

四、区域性国际公共产品供给主体及其结构特征

如前文所述，具有共同利益的区域内国家能够自主组织起来以共同合作的方式实现区域性国际公共产品的有效供给，但一个重要的前

提是区域性国际公共产品所有潜在受益国家能够组成一个利益相关的国家共同体——国家集团。这一国家共同体不论是因为地缘政治、地缘经济或是某种功能效应还是因共同利益关系组建而成，具有现实理性的国家必然是基于是否参与集体行动的成本收益计算以及对他国行为的预期来进行决策的，显然不同于传统理性选择理论所论述的匿名的“自愿捐赠”的场景。因此，符合现实的区域性国际公共产品供给问题分析要求从具体的集体行动场景中考察理性国家的行为选择，即在国家集团的结构特征下考察国家的决策与行为选择。

通常来讲，国家集团一般是指地理联盟的概念，不同国家主要因为地缘关系联系在一起，即由于政治、经济、地理、历史、文化等因素建立起来的国家共同体，强调集团成员国家是在相互交往、密切互动的基础上孕育出的休戚与共的利益共同体。比如北大西洋公约组织就是美国与西欧、北美主要发达国家为实现防卫协作而建立的一个国际军事集团组织。随着经济全球化的深入发展，国与国之间的关系不再局限于地理位置的相邻，更多的是建立一种特定共同利益基础之上，比如朝核六方，朝鲜半岛的安全既关系到东北亚局势的稳定，同时也攸关美国亚太战略安全，因此朝核问题的解决必须有东北亚五国和域外国家美国的参与。因此，一个具有现实意义的国家集团应界定为因某种特定共同利益所引发的自我组织、通过自愿合作达成的契约自我管理以满足其共同需求的国家共同体。

作为区域性国际公共产品的供给主体，国家集团提供了一种行之有效的治理机制。在现实的国际关系实践中，存在着形式多样的交往或交易结构，比如，既有可以自由进入或退出的国际市场，也有因政治、安全或经济需要依附于某个大国的霸权同盟，而不论是以何种方式进行交往，交往结构的不同最终决定了行为机制的不同。针对区域性国际公共产品供给的具体场景，利益驱动的国际市场机制无法获得足够的资金用来生产区域性国际公共产品，霸权国会因为实力衰退面对区域性国际公共产品增长需求也无能为力，而区域内国家因共同利益的需求通过非匿名地持续性交往自愿达成一致行动并建立契约性规则来协调相互行为，形成了对国际自由市场和霸权供给机制的有效补充。上述三者不同的交往结构及其作用机制差别见表 1。

表 1　国际市场、霸权国和区域国家集团的结构性差别

	一次性交往	持续性交往
匿名性	国际市场	霸权国
非匿名性	—	区域国家集团

从表 1 可以看出，三种不同的交往结构决定了行为治理机制的差别：国际市场的基础是自愿行为，是匿名性的竞争关系；霸权国采取强制性治理，可以约束和限制个体国家行为，也是匿名性交往；而区域国家集团强调集团成员国家的自愿合作非匿名性交往，而且是多次的持续性交往关系。区域国家集团非匿名性的持续性交往特征和结构决定了区域性国际公共产品供给的具体场景不是一个类似“囚徒困境”的黑箱，集团成员国家至少是可以面对面交流、沟通、协商的，正是在这一交往结构下，区域国家能够自发组建一个利益共同体，通过共同合作联合提供区域性国际公共产品。

五、区域性国际公共产品供给场景中的国家理性

区域性国际公共产品供给的集体行动无论是成功或是失败，都是区域国家在非匿名的持续性交往过程中策略互动的结果。不同于传统

的抽象研究，现实中国家都是首先基于对具体环境的认知，然后作出的决策与行为选择。也就是说，现实中国家的行为理性必须与具体环境相结合。因此，需要重点分析区域性国际公共产品供给具体场景中国家理性的行为假定问题。

（一）区域性国际公共产品自主供给场景中的国家理性

现实世界中，不论是成功或是失败的跨国集体行动，国家行为表现出明显的多样性。以北美自由贸易区为例，美国最为积极，在诸如制定贸易规则和承担沟通协商成本方面最先行动，加拿大在美国的倡议下跟随参与，墨西哥在自由贸易区建立之初则是所谓的“搭便车者”，即美国和加拿大承担自贸区的运行成本，墨西哥“坐享其成”。本文认为，这些做出不同选择的国家都是理性的，之所以表现出不同行为是由两个方面的因素共同决定的：一是每个国家基于不同行为的成本收益计算，二是基于对其他国家行为的预期。区域性国际公共产品供给的集体行动成功与否最终都是由这些国家不同行为相互影响共同决定的。因此，区域性国际公共产品供给场景中的国家理性主要体现在以下三个方面：

第一，国家为理性行为体，即在区域性国际公共产品供给的具体场景中，每一个国家行为体都是根据收益最大化原则作出的决策与行为选择。为清晰地展示这一过程，本文采用效用函数 $U_i = U(x_1, x_2, \cdots, x_n)$ 表示国家 i 的整个收益，其中 x_i 表示各种物质性收益。那么，国家行为理性就表示为各国基于本国条件以及对其他国家行为的预期选择某种行为（x_1，x_2，…，x_n）以最大化 $\max U_i$。

第二，国家异质性能够通过影响效用函数中的参数值进而改变每个国家的收益状况。在各国收益分析中，虽然每个国家采用的是同一效用函数，但国家异质性的客观存在，表征各国异质性的参数值是不同的。例如，考察区域性国际公共产品供给效用时，本文引入纯私人物品 x_i 和区域性国际公共产品 G，尽管每个国家的效用函数都可以表示为：$U_i = U(x_i, G) = x_i + G + x_i G$，但是表征偏好差异的参数数值可能会不同，这一参数值的不同将直接影响到每个国家收益的不同，一国收益状况的改变将影响该国的决策与行为选择，最终导致不同国家采取不同的行为。

第三，除了物质性收益外，国家效用函数中还应包含诸如荣誉感、声誉、社会认可、公平感等心理性收益。这些收益在传统的经济学研究中通常被忽略了，但在国家间长期持续性交往过程中是确实存在的，而且构成各国整体收益的重要部分。例如，欧盟这样的区域国家联盟持续性交往使得国家的效用函数中必定包含像荣誉感、公平感、归属感等心理性收益。因此，国家效用函数应进一步表示为：$U_i = U(x_i, G) = x_i + a_i G + x_i G - f_i(w_i, s_i)$，其中，$-f_i(w_i, s_i)$ 表示各国在持续交往互动基础上由于参与公共事务的公平感所带来的心理性收益。

因此，在区域性国际公共产品供给的具体场景中，从国家成本收益结构角度考察国家的决策与行为选择，不仅要考虑物质性收益，还要考虑国家间重复交往过程中所形成的诸如声誉、信任、公平感等心理性收益。因为这两方面收益共同构成国家的整个收益，直接关系着任一国家在面对集体行动需求是否作出参与的理性选择。

（二）作为国家决策的前提：制度建构

如前所述，理性国家通常是根据本国的条件以及对其他国家行为的预期作出决策与行为选择，但是，现实生活中受到有限理性的约束没有哪一个国家能够准确预知其他国家的行为选择，而是需要根据某种依据建立对其他国家将如何行为的预期。而这种依据最常见的形式就是制度。尽管不少学者认为“制度是重要的”，但是何为制度？制度源起何处？这些问题在学界并没有达成一致意见。一般认为，制度就是规则或者说约束，例如，现实中既存的法律、契约或者协议，能够对集体行动的参与者起到约束和监督作用。但这样的定义不可避免地引出两个问题：一是制度的起源，二是参与者为什么遵守制度（李玉连，2006）。如果解决不了这两个问题，制度的提出及其作用只能算是一种理论臆想。事实上，越来越多的经济学家开始从博弈论角度来探讨制度的起源与执行问题。他们认为，制度是参与者利益博弈的均衡结果，是自我产生、自我维持和自我执行的，制度一旦形成，就能够对所有参与者行为起到约束和监督作用。

制度是一个社会的博弈规则，或者更规范地说，它们是一些人为设计的形塑人们互动关系的约束（诺思，1990）。一般来说，制度主要包括正式和非正式两种形式，这两者所不同的是，正式制度一般是以法律、法规等成文规则的形式出现，主要是由人们创造出来的，如美国宪法、人们约定俗成的规章制度；而非正式制度则由非成文行为准则组成，随着时间推移在人们内部逐渐演化而成，如一个民族风俗习惯、道德规范。

制度通过建立一个人们互动的稳定（但不一定是有效的）结构来减少不确定性。其社会作用主要涉及以下三个方面的内容：第一，制度的约束功能，它既禁止人们不能做什么又允许人们哪些事情是可以做；第二，制度的认知功能，从理性选择进路来看，人们是通过某些先存的心智概念来处理信息、辨识环境的，而制度能从根本上改变个人的支付价格，这就使得思想、意识形态以及教条等时常在个体选择中扮演重要角色；第三，制度的激励功能，制度通过影响人们追求的目标来达到其激励个体的效果。

因此，对于通过区域集体行动提供区域性国际公共产品来说，制度影响国家决策与行为选择的具体路径是：首先制度将约束国家哪些行为是不受欢迎的，在满足一定的条件下国家可以作出哪些选择；其次制度能够增强一个国家清晰辨识其他国家的行为动机和决策环境的能力；最后基于前面的约束和认知功能，制度还能够改变国家的偏好帮助该国作出自愿参与的选择。现实世界中，每一个国家的理性决策体现为：在复杂多变的国际政治经济格局中，基于对现有制度认知基础上，根据本国条件以及对其他国家行为的预期计算成本利益来作出行为选择，以最大化其收益。

六、区域性国际公共产品自主供给实现：主要思路

同样是理性国家组成的集团在面临类似的集体行动需求时却有着截然相反的均衡结果，传统的理论无法给出有说服力的解释。“囚徒困境”“公共地悲剧”“集体行动的逻辑”等理论模型说明集体行动是个体间的匿名捐赠，最终的行动结果只会陷入困境，而现实中区域性国际公共产品供给是区域内国家自发组织的动态过程，至少是一个可以面对面交流的场景。因此，一个符合现实的区域性国际公共产品供给理论分析应该转向区域国家集团动态自组织的过程性分析。

（一）区域性国际公共产品供给实现是一个动态自组织过程

尽管区域性国际公共产品供给的潜在收益会引发区域国家集体行动的需求，但过于强调国家自利理性，那么“搭便车”动机将会导致不合作的结果。然而，现实世界中问题的关键在于：相比于实现区域

合作的收益而言，区域国家发现根据短期最大化原则作出的行为选择，长期来说是不利的。而且，在区域关系实践中，我们也能经常观察到诸如成立亚洲基础设施投资银行等许多区域集体行动的成功案例，因此，符合现实的理论思路需要从“自愿捐赠”的理论转向国家理性的动态自组织过程研究。

首先，区域性国际公共产品供给是一个组织与管理问题。在前面的章节我们已经分析，即使像美国这样的超级大国，面对区域性国际公共产品需求，既不愿意也没有实力再独自供给。而通过一定规模的区域国家集团自发组织共同合作提供区域性国际公共产品在欧洲、北美、东亚、非洲、南美等地区已经取得了巨大的成功，这些实践经验表明：这些地区的公共产品之所以能够得以成功提供，主要是因为区域国家集团能够实现有效地组织与管理，即在具体制度安排下实现域内国家间的相互合作。

其次，区域性国际公共产品供给是相互交流、互动过程中的合作博弈。以往的研究在分析集体行动问题时过于强调集体的非合作博弈结果，但实际生活中成功的集体行动是个体间策略互动的合作博弈过程。Chan 等（1996）通过试验表明，通过采取集体行动提供公共产品的场景中，个体之间通常存在交流，而且个体之间的交流对于集体行动的实现具有积极的促进作用。

可见，传统的理论研究解释现实问题乏力的原因主要在于研究方法不符合实际，忽视了实际生活中的集体行动是一个动态的自组织场景，并非个体间静态的匿名选择。针对区域性国际公共产品供给的实际场景，受供给收益外部性影响的国家组成的利益集团，要么是地理相邻往来密切的地区国际组织，如东盟、欧盟；要么是由于某种因素聚集在一起的国家集团，如北大西洋公约组织、朝核六方，总言之，这些国家集团内部成员之间是一种相互交流、互动协商、自愿合作的关系。因此，Kuhnert（2001）指出，“群体要实现共同利益的集体行动，需要一个集体行动动态理论基础，首先，需要重视制度发展中企业家型个体的角色和特征，其次，制度变革领导者的动机、行为选择和能力等分析是关键”。因此，必须转换研究视角，根据具体场景、从动态自组织过程研究中得出区域性国际公共产品供给集体行动成功或失败的解释。

（二）区域性国际公共产品供给实现需要解决的问题

从动态自组织的过程分析来看，区域性国际公共产品供给实现是一个动态的多阶段过程，大致可以分为发起与组织、实施与维持两个阶段。在发起与组织阶段，通常是有些国家率先意识到提供区域性国际公共产品将带来的更高收益份额，出于自利目的，这些国家会主动承担起“发起者”角色，积极地联系潜在的受益国家，并组织讨论、协商谈判就区域性国际公共产品供给提出一个初步的行动方案。可见，发起阶段成功实现的标志就是出现发起者并进行初步的组织工作。在实施与维持阶段，最重要的是存在一定数量的国家选择跟随参与，主要的工作是所有参与国家围绕区域性国际公共产品供给的成本投入、收益分享以及监督管理等问题进行博弈，达成一致行动的契约性规则并予以执行。在具体实施过程中，最关键的是所有成员国家能够达成一致同意的行动契约并制定可信的监督管理机制。因此，一个具有现实解释力的区域性国际公共产品供给理论分析就转为解决两个核心问题：由谁组织和如何组织？

采取集体行动提供区域性国际公共产品首先需要解决的是由谁组

织的问题，即如何实现发起者角色并进行初步的组织工作。在传统的集体行动理论中不存在发起者角色和组织工作等问题，因为匿名性个体选择的行为只有供给或不供给，无需个体之间的联系、沟通以及组织等工作。区别于“自愿捐赠”的静态供给理论，动态的集体行动理论更强调个体之间的交流互动，必然包含为实现集体行动所必须的组织工作。组织者角色的实现是集体行动实施的重要前提，具有一阶重要性，但有人组织并不能保证有效进行组织，还需要解决制度供给、可信承诺和相互监督问题，而这些构成了如何组织的主要内容。区域内国家间的互动博弈内生供给约束规则和激励机制，实现更多甚至所有国家的参与，这对于区域性国际公共产品更高水平的供给显得至关重要。

总而言之，现实中区域性国际公共产品供给实现是区域国家集团内部的动态自组织过程，理论研究的主要思路应当围绕解决“由谁组织”和“如何组织”两个问题展开，与之对应的集体行动实现的两个阶段分别是发起与组织、实施与维持。在发起阶段，关键要实现发起者角色并进行动员、协商等初步组织工作，在实施阶段则需要解决的是具体的成本投入、收益分享以及监督管理等问题。因此，基于动态自组织理论的角度来分析区域性国际公共产品供给实现就转为解决区域集体行动“由谁组织”和“如何组织”两个核心问题。

作者工作单位：东北财经大学

美国军民融合的公共政策与启示

◇ 黄瑞新

摘　要：军民融合发展是当今世界各国的共同选择。我国把军民融合列为国家战略，是科技发展的重要动力。文章分析了美国军民融合发展的科技政策、产业政策、财政与金融政策的经验，对我国军民融合发展的政府公共政策的确立具有重要借鉴意义，在此基础上探讨了其对我国军民融合发展的启示。

关键词：科技政策；军民两用技术；财政金融政策；军民一体化

一、美国军民融合的公共政策

为推进军民融合发展，美国出台了一系列促进军民融合发展的公共政策。

（一）美国军民融合的产业政策

冷战后，美国削减军费开支，国际军工市场也出现萎缩态势。为振兴军工发展，维护其军事霸主地位，开始探索军民融合产业发展道路，并首先保证对军民两用技术研究与开发的投资，使美国继续在电子技术、生物技术、信息技术、制造和工艺技术、先进材料技术、软件技术等关键技术领域保持优势。美通过军转民将相对过剩的军工生产能力消化掉，同时保留军工生产核心能力。美国军民融合推动产业发展的主要做法有：

1. 产业的市场调节政策。企业私有制与市场采办相结合。美国国防科研生产建立在企业私有制和市场采办机制基础之上。国防科技工业分为系统主承包商、分系统承包商和零部件原材料供应商三个层次。主承包商主要由跨领域私营企业构成，如洛克希德·马丁公司、波音公司、通用电气公司等。美国与军火生产有关企业约有1/3，军工产业生产占美国工业生产比重的1/5左右，实行商品承包合同制。美由国防部负责军工设备科研与生产的统一协调管理，陆海空三军负责武器设备科研的具体实施，行政部门负责制定鼓励政策法规，规范科研生产过程，对计划进行政策引导。对国防军备的生产科研需求，一般需要组织科研机构、高校、企业协作。采用采办合同制度，政府较少对军工设备生产直接参与，主要负责对承担任务企业生产科研过程进行控制监督，并提供政策法规支持，政企分离，提高科研生产效率。

2. 实施产业技术政策。美国制定了“技术再投资计划”“两用技术应用计划”和“高技术计划”等促进军民一体化的措施，这些措施融合了国防工业与民用工业基础，并引导国防工业产业发展方向，在保障国家安全需要同时，也提升了美国经济在全球的竞争力。美国军民融合战略获得了巨大成功，如二战后波音公司利用其雄厚的军用飞机研发能力研制出波音系列民用客机，并依托民用客机在市场上的强大竞争力获得了高额垄断利润，这又进一步支撑了波音公司其他军用战斗机等国防产品的发展，既提高了民用产品国际市场竞争力，又为军用产品研发提供了大量资金支持，真正实现了“以民养军、以军带民”。最重要的是使美国国防工业体系和民用工业体系逐渐融合成为一体化的、相互依赖、相互促进的现代产业体系，由于融合了国防工业和民用工业的尖端技术和人才，使得产业体系内的技术创新能力和整个产业体系的演化升级能力大为增强，极大地提高了美国国防实力和在全球经济的影响力。

（二）美国军民融合的国防科技政策

冷战后，美国率先把发展军民两用技术及产业提高到国家战略地位，建立了军民一体化的工业体系。

1. 通过完善部门组织把军民技术双向互动战略落到实处。美国涉及国防科技工业管理的主要部门是国防部，还涉及能源部、宇航局、商务部、国务院等。美国国防科技工业力量主要是私营企业，政府和军队只有少量科研力量。军民两用技术产业主要由国防部管理与协调。为适应军民两用技术产业化发展，美国国防部一方面对其国防高级研究计划局（Defense Advanced Research Projects Agency，DARPA）的职能进行调整，使之成为专门负责发展军民两用技术研发的职能机构；另一方面，强化国防部技术转移办公室（Office of Technology Transfer，OTT）的职能，监督和管理国防部军民两用技术的开发、应用和转移，促进军民两用技术产业化。美国国防部高级研究计划局（DARPA）成立后，攻克了许多高技术难题，开拓了大量新概念、新方法，推动了先进技术在武器装备系统的应用，为保持美国技术优势发挥了重要作用。现在，DARPA 已成为美国军民两用技术产业化发展的牵头单位，其机构简单、管理体制灵活、人员精干、专家作用突出，牵头组织军民科研单位联合攻关，对科研项目实施监督。DARPA 全局约 150 人，大部分为各学科一流专家，主要来自美国国防系统三军各科研单位，他们经常深入科研第一线进行技术指导、协调和监督。DARPA 项目负责人每届任期不超过 4 年，以增加项目创新活力。

在《国防授权法案》中，国防部国防技术转移办公室被赋予所能行使的职责与权力，包括跟踪和监督各军种和国防部直属机构的所有科研活动，确定科研活动中军事技术在民用领域的商业化应用潜力，推进技术产业化，建立技术转移相关教育培训、咨询服务机构，如国家技术信息中心（NTIS）、联邦实验室联盟（FLC）等，并协调和解决技术转移中出现的有关保密、产权及其他法律问题。美国利用民用资源为军方服务是由设在国防部的两用技术指导委员会负责。来自国防工业界的提案，首先由各军种审核，并择优录用，然后联合两用计划办公室对各军种推荐提案进行复审，再提交两用技术指导委员会，由该委员会据资金额度统筹安排。此外，国防部 2001 年成立了“高级执行委员会”和“业务倡议委员会”，以便更好地学习和采纳民用部门管理经验，推进业务和采办改革。

2. 把发展军民两用技术及产业提高到国家战略并加以实施，建立了军民一体化工业体系。近年来，美国军费开支持续下降，对美军作战能力和战备水平造成一定影响。为保持军事绝对优势，国防部提出了“国防创新倡议计划”，计划在 2015 年完成其《长期研究发展规划（LRRDR）》，列出了美军在 2030 年以后能维持其军事优势的技术清单。按照规划，针对战略对手“反介入”和“区域拒止”等能力，成立了五个小组，对太空、水下、空中主宰打击、防空反导、以及其他由技术驱动的五大关键能力进行论证，旨在谋求“颠覆性”“突破性”“压倒性”技术优势和形成新的“非对称军事优势”。

3. 建立军民两用技术融合的组织机构体系。冷战后，为推进国防科技创新，建立了包括国会、国防部、总统科技政策局、技术转移办公室等在内的组织机构体系，制定了一系列政策法规，促进技术双向互动转移。1991 年，国防部成立了“技术转移办公室”，专门负责军民两用技术发展规划和促进两用技术双向转移。1993 年，开始执行国防转轨战略，要求政府所属研究机构、大学、工业界三方合作，大力发展军民两用技术，并要求武器系统中大量采用民用技术和产品。在军民两用技术研发领域，政府承担研发投资的 50%。1995 年，美国私人企业研发投资首次高出政府投资的 50%，并持续增长。民用研发投资持续增长和民用科技进步为武器科研提供了更广泛的技术储备与工业基础。1997 年，国会颁布《国防授权法》，不仅再次强调“两用技术”的重要性，且制定“军民两用技术战略”，指出大力发展既满足军事需求又满足商业应用的，同时具有产业化发展潜力的技术。在美国提出“第三次抵消战略”后，国防部加大了“以民促军”力度，把商业领域中成熟技术及时引进军事部门。2015 年 4 月，国防部长卡特提议在五角大楼与硅谷间建立桥梁。具体措施包括：在硅谷创建“国防创新实验小组”，由现役军人和预备役人员组成，负责联络企业界，筛选新技术，帮助创始企业承接国防部项目；与硅谷交流人员，派人在“甲骨文”和“思科”之类的信息技术企业“研修”一年后，企业先进技术引进国防部，开展一年的试点工作。

（三）美国军民融合财政政策支持

1. 财政拨款与补贴支持军民融合。美国实行“国防部主导、民为军用、以军带民”的国防建设与经济建设相互促进、“两手都硬”的发展模式。这种模式中，一方面不断增加国防预算支出，斥巨资于国防工业研发创新，促进武器装备更新换代，并刺激民用经济发展。2014财年，政府用于国防研发的预算总额达119亿美元，其中，基础研究和应用研究方面增加1亿美元，投入了29亿美元进行高级发展技术研究，每个军事部门保持大概22亿美元的研发创新投入以提高革新性军事能力。另一方面，随着研究成果不断增多，通过提供研究经费和财政补贴方式促进军用技术转民用，推广军民两用技术发展。首先，美国政府和国防部积极促进研究型大学广泛参与军事科研，为其提供研究经费，创建军民一体化科技产业链，在人才培养交流深度融合基础上开展军民深度融合。美国获得政府科研经费资助前100所美国大学名单中，有高达75所I类研究型大学接受了国防部支持，占I类大学的50%。其次，鼓励私营厂商增加国防科研投入，美国政府和国防部对在设计竞争军品项目中取得优势的承包商不仅给予一定研发资助，对私营厂商此前的研发开支还给予大量财政补贴和资助。国防部在承包商未得到合同资助或许可情况下，通过与其分担一部分研发成本，极大地调动了私营厂商参与国防技术研发的动力和积极性。通过IR&D补贴制度以少量投入带动承包商大量投入，获得了“现成的”国防技术或武器装备。

2. 政府采购支持军民融合。美国将政府采购作为扶持军民融合式产业的重要政策工具，在军民一体化历程中，政府采购政策在军民融合型小企业发展中作用明显。进入21世纪，以信息技术为代表的民用科技领域发展部分超过军工，大量高科技人才在民用高科技小企业就业，美国为将这些民用领域小企业与国防科技工业基础相结合，大量实施政府采购，使军工订单成为这些小企业发展初期的关键依赖性资源。按照联邦政府采购的统一要求，在促进小企业发展的重要机制建设中，必须为小企业强制性“预留”一定比例的目标市场份额，以鼓励和促进国防领域小企业发展。2010—2015 年，国防部采购订单中平均为小企业预留了 22.18% 的主合同目标市场份额。同时，国防部每年也会为小企业设定国防采购分包合同目标市场份额，2011—2013 年，美国国防部小企业分包采购合同的目标市场份额平均为 34.7% 。其预留政策中，对 65 万美元以上的主采购合同商，符合条件的，都要按照一定规则计算出一定比例，交由小企业分包完成。VSE Aviation 公司是一家在美 NASDAQ 上市的公司，其 2014 年销售收入 4.24 亿美元，46% 来自国防采购，53% 来自其他政府采购，1% 来自商业经营。美国在政策采购中对认定的军民融合型小企业还采取订单优先、优惠等政策，如对退伍及伤残军人小企业（SDVOSB），享受采购和合同 3% 的小企业预留政策。政府采购中，军事采购部分一般占 80% 左右，政府利用国家消费，特别是军事采购方法，为大军火公司赢得了超额利润，有力调动了私营军工企业承担国防科研和生产的积极性，极大促进了地区经济与国民经济发展。

3. 税收优惠是促进军民融合的重要手段。在诸多财政政策中，税收政策可清晰而明确地影响企业盈利，能较大而直接鼓励企业增加科技投入。在军民一体化建设中，为改变主承包商控制国防市场的局面，引导掌握创新技术的中小型企业进入国防领域，美采取减免税、费用扣除、投资抵免、加速折旧等形式对其提供税收优惠，进而促进新兴企业尤其是科技型创业企业发展。同时，为充分发挥集聚优势与合作创新，美国在许多州邻近大学研究中心和高科技劳动力资源富足的地方，都建设了研究园。并为这些集聚公司提供大量税收优惠等激励政策，为其创造了良好的生产研发环境。在过去半个世纪大部分时间，园区企业承担了60% ~70% 国防部资助研发项目，政府实验室承担了约20% ~30%，高校承担3% ~5%。采用事前扶持和事后鼓励结合的税收优惠政策，事前主要是协助高科技企业高新技术成果转化与产业形成，包括鼓励企业增加 R&D 投入，税法将 R&D 投入与一般性投资分开，实行“费用扣除”和“减免所得税”双重优惠；事后则通过允许科研机构作为非营利机构免征各项税收来推动高技术企业成长。

（四）美国军民融合的金融政策支持

在金融支持政策方面，主要运用优惠信贷手段，设立风险投资基金，为军民融合企业提供多种筹资渠道。

1. 优惠信贷。美国在国防工业转型中，为扩大和加强国防工业基础，增强创新活力，保持竞争力，大力鼓励和吸收更多中小企业进入国防领域。美国重视对中小企业发展的扶持，尤其是从事军品科研生产的中小企业。融资问题一直是制约中小企业发展的“瓶颈”，为支持中小企业发展，设立了小企业管理局（SBA），授权其向中小企业提供贷款，并对中小企业的经营进行管理，为中小企业获得政府订货合同提供帮助。SBA 主要以贷款担保方式使中小企业从商业银行等金融机构获得贷款，与全国 7000 多家商业银行合作，提供贷款形式一般有三种：一是直接贷款，有 SBA 直接拨付，但比重小，这种贷款条件较好，利率较低，数额最高额为 15 万美元；二是协调贷款，由地方发展公司、金融机构协会为中小企业贷款；三是担保贷款。凡是有经验、有技术的中小企业都可从 SBA 申请贷款担保，商业银行对中小企业贷款可从通常的 3 ~5 年延长至 25 年，这对高新技术产业发展起到了积极推动作用。

2. 建立风险投资基金。国防科技工业研发高智力、高投入、高效益、高风险以及回收期长的特征决定了其发展必须依赖于金融支持。在军民一体化实践中，为吸收诸多中小型企业等高新技术产业群参与国防生产研发，设立了风险投资基金作为分散风险机制，其中，政府对风险投资的支持集中体现在政府补助、税收优惠和风险分担三大政策上。政府补助政策是政府直接提供风险资本，如对中小企业的扶持，设立“小企业研究基金会”，规定国家科学基金与国家研究发展经费的10%用于小企业技术开发。税收优惠政策是政府对有关产业技术研究与开发活动减免税收，政府为鼓励私人风险投资发展，将风险企业所得税率由1970年的49%降至1980年的20%，风险投资额60%免除征税，其余40%仅课50%的所得税。风险分担政策是政府以一定财政资金为基础，为机构或企业债务融资提供偿债担保，降低投资风险，美国1953年成立的小企业管理局承担对小企业的银行担保，担保比例在80%以上。美国风险投资产业结构主要集中在知识技术密集程度高的高科技产业，由此形成高技术产业群奠定了推动国防现代化的高技术基础，将这些高新技术直接或经过进一步研究开发后大规模用于军事领域，使国防经济实现高效率、高效益进步。

二、美国军民融合政策的启示

研究美国军民融合公共政策的理论与实践，可结合我国国情和国防工业发展现实，得到有利于推动我国军民融合深度发展的政策启示。

（一）制定军民融合产业规划是许多国家军民融合发展的必备手段

为加强国家产业体系的军民融合发展，美国在第二次世界大战形成的强大国防工业体系基础上，通过产业的市场调节与科技调节优化产业结构，促进军用与民用生产一体化、市场化。显然，国家必须有整体性的军民融合发展规划作为国家产业扶持的政策支持导向，各省也需要建立相应的省级军民融合建设发展规划，从而促进产业、促进经济、促进国防的共同发展。

各省的经济发展与产业发展有自己的特殊性。这既需要在国家的宏观规划中得到充分体现，也需要通过实实在在的产业内涵加以体现，从而体现国防建设与经济建设的共同发展需要与融合发展需要。

（二）重视科技激励是国家军民融合发展的内在要求

美国防部成立“技术转移办公室”，专门负责军民两用技术发展规划和促进两用技术双向转移。美国制定了“技术再投资计划”“两用技术应用计划”和“高技术计划”等促进军民一体化的措施，其效果有目共睹。在信息时代，互联网企业与中小企业在其科技激励中的地位与作用十分重要，对高技术中小企业的激励十分必要。

从中国改革开放以来军转民、民进军的实践，充分验证了重视科学技术对军民融合发展的极端重要性。为促进军民融合发展，必须充分挖掘科学技术潜力，在军工技术转民用和民用技术转军用上做文章，制定规划，确定激励政策，推进军民融合发展的水平。

（三）创造规范高效的财政金融政策是军民融合深度发展的必要条件

美国采取了政府拨款与财政补贴、政府采购和税收减免的财政政策。在政府采购方面，《美国产品购买法》中明确表示优先大规模购买本国产品，《国防生产法》中更是规定国防采购属优先项目，并明确政府采购中向国防科研和军工生产进行倾斜扶持。金融条件方面，通过成立小企业管理局（SBA）协助中小企业获得金融机构贷款、创设风险投资基金等一系列金融政策促进军民融合发展。所以，无论是美国国内主要大型军工企业还是从事军工生产为数众多的中小型企业都处于政府营造的财政金融政策环境中。

创造有利于军民融合发展的财政金融政策条件，不等于是在军民融合过程中仅依靠财政金融政策对军民企业的研发生产进行促进扶持，必须注意在财政金融政策实施过程中把握政策方向。财政金融政策的实施既要服务于军民融合深度发展，又不能变为政府的行政包办，要避免一些缺乏市场竞争力、理应被时代和科技发展淘汰的企业和技术，单纯依赖财政金融优惠政策支撑着运作，不能将促进军民融合深度发展的财政金融政策环境变成某些不具备竞争力企业的安乐窝。

（四）建立广泛多样的资金保障渠道确保军民融合的发展动力

国防科技工业高智力、高投入、高效益、高风险特征决定了其发展必须依赖稳定的金融支撑，需要有相应的分散风险机制和区别于传统产业的融资机制。由于军民融合深度发展有着资金密集性质，这对长期依赖国家财政、投资补助和政策性贷款的国防工业提出了挑战。多元化筹资渠道的缺乏始终制约着军工产业以及军民融合发展，政府支持固然重要，但资金大量投入还是需要军工企业和民用企业依靠自身和市场渠道来筹资解决，只有广泛多样的资金保障渠道才能为军民融合深度发展提供稳固动力。

对美国军民融合体系而言，其金融支持除了多数国家普遍采取的政府财政资金和信贷支持之外，还在国防科技工业运行中设立了国防科技风险投资基金。风险投资在信息时代已成为知识型经济和技术发展的重要驱动源，它对于形成国防经济发展的高技术支撑平台和推动国防与军事领域高技术进步，具有不可替代的作用。风险投资基金通过促进高科技产业发展，从而使进行军品生产的企业获得创新收益资本。美国的风险投资对国防工业基础性技术和产业支持作用却日益显著，其风险投资的产业结构主要集中在知识技术密集程度高的高科技产业，投资热点基本反映了科技发展的最新趋势。这为进行军品生产的企业拓宽了资金来源渠道，并且形成的高技术产业群成为促进经济稳定快速增长的重要力量，也奠定了国防现代化建设的高技术基础。

作者工作单位：军事经济学院

『谈 财 论 治』

对策篇

供给侧改革与财政政策

◇ 柳柏树

摘　要：推进供给侧结构性改革，是适应和引领经济发展新常态、推动经济长期可持续发展的重要战略部署。作为宏观经济调控的重要手段，财政政策肩负着矫正要素配置扭曲，解除供给约束，促进经济社会持续健康的重任。本文通过总结财政政策助力供给侧改革的重要作用，综合研究我国目前财政政策发力的制约因素，从结构性减税、创新融资模式、优化财政支出等方面提出了相应的政策建议。

关键词：供给侧改革；财政政策

供给侧结构性改革是引领经济发展新常态的重大创新，是适应国际金融危机发生后综合国力竞争新形势的主动选择，是我国经济发展新常态的必然要求。深化供给侧结构性改革，核心是从供给和生产端入手，用改革的办法推进结构调整，提高供给质量及供给结构对需求变化的适应性，更好满足经济市场化竞争的需要。作为宏观经济调控的重要手段，财政政策需着眼于供给侧，积极助力供给侧结构性改革。供给侧改革需要可持续的财政助力，财政政策在供给侧改革中扮演着重要角色，而财政的可持续发展也需要供给侧改革为之提供稳定的经济增长。

一、财政政策助力供给侧改革的重要作用

（一）化解产能过剩，出清无效低端供给

统筹发挥财政政策、资金、管理、体制作用，可以促进资源要素从产能过剩、增长空间有限的产业中释放出来。化解产能过剩是减少无效和低端供给，释放资本、劳动力生产要素，解决结构性问题的最直接措施。为此，国家采取了一系列财政措施，重点用于钢铁煤炭行业化解过剩产能工作。对靠政府补贴和银行续贷等方式存货的企业，停止各类财政补贴；落实国有兼并重组企业所得税政策；对“僵尸企业”的职工欠薪、人员安置等问题实行财政专项补贴。目前，化解淘汰落后产能的任务已基本完成，从图1中可以看出去产能对于企业的

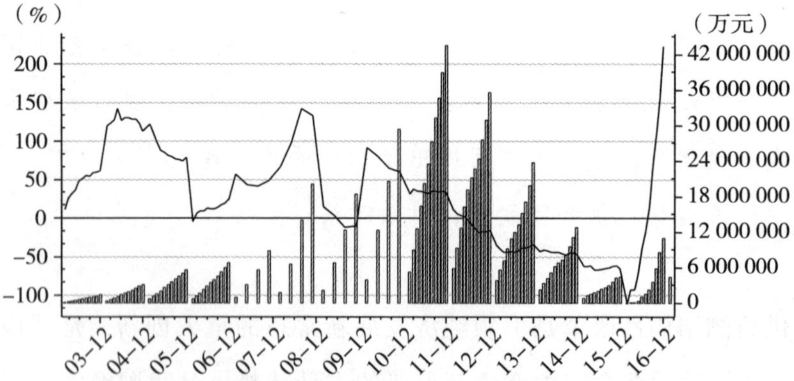

图1　煤炭开采和洗选业利润情况

数据来源：Wind资讯。

盈利改善起到了十分积极的作用。

（二）发行政府债券，舒缓财政资金压力

近年来，我国财政赤字率维持在2%左右（见图2），赤字规模在2012年之后逐年扩大，政府债券发行量也相应增加。发展债券市场，在公共财政收支矛盾凸显的现实背景下，可以为财政政策精准发力创造条件。政府债券的发行有利于促进地方政府降杠杆，化解地方债务风险。就债务而言，我国中央政府债务负担较低，地方债务虽有局部性和区域性风险，但与欧美国家的福利型、消费型债务相比，我国绝大多数的地方债务都有着规模可观的实物资产作支撑。若再加上政府可调配的其他资源，则债务占政府广义资产的比重就更低。图3显示PPP投资额不断增加，落地率不断提升，而PPP模式的有效推进无疑将帮助财政减轻压力。

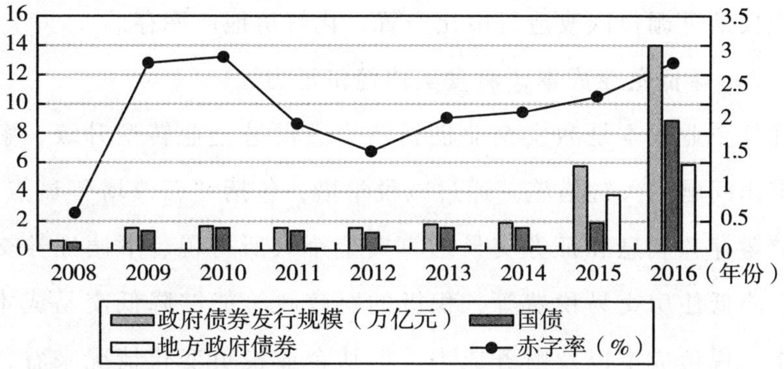

图2　财政赤字率和政府债券发行规模

数据来源：中国债券信息网，Wind资讯。

（三）化解房地产库存，释放内需潜力

化解房地产库存是扩大内需潜力、释放资本活力、解决结构性突出问题的重要措施。政府通过行政事业性收费、资本金注入、保障房

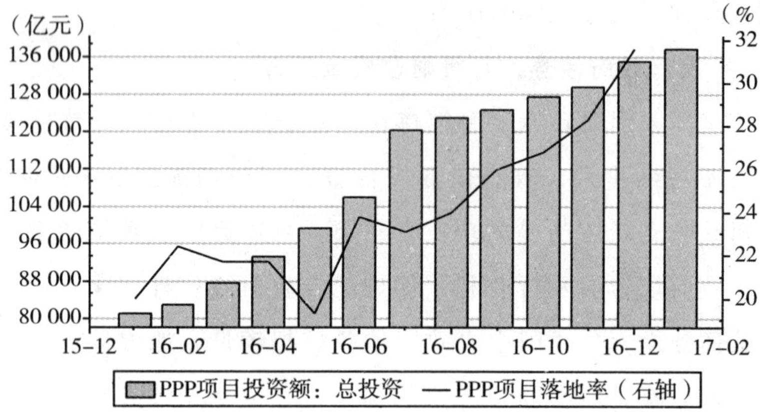

图 3 PPP 项目投资

数据来源：Wind 资讯。

资产注入等措施，引导和鼓励有条件的国有企业收购或长期租赁库存商品房，开展公共租赁业务；采取税收、贷款、公积金等组合优惠政策，积极推进棚户区改造货币化安置，化解房地产库存。

（四）降低企业成本，激发实体经济活力

降低企业成本是激发企业创新活力、促进企业转型升级、解决结构性突出问题的关键措施。通过减税举措，包括“营改增”试点扩围、暂免储蓄存款利息和证券交易结算资金个人所得税、下调证券交易印花税、降低住房交易税费等，积极的财政政策能够降低交易成本、人工成本、税负成本以及财务成本。但从企业税负变化情况来看，小型企业主营业务税金及附加同比营业利润并未出现显著下降，减税政策对降低企业税负的效果仍然有限。如图 4 所示。

（五）鼓励创新驱动，提升有效供给

创新驱动发展战略是推动供给侧结构性改革的关键支撑。扩大有效供给是改善供给结构和质量，促进经济转型升级，解决结构性问题

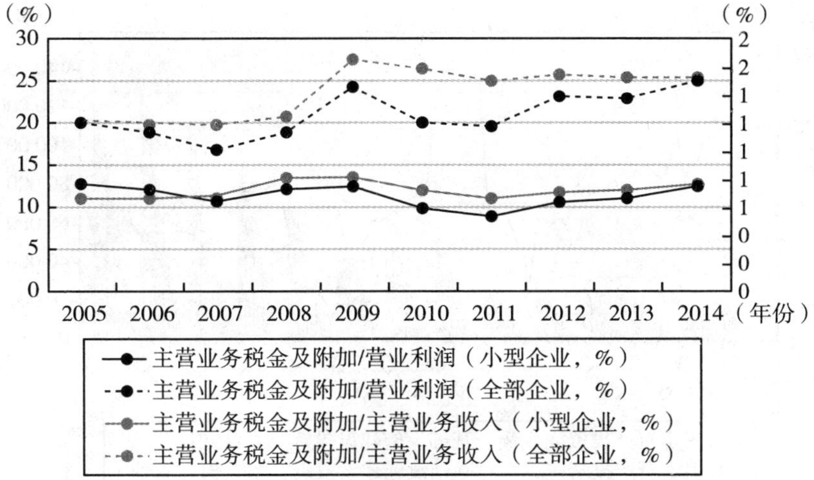

图 4　企业主营业务税金及附加变动情况

数据来源：Wind 资讯。

的根本措施。针对供给侧结构性改革资金需求量大的实际，积极创新财政投融资机制，能够吸引更多的社会资本投向经济社会发展的关键领域和薄弱环节。

（六）增加公共支出，保民生补短板

民生支出是财政保障的头等大事，是实现供给侧改革的重要步骤。促进教育发展方面，可以通过义务教育经费保障机制，改善教育基础设施条件，建立全面的学生资助体系；支持就业创业方面，可以统筹整合财政资金、事业保险基金促进就业创业，帮助农民工技能提升、权益保障，提高农民就业创业能力；医疗保险方面，通过提高居民基本医疗保险、公共卫生服务费、城乡居民基础养老金标准，推动医院改革，完善医疗卫生经费保障机制等措施，不断改善居民医疗水平；同时，筹集落实困难群众基本生活救助资金，保障困难群众基本生活，支持廉租住房建设、棚户区改造，改善基础设施项目，有利于补短板，促进民生改善。如图 5 所示。

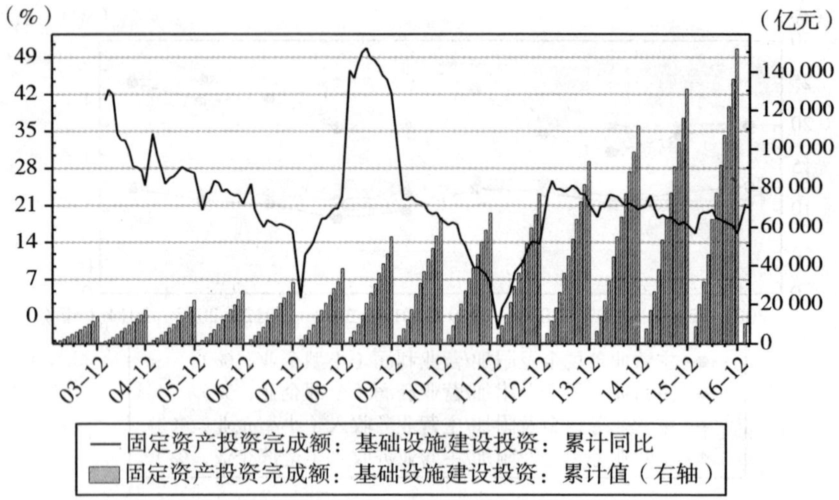

图 5 基础设施建设投资规模与增速

数据来源：Wind 资讯。

二、当前我国财政政策支持供给侧改革面临的挑战

2017 年《政府工作报告》对财政政策的部署是“财政政策要更加积极有效”。“积极”体现在减税降费力度增大，财政刺激力度保持；“有效”体现在抓住重点领域，压缩政府开支，健全地方税体系，盘活存量资金。积极的财政政策在支持供给侧改革的过程中，财政运行也出现了新的特征，集中表现在财政收入增速下降与财政支出刚性化趋势以及严峻的地方债务问题，财政的可持续发展面临较大的挑战，具体如下：

（一）财政收入增速下滑

2008 年金融危机以后，我国财政收入增速开始下滑，之后推行的 4 万亿投资计划虽然带动了财政收入增速的短暂提升，但这种效应在 2012 年早就已经消失殆尽，GDP 与财政收入开始呈现中低速增长，经济正式进入“新常态”阶段。2016 年，我国一般公共预算收入增长仅为 5%，为 1988 年以来的最低值。造成财政收入增速明显下滑的原因主要在于大宗商品进口价格下跌、工业生产放缓、企业效益下滑以及推行结构性减税等因素的影响。图 6 显示财政收入与支出增速在近两年呈现出明显的剪刀缺口状，支出增速陡升而收入增速陡降。

地方的财政收入增长问题同样不容乐观，地方财政收入的增速整体放缓，2016 年，全国只有西藏、上海、广东、天津实现了两位数增长，其余省份财政收入增速明显下滑，均低于 10%。地方政府性基金收入的下滑更为剧烈，多个省市的政府性基金收入出现同比负增长。经济的持续下行给各地财政收入增加带来了极大的难题。

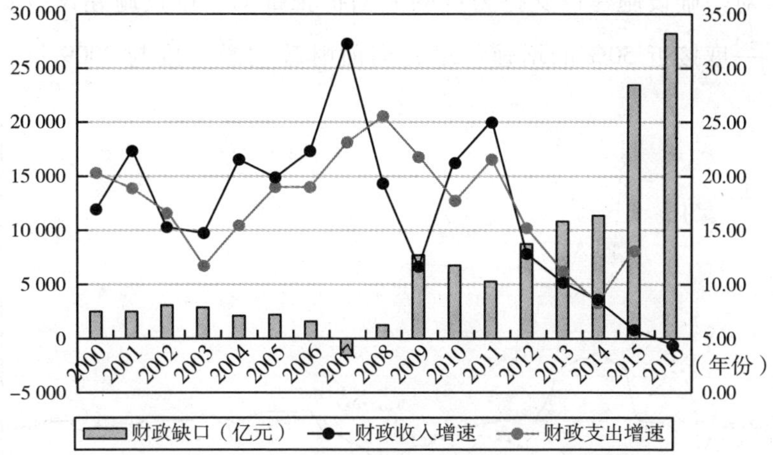

图 6　财政收支情况

数据来源：国家统计局。

（二）财政支出面临刚性需求

我国经济社会的发展正面临人口老龄化程度加深、刻不容缓的环境治理以及新型城镇化的持续推进等问题，加重了财政社会保障支出与基础设施投资的责任，虽然近几年财政支出的速度放缓，但财政支出总量是持续增加的，2016 年全国一般财政支出增长 7.4%，国家正为推动供给侧结构性改革采取了更加积极的财政政策，支持各项改革的稳步推进以及民生的持续改善，但同时也不可避免地加大了财政压力。如图 6 所示，2011 年开始我国财政缺口越来越大，数量上财政收支的矛盾持续扩大，财政的可持续发展前景不容乐观。

与此同时，由于基础设施建设投资具有逆周期调控职能，在经济下行压力较大时，往往承担托底经济的责任，因而政府预算资金成为基础设施建设投资的重要来源。观察国家预算资金和基础设施建设投资增速的变化，二者相关性非常强（如图 7）。2009 年为应对金融危机，国家预算资金对基础设施建设支持力度的大幅扩张带动基础设施建设投资快速增加，一度接近 50% 的增速。尽管当前财政刺激力度与 2009 年相去甚

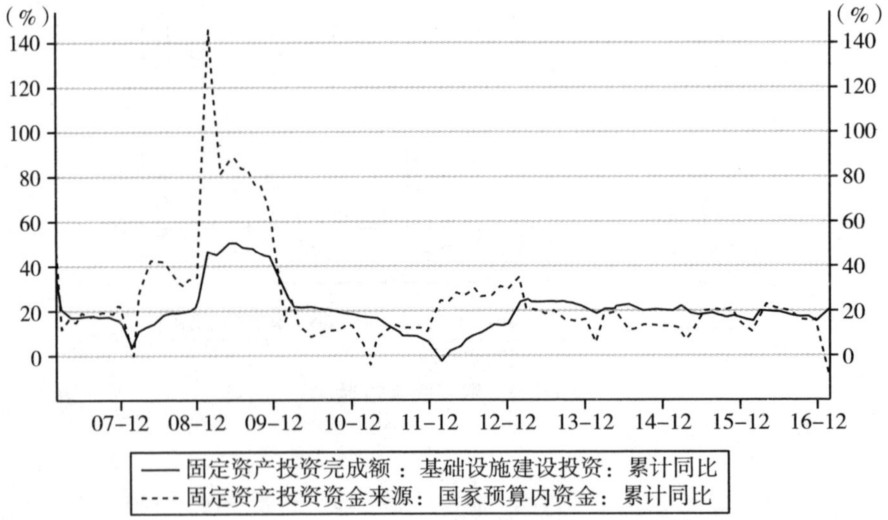

图 7　财政是基础设施建设的重要资金来源

数据来源：Wind 资讯。

远，但是基础设施建设投资仍然维持在18%的高增速水平。

（三）财政政策拉动有效需求边际效应递减

尽管供给侧改革将宏观调控的重点由需求侧转向供给侧，但是不可否认的是，对需求进行总量刺激以保持必要的经济增长是供给侧改革顺利进行的必要条件，但是这一刺激效应正在变弱。一方面，随着地方政府支出责任的不断增加，其收入并没有相应提高，且部分项目资金不能及时到位，也在一定程度上弱化了政府支出的效果；另一方面，随着反腐倡廉的深入推进，个别政府部门存在多一事不如少一事的思想倾向，刻意保持与企业的距离，降低了政府工作的效率，也不利于企业效率的提高。由于资金和人为的双重约束，无疑对扩大政府投资拉动需求的效果带来了一定影响。

（四）地方政府债务风险尚存

随着各地经济结构调整和产业升级换代，地方债务的发行规模逐渐扩大，引起了对资金需求的上升，使得中长期利率升高，收益率曲线变得更加陡峭，从而使得地方政府未来的融资成本提高，也使整个社会的融资成本提高，不利于未来消费和投资的增加，阻碍了经济的中长期发展和增长动力的内生转换；另一方面，地方政府债务置换虽然可以化解地方政府的财税风险，但是却会通过货币政策的信贷渠道对供给侧改革产生间接影响，由于地方政府债务置换主要是用来置换银行的贷款，意味着银行的信贷总量和贷款规模会相应减少，从而进一步降低了社会的总消费和投资，长远来看将不利于我国经济结构的转型和创新的实现。

（五）社保基金缺口问题不容忽视

我国基本养老保险改革起步晚，体制机制不健全，养老金缺乏原始积累，加之人口老龄化进程加速、养老金待遇水平上调等因素，养老金缺口越来越大。据统计，2016 年我国城镇职工养老保险个人账户的“空账”已接近 3.6 万亿元，全国城乡居民基本养老保险基金收入中，有 70% 以上来自财政补助，个人缴费不足 30%。随着财政收支矛盾的加大，这种运行方式恐难以为继。如果这些问题不能得到有效解决，将会制约积极财政政策的发力空间和效果。

三、财政政策支持供给侧改革的政策建议

与货币政策相比，财政政策的优势在于传导速度快、结构性特征明显，财政政策将成为推进供给侧改革的助力。财政作为财政资金和财政制度的供给者，可以采取多种有效手段，推进我国供给侧结构性改革。

（一）定向降低企业税费，提高资源配置效率

建议以结构性减税为主，就企业而言，对垄断性企业、房地产业征收特别调节税或者暴利税，对中小企业征收低税；就居民而言，对高消费征收高税，对低收入群体征收低税；就产业特征而言，研究征收环境税，对新型高科技企业和服务类企业征收低税。

一方面降低企业税负成本、增加企业利润，增强其投资能力和创新激励；另一方面通过对不同产业的差别减税政策，优先发展部分高新技术产业，促进创新发展和绿色发展，实现产业结构的进一步优化。

在内部精算平衡基础上，适当降低企业社保费率；完善居民个人养老延迟征税账户（“第三支柱”）设计；多举措补充社保基金缺口，完善养老保险的征缴与支付等制度设计，实现全国统筹。

（二）创新融资模式，托底结构性改革

经济新常态下，面临财政收支不平衡局面，需要利用有限的政府

资金来撬动更多的社会资本，创新财政投融资模式成为了供给侧改革的重要突破口。

1. 扩大国债比重，更好地发挥其结构性政策功能和金融功能。与发达国家相比，我国国债发行量仍较低，发行期限等要素也有进一步完善的空间。通过扩大国债发行，可以更好地精准补短板，也可以为公开市场操作提供交易标的，有助于更好地发挥国债收益率曲线的定价基准作用，助力货币政策转型。

2. 完善地方债务管理与处置机制，提高地方政府债的流动性。加快地方债置换消化，有效降低债务利息负担，化解系统性风险。通过引入多元投资主体和质押用途，增加地方政府债券流动性，为债务置换工作保驾护航。为保持债务水平适度，防范债务风险，应严格控制新增债务规模，当债务率超过100%时，建立债务刹车机制，实现新增债零发行。

（三）优化财政支出，培育经济增长新动力

财政支出的作用主要体现在直接财政资金的投入方面，由投资形成的公共基础设施、教育水平的提升等将作为供给侧的改善，形成高效率的资本积累，优化潜在总供给，为经济的长期发展提供动力。财政支出的作用还体现在财政补贴上，要高效发挥其政策引导作用，提高企业绩效。因此，需要精准定位财政投资方向，更多地为实现改善民生和提高企业绩效服务。

1. 发挥政府主导基金功能，支持实体经济薄弱环节。各级政府要加快建立政策性担保机构或担保基金，充实资金实力，充分发挥财政资金增信和杠杆作用，助力解决小微企业融资问题；在中央层面可建立再担保机制。同时，政策性担保费率应逐步下降，切实减轻小微企业负担。

通过清理盘活存量财政资金、整合各类财政专项资金和新增公共预算安排，设立政府性产业基金，特别是新兴产业创业投资引导基金，更好地发挥财政资金撬动社会投资、培育市场需求、促进企业创业创新等作用。

2. 发展全国政策性住房银行，化解城市库存压力。将现有的公积金体系改造成政策性国家住房银行，可以统一调配全国住房公积金，便于资金的跨区调配和补偿，解决资金供给和需求的错配问题，提高住房公积金的使用效率。此外，国家住房政策银行可以对高收入者和中低收入家庭实行区别对待的政策，后者不仅可以享受更优惠的贷款利率，贷款额度也可以大幅扩大，以激发符合条件的中低收入群体的需求和积极性。通过住房银行增加对三四线城市的政策性住房贷款供给，从供给侧刺激需求，消化库存，稳定三四线城市的房地产市场。由于住房银行的资金来源往往伴随着各种补贴，这实际也是一种收入再分配的方式，利于缩小贫富差距。还可以探索从商业银行购买合格住房贷款，发展资产支持证券，加快住房资金周转效率。大力发展公共租赁住房，推动住房保障方式向“以租为主”转变。

3. 绿色债券财政贴息，积极支持改革重点领域。发展绿色经济和绿色金融是适应经济新常态，转变经济发展方式的又一途径。政府在绿色项目初期可以给予一定的激励政策，对绿色项目实施价格补贴、财政贴息、投资补助等优惠措施。进一步拓宽绿色债券的担保渠道。建议通过政府设立专项基金，对低信用评级的绿色债券提供担保，提升绿色债券的价值。

综上所述，新常态下推进供给侧结构性改革，积极的财政政策要结合现实需求，着力于结构性减税、创新投融资模式和优化投资结构和效率方面。收入端要实现债务可持续，更好发挥综合效应；支出端要精准发力、落到实处，收支两端共同发力、双管齐下，助力供给侧结构性改革。

作者工作单位：中央国债登记结算有限公司

2012年以来我国财税政策实施现存问题及对策建议

◇ 连家明　陆成林　郭艳娇　寇明风　成　丹

摘　要：2012年以来，中国经济发展进入了“新常态”，发展速度面临由高速向中高速的转变，传统的发展动力也面临深刻的转换，局势更加复杂难测，这必然相应对财税政策提出新的要求和挑战。2013—2015年，新一届政府继续实施积极的财政政策和稳健的货币政策，根据形势变化，灵活、稳健地控制赤字和国债规模，并在区间调控基础上实施定向调控，通过扩大投资、减税降费、支持小微企业、支持创业创新等方式努力实现稳定经济增长，增强经济活力。上述政策究竟成效如何，需要加以评估，这对改善我国宏观调控，实现新旧动力的平稳过渡具有重要意义。同时，财政政策既是政府实施宏观调控的重要手段，也是履行各项职能的基本工具。因此，本文在对2012年以来财税政策实施效果分析评价的过程中，对财政履行各项职能所制定的重要财税政策进行梳理，分析当前财税政策实施过程中的主要问题，并提出了提高财税政策成效的思路和建议。

关键词：财税政策；改革回顾；政策效果；问题发现

2012 年以来，中国经济发展进入了“新常态”，增速下降，传统发展动力也面临深刻转换。财政政策是政府实施宏观调控的重要手段，也是履行各项职能的基本工具。面对新的形势，我国强力推进了新一轮财税改革，并且在支持经济平稳运行、促进城乡统筹协调发展、加强生态文明和社会事业建设、推动对外开放等方面，制定和实施了一系列财税政策，发挥了积极的作用和成效。但在政策实施过程中，我们发现也存在一些比较突出的问题，需要进一步加以完善。

一、2012 年以来我国财税改革和主要财税政策回顾

2013 年 3 月，新一届政府就任，楼继伟部长到财政部履新。在新旧交替的阶段，此前确定的 2013 年财政工作部署基本按部就班延续下来，包括降低企业税费、支持中小微企业发展、完善转移支付制度、创新政府购买服务等，特别是强农惠农富农的财税政策。2013 年 11 月召开的十八届三中全会，确定了建设国家治理体系和治理能力现代化的目标，并特别强调了财政是国家治理的基础和重要支柱，提出建设现代财政制度。按照这样一个认识和思路，财政领域的突破性改革实践，从 2014 年开始高密集、强力度的推进。2014 年 6 月 30 日，中央政治局通过了“全面深化财税改革总体方案”。2014 年 8 月 31 日，全国人大通过了《预算法》修正案，新《预算法》出台，也正式拉开了

新一轮财税改革的大幕。

在短短2年的时间里，我国先后出台了一系列重要财税改革举措如表1所示。2014年9月，先后出台《国务院关于加强地方政府性债务管理的意见》和《国务院关于深化预算管理制度改革的决定》，为预算管理制度改革打开突破口。2014年11月，出台《国务院关于清理规范税收等优惠政策的通知》，加快建设统一开放、竞争有序的市场体系，整顿财经秩序。2016年3月，出台《财政部、国家税务总局关于全面推开营改增试点的通知》，将建筑业、房地产、金融业、生活服务业纳入试点。至此，营改增最终全面推行，为减轻企业税负，促进产业升级发挥了积极显著的作用。2016年5月，资源税改革也全面推进，核心内容是清费立税、从价计征、留归地方，同时在河北启动水资源税试点。2016年8月，印发《国务院关于推进中央与地方财政事权与支出责任划分改革的指导意见》，积极研究建立事权与支出责任相适应的财政体制，为更好地发挥中央、地方两个积极性提供了新的制度框架。

表1　2014年以来财税改革重大事件概览

时　间	事　件	主要内容	备　注
2014年6月30日	中央政治局通过“全面深化财税改革总体方案”	确定当前和今后一段时期财税改革方向	
2014年7月30日	财政部召开全国财政厅局长座谈会	财政系统统一思想认识，做好相关准备	
2014年8月31日	全国人大通过新《预算法》修正案	立法宗旨由加强宏观调控变为约束政府收支行为，变“治民之法”为“治权之法”	

续表

时　间	事　件	主要内容	备　注
2014 年 9 月 21 日	出台《国务院关于加强地方政府性债务管理的意见》（国发〔2014〕43 号）	允许地方政府发债、开前门堵后门、实行限额管理	2015 年财政部下达 6000 亿新增债务和 3.2 万亿置换债券的额度
2014 年 9 月 26 日	出台《国务院关于深化预算管理制度改革的决定》（国发〔2014〕45 号）	打造全口径预算、中期预算、透明预算、绩效预算，加强地方债管理等	
2014 年 11 月 1 日	印发《财政部关于完善政府预算体系有关问题的通知》（财预〔2014〕368 号）	将地方教育附加等 11 项政府性基金纳入一般公共预算统筹管理。	2016 年又增加了 5 项
2014 年 11 月 27 日	出台《国务院关于清理规范税收等优惠政策的通知》（国发〔2014〕62 号）	为整顿财经秩序，加快建设统一开放、竞争有序的市场体系，清理税收等优惠政策	参照国发〔2015〕25 号文
2014 年 12 月 12 日	出台《国务院关于批转财政部权责发生制政府综合财务报告制度改革方案的通知》（国发〔2014〕63 号）	推进权责发生制政府综合财务报告制度改革	
2014 年 12 月 27 日	出台《国务院关于改革和完善中央对地方转移支付制度的意见》（国发〔2014〕71 号）	以基本公共服务均等化为目标，以一般转移支付为主，清理整合规范专项转移支付，充分发挥中央地方两个积极性	

续表

时　间	事　件	主要内容	备　注
2014年12月30日	印发《国务院办公厅关于进一步做好盘活财政存量资金工作的通知》（国办发〔2014〕70号）	进一步盘活财政存量资金，提高资金使用效率，充分释放积极财政政策有效作用	
2015年1月3日	出台《国务院关于实行财政中期规划管理的意见》（国发〔2015〕3号）	改进预算管理和控制，按三年滚动方式编制，部门行业规划与中期财政规划衔接	
2015年5月11日	出台《国务院关于税收等优惠政策相关事项的通知》（国发〔2015〕25号）	对已出台优惠政策设立过渡期，同时暂时中止62号文规定的专项清理工作	实际是对62号文件的重大调整
2015年10月29日	十八届五中全会召开	进一步强调深化财税改革，补充强调建立规范的地方政府举债融资体制；健全优先使用创新产品、绿色产品政府采购政策	
2015年12月10日	印发《财政部关于加强财政内部控制工作的若干意见》（财监〔2015〕86号）	在财政系统全面推进内部控制建设，提高风险防控能力和内部管理水平	
2015年12月24日	中办、国办印发《深化国税、地税征管体制改革方案》	国地税“合作”替代“合并”	

续表

时　间	事　件	主要内容	备　注
2016年3月17日	国家“十三五”规划纲要出台	第15章“加快财税体制改革”提出确立合理有序的财力格局；建立全面规范公开透明的预算制度；改革和完善税费制度；完善财政可持续发展机制	较好体现了全面深化财税改革总体构想…向现代财政制度目标深化
2016年3月23日	出台《财政部、国家税务总局关于全面推开营改增试点的通知》（财税〔2016〕36号）	2016年5月1日起，将建筑业、房地产、金融业、生活服务业纳入试点。至此营改增试点全面推行，营业税退出历史舞台	营改增自2012年1月1日起于上海启动试点，历经五次扩围，最终得以全面完成
2016年4月29日	印发《国务院关于印发全面推开营改增试点后调整中央与地方增值税收入划分过渡方案的通知》（国发〔2016〕26号）	所有行业企业缴纳增值税均纳入共享范围；中央分享50%，地方按税收缴纳地分享50%。中央上划收入通过返还方式给地方，确保地方既有财力不变。中央集中的收入增量加大中西部支持	过渡期暂定2-3年
2016年5月10日	出台《财政部 国家税务总局关于全面推进资源税改革的通知》（财税〔2016〕53号）	2016年7月1日起全面推进，清费立税、从价计征、留归地方。同时，河北省试点水资源税	
2016年8月18日	印发《国务院关于推进中央与地方财政事权与支出责任划分改革的指导意见》（国发〔2016〕49号）	积极研究建立事权与支出责任相适应的财政体制，发挥中央、地方两个积极性	

除了积极推进财税改革，不断夯实国家治理所需财税制度基础之外，在支持经济社会各项事业发展方面也制定了一系列财税政策，切实发挥职能作用。

一是支持经济平稳运行的积极财政政策。2012 年以来，在李克强总理“区间调控”和“定向调控”思想指导下，财政政策更多强调通过反周期操作，熨平经济波动，促进经济平稳增长。2013—2015 年，安排财政赤字分别为 1.2 万亿元、1.35 万亿元和 1.62 万亿元，逐年适当增加，以保持对经济的有效拉动和政策连续性。同时，通过调整支出结构，对小微企业实行税收优惠等，促进经济结构的优化。2015 年，中国经济增长低于 7%。面对新的形势，宏观调控开始由需求侧转向强调供给侧。2016 年，围绕“去产能、去库存、去杠杆、降成本、补短板”，财税部门陆续出台了针对性的政策，以增加社会有效供给。

二是支持城乡统筹协调发展。在强农惠农富农方面，进一步调整完善了支农补贴，将农作物良种补贴、种粮农民直接补贴和农资综合补贴合并为农业支持保护补贴，政策目标调整为支持耕地地力保护和粮食适度规模经营，同时取消原种粮大户补贴试点。此外，加强了涉农资金的整合与管理，进一步深化农村综合改革，将美丽乡村建设作为一事一议财政奖补工作的主攻方向。在新型城镇化方面，系统性地构建了支持农业转移人口市民化的财政政策体系。同时，通过健全农村产权流转交易市场，逐步建立进城落户农民在农村的相关权益退出机制，引导和支持其依法自愿有偿转让相关权益。

三是大力支持生态文明和财政扶贫等民生事业发展。2015 年 9 月，中共中央、国务院印发了《生态文明体制改革总体方案》。按照方案要求，财政积极推进资源环境税费改革，建立生态补偿机制，根据主体功能区划定位调整财政相关政策。同时，重点加大了财政支持节能环保产业发展的投入力度。着力支持公益林保护和生态功能区建设。在社会民生方面，重点支持职业教育、养老服务等事业发展，特别是加大财政精准扶贫力度。2016 年，中央财政大幅度增加财政扶贫资金投入规模，预算安排中央财政扶贫资金补助地方部分 661 亿元，比上年增长 43.4%。

四是加快推进大国财政建设，促进对外开放。随着全球生产网络的形成，国家间经济联系变得更为紧密，超越国界的经济、政治协调日渐重要。为此，楼继伟部长明确提出“大国财政”理念。2013 年以来的实践表明，我国在大国财政构建方面正逐步探索出具有中国特色的发展道路。对外适时实施“一带一路”战略、组建亚投行、金砖国家开发银行、丝路基金等重要载体，加快国际战略布局，深度推进国际财经合作，维护和增进了国家利益。

二、当前财税政策实施过程中的主要问题

近年来财税政策在促进经济社会发展中的作用是有目共睹的。基于问题导向和实际应用的考虑，我们着重考察政策实施中存在的矛盾和问题。

（一）职能定位不清导致财政支持边界无限延伸

当前，我国政府职能定位不清导致事权不断增加，特别是政策性变化导致政府事权边界不断变动。以三农问题为例，凡涉及农村的支出大多是新增加的支出责任。而且政府每推动一项改革，必然伴随着事权和支出责任的增加，例如，保障性安居工程，医疗改革，是对原有缺位的弥补。社会事业改革基本靠财政支出来推动，造成政府支出

责任的增加。而这种增加的趋势，在弥补原有不足的同时，更延伸至各个领域，政府财政作用边界不断扩张，旧问题（如缺位）没有解决，新问题（新的越位）却又出现了。同时，自公共财政建立以来，财政必然支持论的观点也得到热捧。这种观点认为各行业、地区的发展，都离不开国家财政、税收政策的支持。财税支持成了“万能钥匙”，国家要鼓励发展什么，就似乎需要研究出台相应的财政、税收优惠支持措施。一些地区、行业甚至将谋求财税支持作为其发展的重要措施。财税支持过多过滥，不仅会肢解税基，降低财政支持效率，影响财政收入稳定性，而且可能会造成更多的经济扭曲。

（二）单一财政投入政策可能导致资金投入“陷阱”

当前的财政政策，由于只是着眼于资金的支出，并没有同步对于相关行业制度进行改革，在片面的支出扩大政策下，有可能导致“投入陷阱”。最明显的就是教育支出占比和医疗改革问题。财政投入与相关制度改革不同步、不配套，一方面是由于改革利益部门化，另一方面是对财政资金的无限依赖。某些主导改革、制定改革政策措施的部门，不从全局角度考虑，而从部门利益出发，改革政策措施倾向于维护部门既得利益，这样导致了虽然财政资金投入不少，但是相应的制度改革并没有进行，财政资金效果大打折扣。

（三）财政资金分配使用分散

财政资金使用分散在上层表现为各个职能部门财政资金分配权的分散。当资金以专项形式拨付到基层单位和资金使用单位，就更加分散。以新农村建设为例，村庄建设工程涉及农委、林业、水利、交通、环保、民政、土地等多个部门，农村污染治理涉及农委、林业、水利、环保、动监、城建、卫生等多个部门，资金投入分别由多个部门分头实施，而且这些资金多以项目制形式下达，必须专款专用。如此一来就常常出现“撒胡椒面”现象，资金从各部门、各渠道下达，但都不足以真正解决问题，无法实现资金整合效应，造成项目实施效果欠佳。中央出台了整合财政资金试点政策，但是这种以县为单位整合财政资金使用，未能解决上级部门分散使用问题，与专项资金的使用相矛盾，效果也欠佳。因此对于财政资金使用分散问题，尤其涉及基层项目，需要理清分散的体制根源，才能从根本上解决问题。

（四）财政扶持政策往往带来补贴“依赖症”

没有经济社会主体发展壮大的单一财政扶持政策，会使相关主体陷入对财政资金的依赖中。财政扶持政策在正常的经济主体、社会组织主体发育过程中提供了辅助作用，但是由于政府补贴依赖症的存在也导致了相关主体发育的迟缓，矛盾重重。以政府购买居家养老服务为例，目前政府往往难以考虑到购买活动契约化的必要性，在构思好或者选中相关组织后便一味地进行“投资”，很容易使相关组织成为政府的资金附庸。导致养老组织与政府存在着千丝万缕的联系，这些组织虽然在发展前期因得到政府资金的大力支持而能快速发展，但是长期缺乏独立性，不仅不利于创新其工作机制，而且也会因成为政府的行政分支而造成寻租和服务质量不高等恶果。同样的问题也出现在财政扶贫政策中。

（五）财政资金使用绩效问题突出

传统财政资金投入方式只注重财政资金预算与管理的合规控制，但是不能显示财政资金使用的结果，从而忽略了成本，这种方式鼓励各个部门通过扩大投入和机构规模的方法来扩大财政资金支出预算的“最大化行为”。我国在财政支出绩效评价方面也进行了探索，如2005

年，财政部制定了《中央部门预算支出绩效考评管理办法（试行）》，并首先在财政部确定试点的中央部门实施。2011年4月，财政部重新修订了《财政支出绩效评价管理暂行办法》。2011年3月，国务院成立政府绩效管理工作部际联席会议，指导和推动政府绩效管理工作。但是由于种种原因，都不太理想。我国传统的预算是以投入为导向的，制度设计都是投入导向的，造成了对预算和支出管理结果导向的忽视。

（六）财政政策“过度”“超前”导致财政支出压力巨大

随着经济的发展，人们对福利的期望也越来越高。但如果超越国家财力和社会发展状况，大搞平均式的福利主义，就很容易陷入“福利主义”的泥潭，使国家发生严重的财政和债务危机。当前，这种“福利赶超论”在社会上非常有市场，给福利制度和财政制度改革造成了极大压力。近年来，我国启动了大量“民生工程”建设，如企业离退休人员连续11年提高养老金，在农村启动了新农保政府补贴制度，在城乡实行了全民医保行动。这些重大举措，较好改善了民生，促进了和谐社会建设。但基于13亿人口的发展中大国而言，微小的提标扩面都会带来巨大的财政支出，而且变成刚性兑付越滚越大。与此同时，由于忽略了制度建设和其他工具手段对于改善民生的作用，而一味地靠财政支出来弥补民生欠账，也造成支出压力进一步剧增。

三、提高财税政策成效的思路和建议

（一）更加注重财政资金的行政意图和政策效应

财政政策是政府行政的重要组成部分，资金运行只是其外在形式，最终要体现政府的行政意图。现代预算管理被视为通过公共支出管理实现国家战略和政府政策目标的强有力的工具。基于此，财政支出决策必须明确地表述国家战略和政策意图，这在客观上要求财政政策及资金管理须从单纯的“分配工具”向“政策工具”转变。当前我国的财政预算管理正在经历“分配—管理—效益”的演变过程。随着预算改革的推进，财政资金管理逐步改变过去“重分轻管”的局面，向“分管并重”转变。政府施政效能，主要取决于通过预算过程约束和支持公共政策的能力。当前的深化预算体制改革，对我国多年来形成的预算“分配观”形成强有力挑战。深化预算改革，在实际的财政政策的执行工作中，我们要跳出财政资金分配的狭小领域，从财政治理的高度整体上把握“财”和“政”的关系，把握财政资金安排与政府政策目标之间的关系，从政策目标和改善治理设定财政资金安排的具体方向、方式，切实提高财政支出政策的针对性、有效性和前瞻性。

（二）自上而下整合政府财政管理权

政府财政政策作用的有效发挥，离不开政府各个部门的支持和协调，现代财政制度建设，需要政府内部的合理分工合作。财政治理是国家治理的重要内容，国家治理能力的增强更多地表现为公共服务的更有效提供。对于财政资金使用分散、财政政策作用“碎片化”等问题导致的财政治理和国家治理能力弱化的问题，大部制改革能够解决。大部制能够解决同一领域多头管理、职能分散的难题，可以降低部门间协调成本，提高决策效率。财政部门作为政务类部门，相关部门有整合的必要。从目前的部门设置来看，财政部门、税务部门、海关部门、国资管理部门、国土资源管理部门以及其他相关部门的一部分，有整合为“大财政部”的必要（杨志勇，2016）。同时，分散在政府各部门的收支权限，也有必要根据情况集中。各部门或有收费或征收政府性基金的权限，名义上的“收支两条线”，实质上多是支出与收入挂钩。这在很大程度上形成了部门财力格局，影响财政资金的统筹使用，肢解财政职能。做大做强财政部门，才有可能实现“财政是国家治理的基础和重要支柱”的定位。

（三）注重财政资金使用的绩效问题

在新修改的《预算法》中加强了对“绩效”的强调，要求公共财政预算绩效管理要贯穿预算活动整个过程，突出绩效结果应用。强化预算绩效考核，对重大项目实施整体效益评价，按照成本收益法评估财政支出的有效性和效率；构建统一规范的预算绩效评价标准，建立完整的财政预算资金绩效评估体系，对不同项目实施分类管理，对同类项目采用统一评价标准，把预算评价结果予以公布。在全面深化改革的大背景下，在实践中推动预算改革，除了具体的管理和操作之外，还要从理念上，由传统的投入预算观念到现代绩效预算观念的转变。这种转变很可能会囿于实际操作中的经验主义和利益藩篱的制约，而一时难以改变，所以当前大量的宣传和培训工作必须要紧跟上。绩效观念是在具体的实践推行中产生的，但是更需要提前形成这种观念，有利于改革的推进。

（四）增强改革的协同性，注重靠机制解决社会问题

作为公共资源配置的基本手段和国家治理的重要支柱，财政对于调节收入分配、维系社会公正至关重要。财政政策的执行和财政资金支出其目的是解决社会民生问题，降低公共风险。加大财政资金投入力度，对于解决突发性公共问题非常必要，但是对于长期的公共风险和社会问题，在加大投入的同时，也要着力构建长效机制，财政资金投入能缓解一时，但绝对不能代替机制和制度建设。例如，政府投入了大量的财政资金进行医疗体制改革，但是民众“看病难”“看病贵”

并没有解决，这就需要相关的体制机制改革同步协调。因此，要树立共享和正义的财政理念，增强改革的协同性，让全体人民共享改革发展的成果。为此，深化社会保障、教育、医疗卫生等领域的改革，增强与财政改革的协同性。充分考虑经济发展水平和财力供给状况，建立更加公平、更为持续的社会保障制度；促进教育公平，缩小城乡区域教育差距，推动公共教育协调发展；确定合理的医疗卫生投入机制，全面提高医疗卫生服务水平。

（五）创新支持方式，提高财政支持经济社会发展的效率

清理有悖于市场公平和不利于经济发展的财政补贴和税收优惠政策。合理界定财政支出责任和补贴界限，建立遴选机制和淘汰机制，将支持的重点转向科技创新和工业发展，支持自主创新。不断创新财政支持方式。设立国家级产业发展与创新引导基金等专项基金，采取市场化运行模式，吸引社会资金支持创新、发展，并引入第三方评价机制；整合财政专项资金，加大对科技研发、技术升级、节能减排等支持力度，并完善退出机制。继续加快推进财政体制改革。缩小专项转移支付规模，加大一般性转移支付力度，增强转移支付的科学性、合理性和法制性，消除“跑部钱进”的制度根源。调整公共投资的内容与方式。围绕经济转型升级和生产生活中的短板，加大紧缺性公共投资力度，并采取公私合作（PPP）、政府购买服务、投资引导基金等多种形式，激发社会有效投资。

作者工作单位：辽宁省财政科学研究所；辽宁省财政学会

完善教育财政保障体系问题的探讨*

——基于广东省教育财政缺口调查与估测的实证分析

◇ 于海峰　陈　森

摘　要：本文分析了我国教育财政保障机制存在的三大问题，并以教育财政缺口为指标对全国教育财政投入第一的省份广东省进行了调查与检验。基于广东省21个市教育财政保障缺口的实证检验结果显示，教育财政保障的区域差异、各级各类教育财政保障的差异等问题依然存在。而导致这些问题的根本仍在于"教育财政保障事权基层化"。最后，分短、中、长期 提出了完善我国教育财政保障体系的政策建议。

关键词：教育财政保障；财政分权；财政缺口

* 本文系广东省教育厅2015年教育财政保障机制体系研究重大课题的阶段性成果。

教育在促进社会经济发展、践行公共服务均等化精神、实现中国梦的过程中起到基础性与根本性的作用。建立完善的教育保障制度，是促进教育公平，提高整体社会福利重要基础。当前国际公认的教育保障体系评价标准有三个：充足的教育经费、教育资源的有效和公平配置（Benson，1966）。其中，充足的财政经费投入又被视为教育财政保障机制的根本和基础。《国家中长期教育改革和发展规划纲要(2010—2020年)》（下称《国家教育规划纲要》）就曾指出教育财政保障投入是支撑国家长远发展的基础性、战略性投资，是教育事业的物质基础，是公共财政的重要职能。

在《国家教育规划纲要》精神的指导下，全国各级地方政府先后出台了各省的教育发展规划纲要，以财政为抓手，提高教育财政保障水平，加快推进深化地方政府财政教育保障机制的改革。仅以2016年底全国教育经费执行情况统计调查的情况为例，公共财政教育支出、教育生均公共财政预算教育事业费支出和各级教育生均公共财政预算公用经费支出等三项教育财政保障统计指标实现了连续三年的高增长。为了确保今后教育现代化更快更好地发展，总结和梳理多年来教育财政保障体系在推进教育现代化过程中的作用和意义具有很强的研究价值与意义。本文尝试从教育财政保障经费缺口的视角考察当前教育财政保障体制中仍亟待解决的问题。

一、我国现行教育财政保障体系存在的问题

鉴于长期以来，地方政府承担教育财政保障的事权，而在2016年以前，我国并未形成一套明确清晰可操作的中央与地方政府事权划分的制度，因此教育财政保障事权一直由地方政府承担。出现了基层政

府财政（县级财政）承担基础教育财政保障事权的现象。下文称这一教育财政保障制度特征为教育财政保障事权基层化。教育财政保障事权基层化导致了我国教育财政保障体系存在三大问题。

第一个问题是，教育财政保障责任基层化导致基层政府教育财政经费缺乏可靠的公共财政财源保障。受限于我国财政体制，基层政府的教育财政经费缺乏可靠的本级财源保障。省及其以下地方政府缺乏稳定的税基作为教育事业发展的财源保障，教育财政经费的构成主要是依靠本级财政资金满足。现实情况是大量的基础教育经费的事权支出责任则由县级基层政府承担，而从财源能力来看，越基层的政府，其财政筹资能力越弱，财政收入基本依靠各上级政府的转移支付。因此，基层政府教育财政经费的财源更难得到有效的财源保障。

第二个问题是，基层教育财政经费缺乏可靠的公共财政财源保障导致了教育财政经费投入地区间差距较大。该问题具体有两方面的体现：①区域间差异大。仅以 2016 年全国部分地区教育财政经费投入为例，财政性教育支出经费最高地区均集中在沿海和经济发达地区，西部、少数民族聚居省份的教育财政投入则相对较低。②同省内，省以下基层教育财政投入差异凸显。仅以 2016 年广东省为例，广州和深圳当年财政性教育经费支出分列全省第一、第二名，依次为 3 928 000 万元和 2 545 849 万元，分别是省内倒数第一、第二名的湛江和潮州地区的 29 倍和 14 倍。

第三个问题是，教育财政经费投入的地区差异导致了地区间教育成果存在显著差异。以高等教育为例，北京、上海是我国高水平大学的聚集地区，而与此同时，我国西北、西南地区的一些省份仅有一所“211”级别的高校，甚至像河南省这样的中部经济、人口大省，全省也仅有郑州大学一所“211”级别的高校。这与国家支持中西部地区发展的各项政策和举措是除了区域差异外，同一地区内的基础教育财政保障分化仍显著存在。仅以广东省为例，2016年广州市为六岁以上人口平均受教育年限最高的地区，达12年，全面覆盖高中教育水平（以小学六年制计算）；而垫底的省内韶关粤北山区则仅为8.7年，仍低于初中教育水平。两地间的教育水平差距达到了一个级次教育水平以上。

下文将以广东省21个市的本级财政预算为例，对基层政府教育财政保障缺口进行估测。以期从广东省近年教育财政保障体制改革中得到一些启示，并对今后我国教育财政体制改革提出政策建议。选取广东省为例的原因有二：一是广东省是全国深化体制改革的试验田，是我国经济强省和人口大省，其在经济发展水平、公共服务水平、居民受教育程度和政府财政预算公开程度等方面均居全国首位。对这样一个先进省份的教育财政缺口进行调查与估测，无非是对我国财政教育保障体制的最严格的检验；二是广东省能够体现我国经济体制改革的共性。例如，广东省内地域经济发展程度差异较大，人口分布不均等特征是我国经济发展、社会制度改革的一个缩影，以该省作为调查和研究的对象更具有普遍意义，更能够体现我国教育体制改革中的共性。

二、广东省内21个市的教育财政保障缺口调查与估测

在《国家教育规划纲要》精神的指导下，广东省出台了《广东省中长期教育改革和发展规划纲要（2010—2020年）》（下称《广东省教

育规划纲要》），并于近年加快推进深化省内各级财政教育保障机制的改革。在该文件精神的指导下，广东省内各级学校生均拨款制度不断完善，职业教育经费保障机制、教师培训教育保障机制建设取得较大进展。至2014年7月已实现：城乡义务教育生均公用经费补助标准小学已提高至950元，初中已提高至1 550元，省属普通本科学校生均综合定额提高到9 100元。但仅从2015年全国教育财政经费排名来看，虽然2015年广东省在公共教育经费支出总额上位居全国首位，但各级生均财政性教育经费投入均位列全国十名以外。可见，广东省的教育财政保障机制仍有待进一步完善。唯有加快推进广东省教育财政保障机制改革，更有效的整合省内财政教育保障资源，才能尽快实现《广东省教育规划纲要》战略目标。

财政缺口即财政需求与财政能力之差。其中，财政需求是指在同等的支出效率前提下，政府实现公共支出目标所需的支出；财政能力是指在平均收入努力程度下，政府按照各项税收所对应的国民生产总值（经济税基）估算出的收入能力。比照以上关于财政缺口的概念，下文将广东省省内各市公共财政教育支出缺口定义为市本级财政的教育财政需求与教育财政能力间的差值。其中，教育财政需求是指市政府在同等支出效率前提下，达到财政收支均衡范围内，达到全国或全省各级教育生均经费时所需的支出；地方教育财政能力依据教育财政支出占GDP 4%、教育财政支出占本级财政支出25%及实际本级教育财政投入三个指标来衡量。

另外，还需强调的是，对广东省21个市的本级教育财政缺口进行抽样调查与估测的原因在于广东省是我国经济强省和人口大省，省级财政能力较强，教育经费占GDP 4%和占本级财政支出25%的这两个指标比例是符合该省省情和省内公共服务需求的。我们希望通过对广东省这一经济发展、社会保障体制和公共服务均等化等方面处于国家前列的省份进行教育财政缺口的调查与估测，管中窥豹，说明目前我国教育财政保障体系中存在的共性问题，以期从这样深化教育体制改革较先进省份的案例中获得一些启示。但文章中各项教育财政能力的指标经验并不一定适用于全国推广。

（一）广东省21个市公共财政教育需求估算

根据教育财政需求的定义，对广东省21个市教育财政需求的估算采用如下公式：

$$教育财政需求 = \sum_{j} j级次教育生均支出标准 \times j级次教育学生数 \tag{1}$$

其中，j = 小学，高等学校、普通中学（含初中、高中），中等职业教育，小学等；生均支出标准取自全国各级教育生均支出标准。

1. 广东省21个市教育财政需求估算所需数据的说明。要计算（1）式，首先要明确j级次教育生均支出标准。根据财政性教育经费的概念及历年国家教育部、国家统计局、财政部全国教育经费执行情况统计公告的统计口径可知，我国财政性教育经费（公告中称公共财政教育支出）包括教育事业费，基建经费和教育费附加三个方面的经费，经核对，此项统计指标即为统计年鉴中的教育支出一项。因此，我们可以利用2015年教育经费支出情况统计公告中的各级教育生均教育经费为计算广东省内21个市级政府教育财政需求的标准，具体如表1所示。

表 1　2015 年广东省与全国各级教育生均经费对照表　单位：元

各级教育生均公共财政预算教育事业费										
	普通小学		普通初中		普通高中		中等职业学校		普通高等学校	
	生均经费	全国排名	生均经费	全国排名	生均经费	全国排名	生均经费	全国排名	生均经费	全国排名
全国均值	7 681.02	16	10 359.33	20	9 024.96	16	9 128.83	21	16 102.72	9
广东省	7 738.55		9 264.05		8 979.99		7 996.61		14 361.68	
各级教育生均公共财政预算公用经费										
	普通小学		普通初中		普通高中		中等职业学校		普通高等学校	
	生均经费	全国排名	生均经费	全国排名	生均经费	全国排名	生均经费	全国排名	生均经费	全国排名
全国均值	2 241.83	9	3 120.81	23	2 699.59	19	3 680.83	22	7 637.97	24
广东省	1 851.39		2 382.21		2 252.67		3 175.01		5 546.02	

注：表 1 中列出了 2015 年全国教育经费执行情况统计公告中全国各级教育生均公共财政预算事业费及各级教育生均公共财政预算公用经费两种统计口径，其中每个口径下我们还列出了全国均值和广东省内均值，共计两类，四种口径推算广东省 21 个市的教育财政需求。

其次，j 级次教育学生人数据来源于省内 21 个市五个级次教育的学生数取自广东省 21 个市 2008—2016 年的统计年鉴，如表 2 所示。

表 2　2008—2016 年广东省 21 个市的各级学校在校生人数的统计描述

变量名称		均值	标准误	最小值	最大值	样本量
普通高等学校（siu）	全样本	71 795.47	181 091.70	0	983 051.00	N = 168
	组间		183 759.50	0	865 745.70	n = 21
	组内		19 426.10	-56 798.2	194 106.10	T = 8
中等职业学校（sihzy）	全样本	61 874.75	55 100.07	0	251 077.00	N = 168
	组间		52 827.14	0	245 307.70	n = 21
	组内		18 892.83	-26 832.92	133 551.80	T = 8

续表

变量名称		均值	标准误	最小值	最大值	样本量
普通中学（含普通高中）（sihpt）	全样本	333 631.80	158 278.00	90 901.00	706 881.00	N = 168
	组间		160 055.00	94 048.33	661 151.30	n = 21
	组内		21 425.17	251 093.50	369 361.50	T = 8
普通小学（sis）	全样本	445 388.60	453 090.50	125 643.00	4 924 418.00	N = 168
	组间		291 854.70	128 399.30	1 371 695.00	n = 21
	组内		351 452.70	-400 636.20	3 995 112.00	T = 8

注：1. 普通中学为历年各市普通高中和初中在校生总人数；2. 汕尾市是省内唯一没有高等院校和中等职业学校的城市，其相关指标数据计为0；3. 云浮市2014年普通高等学校在校生人数缺失，我们用2008—2013年云浮市普通高等学校在校生人均数进行插值。4. 2016年的数据尚未完全公布，本文用AR（2）方回归进行插值。

2. 广东省21个市的公共财政教育支出需求估算。由于广东省各市统计年鉴的普通中学统计数据中未将普通高中在校生人数分列统计，在以2015年全国教育经费执行情况统计公告共计两类，四种口径为计算指标的基础上（见表1），本文分类假设普通中学中都是初中生和都是高中生两种情况及这两种情况的平均值，利用（1）式，推算广东省21个市的教育财政需求。结果共计两项，四类九个教育财政需求口径，具体如表3所示。

（二）广东省21个市的教育财政能力估算

1. 广东省21个市的教育财政能力估算方法简介。目前地方政府财政收入中的教育附加费有类似教育财源的性质，但由于其规模在总教育经费中极其有限，不足以满足地方政府教育财政性经费保障的需要。地方政府发展教育事业缺乏稳定的财源作为“税基”。为解决这一问题，本文将地方政府教育财源设定为以地方政府的本级财政收入，并以此作为当地教育投入的“税基”。之所以选择地方政府本级财政收

表 3　**广东省 2015 年 21 个市的教育性财政总需求经费**　单位：亿元

市	以各级教育生均公共财政预算教育事业费为标准计算的市级教育性财政总需求						以各级教育生均公共财政预算教育事业费为标准计算的市级教育性财政总需求					
	全国			广东省			全国			广东省		
	高中经费支出	初中经费支出	平均值	高中经费支出	初中经费支出	平均值	高中经费支出	初中经费支出	平均值	高中经费支出	初中经费支出	平均值
广州	295.62	302.92	299.27	276.03	277.58	276.81	117.98	120.28	119.13	90.39	91.1	90.75
深圳	105.98	110.94	108.46	104.41	105.47	104.94	33.94	35.5	34.72	27.53	28.02	27.78
珠海	41.03	42.29	41.66	38.61	38.88	38.75	15.99	16.39	16.19	12.29	12.42	12.36
汕头	86.91	93.12	90.02	86.06	87.38	86.72	26.63	28.59	27.61	22.11	22.71	22.41
佛山	80.54	84.76	82.65	78.74	79.64	79.19	26.08	27.41	26.75	21.38	21.79	21.59
韶关	40.06	42.29	41.18	39.07	39.55	39.31	13.24	13.94	13.59	10.73	10.95	10.84
湛江	121.55	129.41	125.48	118.57	120.24	119.41	39.65	42.13	40.89	32.5	33.26	32.88
肇庆	69.47	73.28	71.38	67.43	68.24	67.84	23.41	24.61	24.01	18.89	19.26	19.08
江门	55.54	58.66	57.10	54.24	54.91	54.58	18.06	19.04	18.55	14.79	15.09	14.94
茂名	108.57	116.13	112.35	107	108.61	107.81	33.95	36.34	35.15	28.06	28.8	28.43
惠州	73.26	77.09	75.18	71.82	72.64	72.23	23.34	24.55	23.95	19.26	19.63	19.45
梅州	57.76	61.63	59.70	56.69	57.52	57.11	18.34	19.56	18.95	15.14	15.51	15.33

续表

市	以各级教育生均公共财政预算教育事业费为标准计算的市级教育性财政总需求						以各级教育生均公共财政预算教育事业费为标准计算的市级教育性财政总需求					
	全国			广东省			全国			广东省		
	高中经费支出	初中经费支出	平均值	高中经费支出	初中经费支出	平均值	高中经费支出	初中经费支出	平均值	高中经费支出	初中经费支出	平均值
汕尾	41.16	44.43	42.80	41.18	41.88	41.53	12.17	13.2	12.69	10.11	10.43	10.27
河源	43.19	45.8	44.50	42.46	43.02	42.74	13.59	14.42	14.01	11.25	11.5	11.38
阳江	31.12	33.16	32.14	30.76	31.2	30.98	9.65	10.29	9.97	7.98	8.18	8.08
清远	46.49	49.4	47.95	45.83	46.45	46.14	14.53	15.45	14.99	12.02	12.3	12.16
东莞	91.12	94.83	92.98	89.62	90.41	90.02	29.19	30.36	29.78	23.79	24.15	23.97
中山	39.82	41.85	40.84	39.22	39.65	39.44	12.85	13.49	13.17	10.36	10.56	10.46
潮州	35.45	37.87	36.66	34.9	35.42	35.16	11.21	11.97	11.59	9.21	9.44	9.33
揭阳	437.27	443.68	440.48	437.97	439.34	438.66	129.05	131.08	130.07	107.43	108.06	107.75
云浮	37.57	39.72	38.65	36.61	37.07	36.84	12.25	12.92	12.59	10.11	10.32	10.22

入作为当地教育投入“税基”的原因有三：①我国近90%的教育经费由基层地方政府承担；②地方本级财政收入不包括中央财政补助的部分，更能够体现地方基层政府的财政收入能力；③使用地方本级财政收入作为“税基”，便于利用地方经济数据估算，便于利用教育财源比例测算地方政府教育财政能力。

地方政府筹集教育财政资金的“税率”即本级地方教育财政保障性经费占地方本级财政收入的比重。本文根据两个财政性教育经费占GDP的4%和财政教育拨款占财政总支出比例达到25%两个指标，拟定了两个地方教育财政保障经费的“税率”方案。方案1是以财政性教育经费占GDP的4%为标准计算省内21个市本级财政的教育财政能力“税率”。具体的换算思路如下，先计算2015年广东省内21个市财政收入占GDP的比重，再以4%除以该比重，可得本级财政收入应承担的教育财政性支出的比重，即为方案1的税率；方案2以《广东省教育规划纲要》中到2020年各级财政教育拨款占财政总支出比例达到25%以上的规划为衡量标准，计算省内21个市本级教育财政能力的“税率”。具体的换算思路如下：先计算本级财政收入占市级政府本级财政支出的比例，再以25%除以该比例，可得本级财政收入应承担的教育财政性支出的比重，即方案2的“税率”。

2. 广东省21个市的财政能力估计及本级教育财政能力估算。目前估算地方政府财政能力的方法主要有两种：第一种方法是代表性税制法（Representative Tax System，RTS），根据标准税基和税率估计地方政府各项税收收入，加总后形成财政收入。由于此种方法源自美国，鉴于我国的分税制与美国的财政联邦制两种制度差异较大，此种方法使用起来其制度适应性较差，估计效果不理想，国内多数学者选择第二种方法估算财政能力。第二种方法是以重要的经济发展指标作为税基的代理变量，再用回归估计的方式近似估算财政能力。如马俊（1997）、马红旗和陈仲常（2012）采用社会零售商品总额和工业企业的税前利润作为税基的代理变量；Barro（2002）、尹恒和朱虹（2009）利用人均 GDP 作为税基的代理变量，黄解宇和常云昆（2005）利用 GDP 和社会零售商品总额作为税基的代理变量，等等。

本文亦采用第二种方法，同时考虑到数据的可得性，以地区国民生产总值 GDP 和社会零售商品总额作为解释变量来替代税基，利用地方实际财政收入作为被解释变量，选择 2008—2016 年包括广东省 21 个市在内的面板数据进行回归。对财政收入和地方国民生产总值以消费者物价指数进行平减，对社会零售商品总额以零售商品价格指数进行平减，基期均为 2008 年，所有数据取自然对数。分别采用固定效应和随机效应模型进行回归，两个模型的选择取决于 Hausman 检验结果，如果检验结果的 P 值小于 0.1 选择固定效应模型，否则选择随机效应模型。结果如下：

$$固定效应: REC_{it} = -3.77^{***} + 0.06^{*} GDP_{it} + 1.23^{***} Rerail_{it} \quad (2)$$

$$随机效应: REC_{it} = -3.73^{***} + 0.08^{**} GDP_{it} + 1.20^{***} Rerail_{it} \quad (3)$$

其中，*，**，***分别表示在 10%，5% 和 1% 的显著性水平上显著。Hausman 检验 P = 0.0001，小于 0.01，故选择固定效应模型。根据固定效应模型的回归参数，估算广东省 21 个市总财政能力及两个方案下的教育财政能力，如表 4 所示。

表 4　2015 年省内 21 个市的地方 GDP、总财政能力及教育财政能力

单位：亿元

市	地方 GDP	地方总财政能力	方案 1（以占 GDP 4% 为依据）		方案 2（以占支出 25% 为依据）	
			教育性财政占财源比例	地方教育财政能力	教育性财政占财源比例	地方教育财政能力
广州	15 420.14	2 377.524	0.54	1 284.35	0.30	721.57
深圳	14 500.23	1 407.426	0.34	471.52	0.24	343.64
珠海	1 662.38	129.1619	0.34	44.23	0.04	5.09
汕头	1 565.9	233.714	0.56	130.58	0.43	99.68
佛山	7 010.17	592.661	0.64	379.24	0.28	165.13
韶关	1 010.07	72.84657	0.56	41.00	0.6	43.83
湛江	2 060.01	200.4377	0.78	155.93	0.83	165.65
肇庆	1 660.17	82.56098	0.55	45.40	2.41	199.28
江门	2 000.18	173.9974	0.51	88.09	0.34	58.52
茂名	2 160.17	168.6009	0.96	161.22	0.60	101.97
惠州	2 678.35	169.5393	0.43	72.60	0.33	55.62
梅州	800.01	68.31587	0.46	31.51	0.74	50.79
汕尾	671.75	76.15768	0.56	42.50	0.55	41.64
河源	680.33	30.85275	0.56	17.21	0.87	26.83
阳江	1 039.84	86.31512	0.77	66.83	0.53	45.91
清远	1 093.04	82.65307	0.47	38.93	0.50	41.33
东莞	5 490.02	333.3224	0.54	178.84	0.27	90.53
中山	2 638.93	173.7837	0.47	81.38	0.26	45.61
潮州	780.34	50.9712	0.84	42.90	0.58	29.62
揭阳	1 605.35	116.398	0.96	112.08	0.61	71.45
云浮	602.3	26.11134	0.53	13.75	0.62	16.27

注：回归中对数据进行了价格调整并取对数，表中数据对其进行了还原，为 2008 年当年不变价格指数。

（三）广东省21个市的教育财政缺口估算

由表5可知，当对所有地区统一以占GDP的4%的教育财源比例进行计算时，存在教育财政缺口的地区有韶关、肇庆、惠州、梅州、河源、清远、揭阳和云浮8个地区，全部属于粤西北地区；在所有地区统一以占教育财政经费占财政支出25%为指标进行计算时，存在教育财政缺口的地区减少了，仅限珠海和揭阳2个地区。

表5 广东省2015年21个市的教育性财政能力与总需求经费间的缺口

单位：亿元

市	地方教育财政缺口区间（以占GDP4%为依据）		地方教育财政缺口区间（以占支出25%为依据）	
	全国（亿元）	广东省（亿元）	全国（亿元）	广东省（亿元）
广州	(-988.73, -981.43)	(-1 008.32, -1 006.77)	(-603.60, -601.30)	(-631.18, -1 193.25)
深圳	(-365.54, -360.58)	(-367.11, -366.05)	(-309.70, -308.14)	(-316.11, -443.50)
珠海	(-3.20, -1.94)	(-5.62, -5.35)	(10.90, 11.30)	(7.20, -31.81)
汕头	(-43.67, -37.46)	(-44.52, -43.20)	(-73.05, -71.09)	(-77.57, -107.87)
佛山	(-298.70, -294.48)	(-300.50, -299.60)	(-139.05, -137.72)	(-143.75, -357.45)
韶关	(-0.94, 1.29)	(-1.93, -1.45)	(-30.59, -29.89)	(-33.10, -30.05)
湛江	(-34.38, -26.52)	(-37.36, -35.69)	(-126.00, -123.52)	(-133.15, -122.67)
肇庆	(24.07, 27.88)	(22.03, 22.84)	(-175.87, -174.68)	(-180.39, -26.14)

续表

市	地方教育财政缺口区间（以占 GDP4% 为依据）		地方教育财政缺口区间（以占支出 25% 为依据）	
	全国（亿元）	广东省（亿元）	全国（亿元）	广东省（亿元）
江门	（-32.55，-29.43）	（-33.85，-33.18）	（-40.46，-39.48）	（-43.73，-73.01）
茂名	（-52.65，-45.09）	（-54.22，-52.61）	（-68.02，-65.63）	（-73.91，-132.43）
惠州	（0.66，4.49）	（-0.78，0.036）	（-32.28，-31.07）	（-36.36，-52.97）
梅州	（26.25，30.12）	（25.18，26.01）	（-32.45，-31.23）	（-35.66，-16.01）
汕尾	（-1.34，1.93）	（-1.32，-0.62）	（-29.47，-28.44）	（-31.53，-32.07）
河源	（25.98，28.59）	（25.25，25.81）	（-13.24，-12.41）	（-15.58，-5.71）
阳江	（-35.71，-33.67）	（-36.07，-35.63）	（-36.26，-35.62）	（-37.93，-58.65）
清远	（7.56，10.47）	（6.90，7.52）	（-26.80，-25.88）	（-29.31，-26.63）
东莞	（-87.72，-84.01）	（-89.22，-88.43）	（-61.34，-60.17）	（-66.74，-154.69）
中山	（-41.56，-39.53）	（-42.16，-41.73）	（-32.76，-32.12）	（-35.25，-70.82）
潮州	（-7.45，-5.03）	（-8.00，-7.48）	（-18.41，-17.65）	（-20.41，-33.46）
揭阳	（325.19，331.60）	（325.89，327.26）	（57.60，59.63）	（35.98，-4.016）
云浮	（23.82，25.97）	（22.86，23.32）	（-4.02，-3.35）	（-6.16，-3.43）

另根据表 3，我们还计算了广东省 2015 年 21 个市的教育财政实际投入与教育财政总需求间的缺口如表 6 所示。

表 6　广东省 2015 年 21 个市的教育性财政实际投入与总需求经费间的缺口

单位：亿元

市	2015 年实际教育财政支出	以各级教育生均公共财政预算教育事业费为标准计算的市教育性财政缺口（以占 GDP 4% 为依据）				以各级教育生均公共财政预算教育事业费为标准计算的市教育性财政缺口（以占支出 25% 为依据）			
		全国生均经费标准		广东省生均经费标准		全国生均经费标准		广东省生均经费标准	
		高中教育财政保障缺口	初中教育财政保障缺口	高中教育财政保障缺口	初中教育财政保障缺口	高中教育财政保障缺口	初中教育财政保障缺口	高中教育财政保障缺口	初中教育财政保障缺口
广州	253.95	41.67	48.97	22.08	23.63	-135.97	-133.67	-163.56	-162.85
深圳	287.73	-181.75	-176.79	-183.32	-182.26	-253.79	-252.23	-260.2	-259.71
珠海	51.08	-10.05	-8.79	-12.47	-12.2	-35.09	-34.69	-38.79	-38.66
汕头	52.21	34.7	40.91	33.85	35.17	-25.58	-23.62	-30.1	-29.5
佛山	102.46	-21.92	-17.7	-23.72	-22.82	-76.38	-75.05	-81.08	-80.67
韶关	35.22	4.84	7.07	3.85	4.33	-21.98	-21.28	-24.49	-24.27
湛江	25.32	96.23	104.09	93.25	94.92	14.33	16.81	7.18	7.94
肇庆	48.52	20.95	24.76	18.91	19.72	-25.11	-23.91	-29.63	-29.26
江门	50.44	5.1	8.22	3.8	4.47	-32.38	-31.4	-35.65	-35.35
茂名	59.13	49.44	57	47.87	49.48	-25.18	-22.79	-31.07	-30.33
惠州	72.8	0.46	4.29	-0.98	-0.16	-49.46	-48.25	-53.54	-53.17
梅州	49.43	8.33	12.2	7.26	8.09	-31.09	-29.87	-34.29	-33.92
汕尾	25.86	15.3	18.57	15.32	16.02	-13.69	-12.66	-15.75	-15.43
河源	34.64	8.55	11.16	7.82	8.38	-21.05	-20.22	-23.39	-23.14
阳江	24.9	6.22	8.26	5.86	6.3	-15.25	-14.61	-16.92	-16.72
清远	44.43	2.06	4.97	1.4	2.02	-29.9	-28.98	-32.41	-32.13
东莞	113.59	-22.47	-18.76	-23.97	-23.18	-84.4	-83.23	-89.8	-89.44

续表

市	2015年实际教育财政支出	以各级教育生均公共财政预算教育事业费为标准计算的市教育性财政缺口（以占GDP 4%为依据）				以各级教育生均公共财政预算教育事业费为标准计算的市教育性财政缺口（以占支出25%为依据）			
		全国生均经费标准		广东省生均经费标准		全国生均经费标准		广东省生均经费标准	
		高中教育财政保障缺口	初中教育财政保障缺口	高中教育财政保障缺口	初中教育财政保障缺口	高中教育财政保障缺口	初中教育财政保障缺口	高中教育财政保障缺口	初中教育财政保障缺口
中山	66.1	-26.28	-24.25	-26.88	-26.45	-53.25	-52.61	-55.74	-55.54
潮州	22.13	13.32	15.74	12.77	13.29	-10.92	-10.16	-12.92	-12.69
揭阳	46.67	390.6	397.01	391.3	392.67	82.38	84.41	60.76	61.39
云浮	24.97	12.6	14.75	11.64	12.1	-12.72	-12.05	-14.86	-14.65
省内教育财政缺口合计		447.9	531.68	405.64	423.52	-856.48	-830.06	-976.25	-968.1

从表6来看，经计算，如按照全国生均经费教育投入的指标来看，广东省仅有东莞和中山两个市没有教育财政经费缺口。而按照省内生均投入的指标来看，广东省有揭阳和湛江两个市的教育财政经费缺口较大。

利用2008—2016年广东省21个市的教育财政数据及2015年全国教育生均经费数据，在确定各地区教育财源比例的基础上估算了省内21个市的教育财政经费缺口。研究发现：①以教育财政支出占GDP4%的比例为标准设定省内21个市教育财源比例时，省内存在教育财政缺口的城市有韶关、肇庆、惠州、梅州、河源、清远、揭阳和云浮8个地区；②在以教育财政支出占本级政府财政支出比例25%为标准设定省内21个市省市教育财源比例时，省内仅有珠海和揭阳2个地区存在教育财政缺口；③以广东省 2015 年 21 个市的本级财政教育财政经费实际投入为测算标准，广东省在全国生均经费的标准下的教育财政缺口的区间为（405.64，531.68）亿元，且省内除东莞和中山两市外的其他 19 个市财政均存在教育财政缺口；在省内生均教育经费投入的标准下，省级层面合计上不存在教育财政缺口，且湛江和揭阳地区成为省内存在教育财政经费缺口的城市。

由此可见，广东省目前教育财政保障缺口适中，如按照《广东省教育纲要》来考察，2015 年广东省 21 个市已基本完成纲要规划目标："教育财政支出占本级财政支出的 25%"。若以全国规划纲要中的生均经费投入指标来衡量，广东省目前市级教育财政保障的缺口仍然显著。教育财政保障机制仍有进一步完善的空间。

三、启示与政策建议

（一）广东 21 个市的教育财政保障缺口调查与估测的启示

1. 教育财政保障的区域差异显著。当前的财政体制规定，教育财政保障事权主要由地方政府财政承担。更具体的如学前教育、九年义务教育和高中（职中、中专）等教育的财政事权大半由县级财政承担。然而由于地区经济发展水平的差异，不同地区间地方政府财政能力有别，教育财政保障存在显著地区差异。经济发达地区，财政能力较高，地方政府对提高教育财政保障的水平的意愿较高；经济发展滞后的地区，地方财政捉襟见肘，地方政府没有能力加大教育财政保障投入。

另外，我国区域间教育财政保障的区域差异，直接拉大了区域间教育公共服务的差距，导致了区域间的教育不公平。省级财政能力强的东部、沿海地区教育财政保障能力雄厚，这些地区集中了全国最优质的教育资源，一流的设备，一流的教师资源，甚至更好的学习环境。而省级财政能力弱的西部边远地区、少数民族地区的教育财政保障能力薄弱。地区教育资源相对匮乏，不管从结构上还是数量上都不能满足西部地区社会发展的需要。这与西部地区在国家发展战略的地位不相适应。

2. 各级各类教育间的教育财政保障差异显著。从全国各级教育生均经费和各地各级教育生均经费来看，教育财政保障资源大部分集中于高等教育、各类省级重点学校和公办学校。对于此类别之外的学校往往资助和保障较少。可见，各级各类教育间的教育财政保障还存在显著差异。例如，重点院校的教育经费投入往往是普通院校的几百倍乃至上千倍，这样做会导致强校更强，弱校更弱的局面，会使我国的教育向不良方向发展，会使一部分天资较好但后天资源、环境不佳的潜力学生成为教育偏见的牺牲品。长此以往，会影响我国的经济发展，不利于我国经济的健康持续稳定。另外，教育资源的偏差也会误导一些家长孩子，他们往往会认为只有进入国家重点院校才能有一个美好的未来，这种现象如果不及时制止会带来严重的后果。

3. 教育财政保障机制缺乏地方政府财政能力的有效保障。鉴于我国目前还未形成明确的基层地方政府财政收入筹集制度，相应的地方税收政策和体系仍不完善，教育财政保障机制缺乏稳定的经费来源。一方面，现行的分税制财政管理体制，使得农村地区无法获得稳定的税收收入。究其原因是农村地区尤其是中西部农村地区，居民收入水平低，可支配财产少，营业税、个人所得税、房产税等地方税源贫乏所致。另一方面，现行税制中的相关税种的优惠措施，在形式和种类上比较单一，无法贯彻政府促进教育发展的意图，缺少应有的系统性与前瞻性，费用扣除的标准偏低；税收优惠的适用与受益范围比较窄，主要体现在个人所得税和企业所得税制中，制约了税收优惠措施对鼓励社会投资办学的激励作用的充分发挥。

4. 省级以下教育财政保障缺乏政府间财政转移支付制度的保障。省以下，特别是市级以下的财政转移支付制度不完善，使得基层地方政府的教育财政保障资金得不到及时补充。在各级政府间教育财政保障事权和财权分配不对称的情况下，解决办法只能是实行财政转移支付。我国教育财政保障体系中的转移支付制度主要包括：中央政府的“国家贫困地区义务教育工程”专款、“义务教育危房改造工程”专款等，转移支付总额约占义务教育总支出的1%。省、地两级政府的义务教育专款拨款全国各地不尽相同，但总量均不大。特别是我国义务教育财政体制实行了以县为主的体制，在落后地区县级政府财力薄弱的情况下，根本无法承担义务教育的巨大经费需求。

（二）政策建议：建立以省财政为责任主体的教育财政保障机制

完善我国教育财政保障体系的政策建议是建立以省财政为责任主体的教育财政保障机制，分短期、中长期和长期三个阶段分别如下：

首先，短期以保障教育财政经费来源，鼓励地方政府创新筹资模式为目标。受制于我国的财政体制，目前地方政府教育财政保障经费来源单一，受到地方经济实力的制约。即地方经济实力较低，地方政府教育财政保障投入较低。因此应鼓励地方政府创新教育财政保障的筹资模式。如接受海外华侨和地方企业的捐助，允许民间资本投资和资助公立学校的运营，在基础教育阶段引入助学贷款机制等。

其次，中期以建立规范的省内教育财政转移支付制度，保障区域间的教育财政公平为目标。尽快建立一个以客观变化为基础的、纵横交错的教育财政转移支付框架，强化政府教育财政的整体协调功能通过实施义务教育财政转移支付弥补各级地方政府的义务教育财政收支缺口，实现教育机会均等的公平性原则。

最后，长期以应上解财政教育保障的支出责任，确保教育财政投入均等化为目标。根据不同教育类型的公共属性逐级上解财政教育保障的支出责任。公共属性较强的基础教育（含高中教育、中职中专教育）应有国家财政和省级财政承担。高等教育的公共属性较弱，应以多样化融资的方式筹集教育资金。鼓励高等学校利用自身学科优势和科研优势向社会、向市场、向个人筹集教育资金。

作者工作单位：广东财经大学

围绕农业供给侧结构性改革
全面提升农业综合开发水平

◇ 国家农业综合开发办公室

摘　要：推进农业供给侧结构性改革，是当前和今后一个时期“三农”工作的主线。在农业综合开发工作中，必须准确把握推进农业供给侧结构性改革的内涵要义、主攻方向和根本途径，把农业综合开发纳入农业供给侧结构性改革的大局中去研究谋划，进一步明确农业综合开发的方向和定位。农业综合开发要坚持以提升农业综合生产能力、推进农业产业化、转变农业发展方式、发展农业适度规模经营、助力打赢脱贫攻坚战、推进田园综合体试点示范为重要着力点，进一步创新机制，完善政策，深化改革，加强管理，全面提升农业综合开发水平。

关键词：农业供给侧；农业产业化；农业发展方式转变；农业结构调整

当前，我国农业发展环境发生重大变化，农业的主要矛盾由总量不足转变为结构性矛盾，突出表现为阶段性供过于求和供给不足并存，矛盾的主要方面在供给侧。推进农业供给侧结构性改革，是当前和今后一个时期“三农”工作的主线。在农业综合开发工作中，必须准确把握推进农业供给侧结构性改革的内涵要义、主攻方向和根本途径，把农业综合开发纳入农业供给侧结构性改革的大局中去研究谋划，进一步明确农业综合开发的方向和定位，找准着力点和突破口，激发农业综合开发新动能，全面提升农业综合开发水平和效益。

一、准确把握农业供给侧结构性改革的政策内涵和主要任务

（一）农业供给侧结构性改革的政策内涵

推进农业供给侧结构性改革，要在确保国家粮食安全的基础上，紧紧围绕市场需求变化，以增加农民收入、保障有效供给为主要目标，以提高农业供给质量为主攻方向，以体制改革和机制创新为根本途径，优化农业产业体系、生产体系、经营体系，提高土地产出率、资源利用率、劳动生产率，促进农业农村发展由过度依赖资源消耗、主要满足量的需求，向追求绿色生态可持续、更加注重满足质的需求转变。推进农业供给侧结构性改革，必须守住三条底线：一是确保粮食生产能力不降低。保障国家粮食安全是头等大事，任何时候都不能放松。要积极实施藏粮于地、藏粮于技战略，粮食产量在年度间可以有波动，但产能必须保持稳定并巩固提高。二是确保农民增收势头不逆转。要确保种粮农民不吃亏，确保农民收入持续增长，不能重新拉大城乡收入差距。对农业的支持保护，方式可以优化，但力度只能增强不能减弱。三是确保农村稳定不出问题。调整政策、出台措施，要充分考虑各方面特别是农民的承受能力，要尊重农民意愿，不搞强迫命令、瞎指挥。

（二）农业供给侧结构性改革的主要任务

一是适应市场需求，优化产品结构。要统筹调整农产品种养结构，按照“稳粮、优经、扩饲”的基本思路，加快构建粮经饲协调发展的三元结构。二是发展适度规模经营，优化经营结构。要通过经营权流转、股份合作、代耕代种、土地托管等多种方式，加快发展土地流转型、土地入股型、服务带动型等多种形式规模经营。三是立足比较优势，优化区域结构。要继续立足资源禀赋和区位优势，进一步明确区域发展定位和主攻方向，推动生产要素向优势产区聚集。四是加快科技创新，增强农业发展动能。要适应农业由量到质转变的大趋势，调整农业科技创新方向和重点，加快创新农业技术体系和技术路线。五是促进融合发展，优化产业结构。高度重视发展农产品加工和流通，加快延伸产业链、健全价值链，提高农业整体效益。六是推行绿色生产方式，促进农业可持续发展。

（三）农业供给侧结构性改革在财政支农方面的相关要求

坚持把农业农村作为财政支出的优先保障领域，确保农业农村投入适度增加，着力优化投入结构，创新使用方式，提升支农效能。发挥规划统筹引领作用，多层次多形式推进涉农资金整合。创新财政资金使用方式，推广政府和社会资本合作，实行以奖代补和贴息，支持建立担保机制，鼓励地方建立风险补偿基金，撬动金融和社会资本更多投向农业农村。拓宽农业农村基础设施投融资渠道，支持社会资本以特许经营、参股控股等方式参与农林水利、农垦等项目建设运营。研究制定引导和规范工商资本投资农业农村的具体意见。对各级财政支持的各类小型项目，优先安排农村集体经济组织、农民合作组织等作为建设管护主体，强化农民参与和全程监督。完善农业补贴制度。

进一步提高农业补贴政策的指向性和精准性，重点补主产区、适度规模经营、农民收入、绿色生态。

财政支农要重点做好“调整”和“撬动”两篇大文章。调整，就是通过对存量资金进行统筹整合，集中力量把最该办的事办好。撬动，就是要充分发挥财政资金的引导作用，创新农业投融资机制，吸引金融和社会资本更多投向农业农村。对于中长期、低回报重大农业基础设施建设，可以探索用未来的政府投入为现在的融资创造条件，撬动政策性、开发性金融资金。用好财政投入，必须加快完善农业补贴制度。要调整补贴导向，改进补贴方式，推动农业补贴由以“黄箱”为主转向以“绿箱”为主，更多补到生产者。

二、农业综合开发在推进农业供给侧结构性改革中大有可为

中央关于推进农业供给侧结构性改革的各项决策部署和具体要求与农业综合开发紧密相关，为农业综合开发提供了新的发展空间。2017 年中央一号文件对深入推进农业供给侧结构性改革作出了全面部署，与农业综合开发的职能任务密切相关。一方面，对农业综合开发正在推进的工作提出了新要求，如持续加强农田基本建设、做大做强优势特色产业、积极发展适度规模经营、大规模实施农业节水工程、加强重大生态工程建设等，都是农业综合开发当前正在大力推进的重点工作领域，要求农业综合开发领会贯彻新要求、新内涵，提升政策执行和项目扶持的精准性和实效性。另一方面，对农业综合开发提出了新的工作着力点，提出建设田园综合体试点，支持现代农业产业园建设等，在改革财政支农投入机制、完善农业补贴制度、推进脱贫攻坚、深化农业农村各项改革等方面的政策要求，都与农业综合开发密

切相关，要求农业综合开发结合自身职能，加强政策研究，制定试点方案，抓好协调推进，切实把中央精神和部署落实到位。农业综合开发推进农业供给侧结构性改革，重点从以下方面发挥了积极作用。

（一）大力提升农业综合生产能力，推动实施“藏粮于地、藏粮于技”战略，夯实农业供给侧结构性改革之基

保障国家粮食安全是推进农业供给侧结构性改革的前提，加强农田基础设施建设、实施“藏粮于地、藏粮于技”战略是提升农业供给质量和水平，推进农业供给侧结构性改革的基础保证。农业综合开发认真落实《全国农业综合开发高标准农田建设规划（2011—2020年)》，把大规模推进高标准农田建设，提升农业综合生产能力作为主要任务，将资金投入和项目布局向粮食主产区倾斜，项目区坚持以农田水利建设为重点，农业、水利、林业、科技等措施综合治理。立足项目区实际，按照“缺什么、补什么”的原则，因地制宜合理确定工程措施和投入比例，亩均投资标准由 1 000 元提高至 1 500 元，全面改善农业基础设施条件。大力支持新型农业经营主体直接申报实施高标准农田建设项目，探索农业综合开发项目建设管护一体化的新机制。积极发挥财政资金的杠杆作用，以“财金融合”的方式撬动金融和社会资本投入高标准农田建设。

（二）大力扶持优势特色产业，优化产品产业结构和农业区域布局，切准农业供给侧结构性改革之要

做大做强优势特色产业，调整优化产品产业结构是农业供给侧结构性改革的核心要义。农业综合开发充分发挥自身优势，立项扶持优质高效农业种养、农产品加工、储藏保鲜、流通服务等项目，大力推进农业产业链和价值链建设，集中打造区域农业优势特色产业集群，促进农村第一、第二、第三产业融合发展。在扶持理念上，集中推进“三个转变”：扶持定位从项目向产业转变，实施主体从单一化向多元化转变，项目资金从“主导”向“引导”转变。在产业布局上，组织编制《农业综合开发扶持农业优势特色产业规划》，针对产业链条中的关键环节和薄弱环节进行连续重点扶持，提升农业综合效益和市场竞争力。在机制创新上，积极探索股权投资基金和贷款担保基金等扶持方式，推进财政补助资金“先建后补”管理方式改革，完善贷款贴息政策，将贴息方式由“后选项后结算”调整为“先选项后结算”，撬动金融、社会资本加大投入，提升项目扶持的针对性和精准性。

（三）大力培育新型农业经营主体，推动农业适度规模经营，提升农业供给侧结构性改革之效

优化农业产品体系、产业体系和经营体系，关键在于新型农业经营主体的发展壮大，在于形成统分结合的适度规模经营机制。农业综合开发主动适应农业农村发展新形势，把培育农民合作社、龙头企业、家庭农场、种养大户等新型农业经营主体，支持农业适度规模经营作为重要着力点，以建设高标准农田为载体，积极开展新型农业经营主体实施高标准农田建设项目试点，促进土地经营权有序流转；以推进农业产业化经营为抓手，增强产业发展龙头带动能力，延伸产业链条，建设规模化、标准化、专业化生产基地；以发展农业社会化服务为支撑，支持农民合作社、供销社为农民开展合作式、订单式生产经营服务，为农业适度规模经营构建社会化服务体系，推动农业生产关系调整变革。

（四）大力推进农业生态综合治理，推行绿色生产方式，增强农业可持续发展能力，稳固农业供给侧结构性改革之本

农业综合开发坚持以促进农业可持续发展为主线，提出并推进

“保、调、转、退、减、进”的开发思路，针对不同主体功能区实施不同的开发政策，按照“总量控制、分级管理、定期评估、适时退出、违规处罚”的方式加强开发县管理，重点保产粮大县及农业大县。把农业生态建设作为重要投入领域，大力支持生态治理、水土保持、草原改良等生态保护类项目。把高效节水作为高标准农田建设的重要标准，探索实施有机肥生产、残膜回收和生态循环农业发展试点，广泛推广节肥、节药、节水和清洁生产技术，支持低碳化农业物质技术装备和设施建设，大力推广优良品种和先进适用农业技术，提升项目区科技水平。

三、围绕推进农业供给侧结构性改革，全面提升农业综合开发水平和效益

当前和今后一个时期，农业综合开发要认真贯彻落实中央关于“三农”工作的决策部署，把推进农业供给侧结构性改革作为贯穿农业综合开发工作全局的主基调，坚持以提升农业综合生产能力、推进农业产业化、转变农业发展方式、发展农业适度规模经营、助力打赢脱贫攻坚战、推进田园综合体试点示范为重要着力点，进一步创新机制，完善政策，深化改革，加强管理，不断提升农业综合开发水平和效益。农业综合开发推进农业供给侧结构性改革，关键要在以下五个方面下功夫、见成效。

（一）拓展资金投入渠道，为农业供给侧结构性改革提供资金保障

加大资金投入是农业综合开发推进农业供给侧结构性改革的重要保证。要在逐步增加农业综合开发财政资金投入的基础上，充分发挥市场在资源配置中的决定性作用，调动社会各方面力量加大对农业综

合开发领域的投入力度。一是创新农业综合开发项目扶持方式，充分发挥财政资金的引导和撬动作用。在产业化发展项目中，要进一步加大贴息支持力度，充分发挥财政资金的杠杆作用。积极运用贷款贴息、先建后补、以奖代补、政府投资基金等方式，加大改革创新和实践探索力度，不断增加农业综合开发投入。二是在涉农资金整合中积极作为。在支持各地以高标准农田建设为平台统筹整合涉农资金的同时，支持贫困县以脱贫攻坚为平台整合涉农资金。要充分发挥农业综合开发的优势和特色，坚持以“产业开发”为重点，积极融入当地扶贫工作大局，争取在脱贫攻坚中找到新定位、实现新作为。三是积极吸引金融和社会资本投入。近年来，在全社会固定资产投资尤其是民间投资大幅下滑的情况下，农业及其关联产业的投资逆势而上，成为稳定经济增长的一个突出亮点。要顺应和利用这种趋势和有利时机，在政策设计中注重鼓励和引导金融和社会资金投入农业综合开发项目，积极探索 PPP 等新型投入机制和项目运作方式，在农业基础设施、产业化发展、三产融合和农业社会化服务体系中引入更多的金融和社会资金。四是积极利用外资。认真做好国际农发基金贷款优势特色产业发展示范项目和长江绿色生态廊道项目立项实施工作，多渠道增加农业综合开发投入。

（二）集中力量建设高标准农田，为农业供给侧结构性改革提供基础保障

改造中低产田、建设高标准农田是党中央、国务院赋予农业综合开发的主要任务，是实施“藏粮于地”战略和推进农业供给侧结构性改革的基础保障。农业综合开发要继续坚持把高标准农田建设作为重中之重，为推进农业供给侧结构性改革夯实基础。要落实《规划》任务，优化区域布局，突出建设重点，2017 年要在全国建成 2800 万亩以上集中连片、旱涝保收、稳产高产、生态友好的高标准农田。研究将中低产田改造项目优化升级为高标准农田项目政策。探索资金整合、工程建设和建后管护新机制，切实抓好高标准农田建设和管理，实现工程建设全过程监管，落实好工程建后管护责任，使农业综合开发高标准农田建设继续在全国建设格局中保持质和量的优势地位。加大创新投融资模式加快高标准农田建设试点力度，“以点带面”扩大试点覆盖面，努力构建规范的试点运作模式，探索形成可复制、可推广的“财金融合”推进农业基础设施建设新机制。扎实推进高标准农田建设模式创新试点工作，推进三产融合发展，提升高标准农田综合效益。

（三）打造优势特色产业集群，为农业供给侧结构性改革提供产业保障

按照中央关于推进农业供给侧结构性改革的决策部署，紧紧围绕市场需求，进一步优化产业化发展项目扶持布局，打造优势特色产业集群，优化农业产业体系、生产体系、经营体系，提升农产品供给质量，提高农业综合效益和竞争力。认真落实农业综合开发扶持农业优势特色产业规划要求，大力扶持资源优势突出、区域特色明显、市场发展前景好、示范带动作用强的农业产业，补齐农业产业链条短板，拓展全产业链和价值链，打造农业优势特色产业集群，积极促进第一、第二、第三产业融合发展，把“小特色”做成“大产业”，把“大产业”做成“特优区”，把“特优区”做成“综合体”。优先扶持以基地建设、新技术和新品种引进、示范与推广、种养业废弃物综合利用等为主要内容的项目。大力支持农业产加销紧密衔接和农村第一、第二、第三产业深度融合，推动农业生产全程社会化服务，推进农业产业链整合和价值链提升。

（四）推进田园综合体试点，为农业供给侧结构性改革提供有益探索

2017年中央一号文件明确提出，支持有条件的乡村建设以农民合作社为主要载体、让农民充分参与和受益，集循环农业、创意农业、农事体验于一体的田园综合体，通过农业综合开发等渠道开展试点示范。农业综合开发要发挥“综合”优势，多措并举推进田园综合体建设。一要坚持综合施策。要根据试点基础条件实际，全面统筹考虑，整体协调推进，采取针对性的扶持政策和建设措施，彰显优势特色，补齐瓶颈短板，推进综合体试点全面提升。二要强化产业支撑。要在大力推进田园综合体基础设施建设的基础上，加大产业支持力度。围绕全产业链，大力扶持农业产业化龙头企业、农民合作社等新型农业经营主体，壮大综合体实力。三要坚持因地制宜。要坚持因地制宜，突出特色，使田园综合体试点在原有的基础上提升层次，拓展功能，增强特色，打造品牌。四要加强政策衔接。要发挥地方政府主导作用，强化与相关涉农政策和资金的统筹衔接，把农村生产、生活和生态等各领域的支持措施紧密结合，统筹推进生产生活生态领域建设，促进循环农业、创意农业、农事体验等方面发展，拓展农业的多功能性，建设高质量的田园综合体试点。

（五）提升农业综合开发管理水平，为农业供给侧结构性改革提供机制保障

认真贯彻落实第84号部令，加快构建“精简统一、分级管理、放管结合、务实高效”的制度体系，深化“放管服”改革。研究修订农业综合开发财务管理办法、土地治理项目实施细则、产业化发展项目贴息资金管理办法等资金项目管理制度。突出关键环节，加强资金和项目事前、事中和事后的全过程监管。加强对地方评审工作的监督指导，加大省级评审质量检查力度，探索专家委派制度，实行评审程序、评审报告、评审结论的标准化管理。大力推进预算公开，规范项目法人制和财政资金县级报账制，落实国家有关招投标、政府采购、工程监理、资金和项目公示等规定。完善农业综合开发监管机制，推进专员办全面嵌入农发监管工作，积极组织开展由专员办负责实施的农发资金项目重点监控。大力推进信息化建设，围绕业务新需求，不断完善系统功能设计，加强上下互动交流，使系统在使用中完善，在完善中深化，为全面提升农发管理水平提供技术支撑。

精准扶贫财政资金投入方式调查与建议

◇ 孙健夫　李孟亚

摘　要：精准扶贫是党和政府为实现全面建设小康社会目标而推动的一项重大经济社会发展战略，财政政策在其中承担着十分重要的责任。本文在精准扶贫的大背景下，以财政扶贫资金的投入为视角，以保定市贫困县和贫困人口为主要研究对象，着重调查研究了财政资金投入方式现有格局及其决定因素。通过对相关政府部门以及保定地区贫困县的走访调研，系统分析了不同的精准扶贫财政资金投入方式的内涵，对多层次、复合型财政资金投入方式的实践进行了评价，指出了当前财政资金投入方式存在的问题，提出了相应的对策建议。

关键词：精准扶贫；财政扶贫资金投入；共享性投入

一、问题的提出

精准扶贫是党和政府为实现我国全体人民彻底摆脱绝对贫困状态而实

施的一项宏大发展战略。毫无疑问，各项精准扶贫政策的落实都离不开财政资金的支持。本文所研究的是财政扶贫资金的方式问题，它关系到如何保障财政资金使用的社会效益与经济效益，是一个财政投入的政策设计问题。

所谓财政资金投入方式是指财政支出形成过程中，按照什么规则，通过什么途径以及采用什么工具，将资金用于达到设计好的目标。因此，财政资金投入方式一词是一个很综合的概念。在这里必须明确，在精准扶贫领域，财政资金投入方式并不仅仅是投资方式的含义，而是包括财政对扶贫支出项目所花费的全部资金采用的方式。毫无疑问，在精准扶贫过程中，产业扶贫居于重要地位。财政支持产业扶贫的资金就意味着财政的投资性支出，它会形成某种形式的产业或资产，无论是扶持农村专业合作社，还是扶持农民家庭的养殖业、种植业，以及增加企业性质的补贴支出，都可以成为投资性支出。但是，政府还要承担公共基础设施建设扶贫、教育扶贫、移民搬迁扶贫、金融扶贫以及危房改造扶贫、社会救助扶贫等，所有这些都需要政府的财政拿出必要的资金予以扶持。其中包含着为低保家庭提供的子女教育学费、日常生活费用等。显然，教育扶贫、移民搬迁扶贫、医疗扶贫等可以称为民生性扶贫，而不能称为投资性扶贫。这些扶贫项目的形成，都是财政资金投入的结果。因此，当我们讨论财政资金投入方式时，必须全面认识投入的资金形式与渠道，以免漏掉某些项目，影响分析结果。

本文的分析资料来源于河北大学政府管理与公共政策研究中心2016—2017年对河北省保定市实施精准扶贫政策的调查。

二、财政精准扶贫资金投入方式的决定因素

（一）影响贫困评价因素的构成作为基本标准

中央财政专项扶贫资金主要按照因素法进行分配。资金分配的因

素主要包括各地扶贫对象规模及比例、农民人均纯收入、地方人均财力、贫困深度等客观因素和政策性因素。客观因素指标取值主要采用国家统计局等有关部门提供的数据。政策性因素主要参考国家扶贫开发政策、中央对地方扶贫工作考核及财政专项扶贫资金使用管理绩效评价情况等。地方各级财政安排的财政专项扶贫资金应主要采取因素法分配，资金分配的因素及指标取值由各地自行确定。因素分配法的投入方向主要有产业、基础设施、教育培训、贷款贴息、项目管理费。

为了科学分配财政扶贫资金，做到既确保分配公平，又有利于提高使用效益，保定地区严格贯彻执行《财政专项扶贫管理办法》，将省级以上的财政资金按照因素分配法分到 9 个贫困县。2016 年省级以上专项扶贫资金为 88 455.4 万元，在年底将其全部下达到保定地区，其中曲阳县收到专项扶贫为 14 255 万元，占省级以上总专项扶贫资金的 16%；阜平县次之，收到专项扶贫资金为 13 060.9，占比 15%。保定地区 9 个贫困县中望都县收到的专项扶贫资金为 4 756 万元，占省级以上总专项扶贫资金的 5%。见图 1。

（二）财政扶贫资金在精准扶贫中的投入责任

扶贫减贫属于准公共品范畴。它是由社会富裕人群、富裕地区向贫困人群和贫困地区转移资源，以提升贫困人群和贫困地区的经济发展能力和生活水平。在此过程中，参与扶贫的主体既包括政府，也包括非政府主体。其中，政府的责任不仅在于承担扶贫工作的组织领导职能，而且也必须承担提供公共产品与服务的职能。目前按照精准扶贫工作的部署，财政资金的投入主要来源于中央安排、省级配套和地方政府配套。财政资金的投向首先是贫困地区的基础设施建设领域，包括基本的道路修建、电力能源设施修建等；其次是产业开发领域，

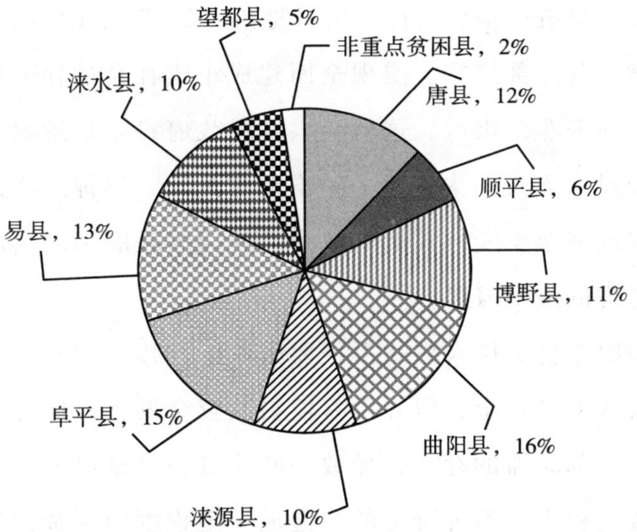

图 1　2016 年保定市省级以上专项扶贫资金分配图

包括直接资助贫困县、乡镇、村的种植业、养殖业、专业合作社运作等，也包括对企业的生产经营项目、银行优惠贷款提供的财政补贴和税收减免等；再次，是针对贫困家庭的危房改造、子女教育、大病报销、最低生活保障等民生性投入；最后，是针对贫困村所提供的村风村貌、环境卫生治理性投入。这些投入有的属于纯公共产品和服务，有的属于准公共产品和服务，均对财政资金具有强烈的依赖性。因此，精准扶贫工程的实施是经济发展水平不断提高背景下，以财政实力不断壮大为依托的国家战略。

（三）财政资金投入方式的效率性

效率性是指在有限的时间内提升脱贫的速度。财政资金投入方式的效率性一般是指在一定时限内通过合理的资金配置所达到的成效水平。在精准扶贫工作中，政府应通过合理优化财政资金的投入方式，来提高减贫成效以及脱贫速度。

根据十八届五中全会精神，我国要在2020年实现农村贫困人口全部脱贫、贫困县全部摘帽，实现全面建成小康社会的伟大目标，时间十分紧张，任务非常艰巨。这就要求各级政府科学运筹财政资金，保证财政资金投入方式的集中财力精准到村到户，发挥最大的效益。因此，重视财政资金投入方式上的效率性便成为政府部门精准扶贫工作中必须要考虑的重要因素。

当前在财政资金投入方式上主要采取了直接方式和间接方式，尽管每年都投入大量资金，但并没有使财政资金发挥出应有效力。由于财政资金内外部时滞的存在，导致一些扶贫项目难以依进度推进。而在资金下放过程中，不可避免的会造成一定程度的资金损耗，这就严重影响了资金利用最大化的实现。且对于一些利益关系复杂的项目来讲，财政资金投入不当会造成矛盾激化、项目搁置难以为继等现象，严重阻碍了扶贫效率。因此，在扶贫项目的推进上，一方面要解决好项目机制本身的建设，选取有较强带动性和示范性的项目；另一方面，也要规划好财政资金投入机制，以使财政资金发挥其乘数效应。

（四）财政资金投入方式的有效性

有效性是指财政扶贫资金投入方式不同，会产生不同的脱贫结果。如何让有限的财政资金发挥最大效益，降低资金的损失浪费，是财政扶贫资金投入方式选择的基本因素。实施精准扶贫以来，我国每年都在增加财政资金的投入，然而却出现财政资金投入效果边际递减的现象。中国扶贫开发不仅要增加扶贫资金的投入，而且要提高扶贫资金的使用效率。因此，在财政扶贫资金的投入方式上，根据不同的项目及不同的贫困类型，采取不同的投入方式，改变以前的以“输血式”的物质自主为主的模式，治标不治本，高成本的投入，低效率的收益，确保财政扶贫资金的精准滴灌、财尽其用。

三、财政资金投入方式类型及其运行实践

由于影响精准扶贫的因素是多样化的，因此，在精准扶贫的实践中，对其投入方式也有不同类型的实施状况。

（一）分散性投入和集中性投入

就资金投入的影响范围看，可以分成面向村民个人及其家庭的分散投入方式和面向村集体或专业合作社的集中投入方式。这两种方式并不是非此即彼、相互割裂的，而是相辅相成、相互依存的。前者的优势在于发挥政府扶贫的精准性作用，有针对性地解决贫困家庭的需求。因为村民毕竟有不同的情况，即使在贫困化程度很深的村里，也不会每个家庭都是贫困家庭，总会有一些家庭劳动力素质更强，经济情况比较好，并不属于贫困标准以下的人群。因此，直接针对困难家庭进行投入，将有利于避免资金被滥用的情况。而后者优势在于提高扶贫资金投入的整体效果，发挥能人和集体带动困难家庭脱贫的作用。这种方式适用于两个扶持方向。其一，一些贫困家庭因身体原因没有劳动能力，或者没有足够的劳动技能，通过有劳动能力的和劳动技能较强的群体，设置专业合作社，并吸收贫困家庭以扶贫资金入社，通过集体性地开展适合当地资源条件的生产经营活动，能够更有效地使扶贫资金得到充分利用，帮助贫困家庭借助于专业合作社获取一定的收入。其二，贫困村通过集体性的生产经营方式使用扶贫资金，有利于他们扩大资金规模，从事具有更高收入前景的生产经营项目，比单独的一家一户经营收益更加稳定，即以较少的投入获取更大的规模收益。如专业合作社集体组织的草药连片种植、果蔬连片种植、畜禽集

中养殖等，都会扩大这些村子的专业种植、养殖项目的影响力，达到扩展营销市场和销售收入的目的。

1. 分散性投入。即使在贫困村，贫困人口的贫困程度也并不相同，因此，财政扶贫资金有针对性的对贫困人口进行扶持，不仅有利于缓解其贫困程度，改善其生活，另一方面能够因人而异的进行帮扶，避免造成扶贫资金的滥用。

2. 集中性投入。财政扶贫资金的集中性投入到贫困地区，发挥能人和集体的带动作用，扶持其发展产业项目，有效增加贫困群众的经营收入，主要有以下两种方式。

（1）专业合作社。合作社是贫困村的自发形式，在周边没有较大的产业园区或龙头企业的贫困村成立合作社，贫困村自主选择带头人，带领当地的村民一起入股合作社，经过合作社合伙人的一致同意，选择能够盈利的产业经营，产生的经济效益能够保障贫困户的分红。易县以保障贫困群众权益，降低产业风险为落脚点，引导贫困村成立扶贫合作社 87 家，全县 7 000 多户贫困户以土地、资金、劳力三种资本入社，变身为“有股金、挣薪金、拿租金”的产业工人。以桑岗村为试点，探索性地建立“巢状市场 + 扶贫”模式，通过与中国农业大学开展深度合作，打通山区农产品直销北京校园、社区及市场的直通渠道，全县近千余户空巢老人、家庭妇女凭此一项人均增收近 2 000 元。唐县西胜沟村依靠自身的自然资源，发展旅游业，并注册唐县雅苑农宅旅游农民合作社，与河北中宝旅游开发有限公司合作，开发农宅项目，截至 2016 年 9 月，签订合作协议的有 20 户，有 6 户完成改造并可以入住，目前正在改造的有 14 户。唐县合作社与公司合作开发的农宅项目给 30 户贫困户共 45 名贫困人口提供就业岗位，同时能够带动 85

名贫困人口改善其生活条件，带动西胜沟村及其周边村贫困人口的经济发展，使其基本生活条件得到改善。

（2）集体生产经营。集体生产经营是贫困村集体使用财政扶贫资金发展产业项目，从而使扶贫资金的效益发挥到最大。村集体集中进行果树连片种植、草药连片种植、畜禽集中养殖，整合村民的人力、无力、财力，由村里的干部或者能寻找收购商，将农产品卖出，形成产销一体的机制，集体解决农产品的销售问题，将种养殖的风险降到最低，形成规模经济，在一定程度上能够带动贫困户经济的发展。涞水县建立了长毛兔集中养殖园区，贫困人口从 2011 年的 10 万人降低到 2015 年的 2.2 万人。由于涞水县有的家庭没有劳动能力，并且每家每户单独的养殖模式使长毛兔的存活率不高，不能达到财政扶贫资金的使用效果，因此由当地政府集中投入财政扶贫资金对长毛兔进行集体性的养殖，采取合作化模式取得了初步成效。经笔者调研发现，兔毛价格近几年出现下降的趋势，有每斤 120 元的价格降到最低每斤 60 元，现在反弹到每斤 75 元。从长毛兔养殖园区工作人员了解到，虽然近几年兔毛的销售价格偏低，但是按照目前的价格来说的话，每只长毛兔每年的净收益是 80 元左右，长毛兔的总数量近 10 000 只左右，养殖园区的净收益约有 80 万元。当地的贫困户可以采取入股的形式获得合作社的分红，2014 年每人每年分别获得 350 元，2015 年每人每年分别获得 400 元。

贫困地区有能人带动贫困户发展产业项目，可以增加其就业，促进贫困户增收，进而实现其脱贫。唐县贫困女大学生大学毕业后返乡创业，建立唐县信达贸易有限公司，在水峪口村开办加工厂，生产婴幼儿枕头、被子、睡袋等，雇用附近贫困村里擅长手工制作的中老年贫困妇女缝制半成品。该公司长期在职员工 140 余人，其中 135 名为农村妇女，每年向长期在册员工发放工资 250 余万元；兼职员工 400 多名，大多为周边 25 个村的中老年妇女，年发放工资近 80 余万元，促使他们能够在当地实现就业，进一步增加农村贫困妇女的收入，在工作之余还能打理农田，照顾老人。

（二）农业投入和非农投入

就资金投入的产业方向看，资金投入方式可以分为农业投入和非农投入，本文将农业理解为广义的农业，即种植业、林业、畜牧业、渔业、副业，农业投入是指财政扶贫资金对种植业、林业、畜牧业、渔业、副业的投入，非农投入是指出去农业投入以外的投入。精准扶贫政策是面向农村贫困人口的扶持政策，但是，这不等于说扶贫项目的选择完全局限于农业领域。扶贫的目的是要减贫和脱贫，只要能够达到这样的目标，宜农则农，宜工则工，宜商则商，凡是确实能够产生扶贫效应的方式都可以纳入选择范围。因此，在产业扶贫中，可以吸引工业上企业在贫困县和贫困村建立诸如中药材加工、畜禽加工、农产品加工乃至于光伏发电等非农企业或项目。在这些企业和项目运营中，优先选择当地贫困家庭的人员就业，让他们获得稳定的工资性收入。不仅如此，农民的土地还可以获得来自企业的租金收入；在政府给予企业资金支持的情况下，贫困家庭还可以通过政府的股权获取分红收入。显然，非农项目的投入远比农业投入项目具有更能提高扶贫效果的优势。

1. 农业投入。财政扶贫资金对农业的投入主要体现在三个方面，第一方面是财政扶贫资金对贫困户进行种子、幼畜补贴，由贫困户自己种植或养殖，农户只出劳动力，例如，易县政府利用财政资金统一购买核桃树苗，按照地亩数发放给贫困户，由当地村民自己种植，核桃树三年挂果，五年进入盛果期；第二方面是建立农业产业园，财政扶贫资金以入股的形式投入产业园区，培育和壮大特色优势产业，支持扶贫对象发展种植业、养殖业，承接来料加工订单，使用农业优良品种、采用先进实用农业生产技术，取得产业园区的股金；第三方面是对农业发展所需要的农田水利的建设，如防洪、防涝、引水、灌溉等基础设施的建设，易县豹子峪村地处山沟地段，耕地与林地几乎都沿着山沟两侧绵延，恶劣的自然条件却成为农业发展的阻碍。由于豹子峪村多为片麻岩地质结构，打深水井难，引水上山更为不易。干旱缺水成为豹子峪村农业发展的一大难题。截至2016年7月份，财政投入扶贫资金打井引水上山，解决村民的引水和灌溉的问题。

保定地区大力发展农业特色产业，到2017年，贫困地区建成面积5 000亩以上的现代农业园区40个，其中精品园区10个，建设乡级农业园区120个，形成贫困县“一县一精品、一乡一园区”的格局，以阜平县为例打造可复制推广的农业发展模式，引领整个保定的地区贫困县农业特色产业精准扶贫工作。

2. 非农投入。财政扶贫资金在农业投入以外的资金投入均属于非农投入，如加工业、旅游业、电商、光伏发电等，贫困户可以采取土地、资金、劳力入股的形式，获得年底的股金分红，从而促进贫困户增收。

（1）加工业的投入。财政扶贫资金扶持贫困地区龙头企业的发展，鼓励其发展特色产业，带动周围贫困户的发展。涞源县谷润农副产品加工公司是保定市重点扶持的龙头企业，在公司资金周转不开的时候，涞源县扶贫办提供150万元的财政扶贫资金扶持其产业发展，主要经营杂粮的加工和销售。涞源县的加工业公司与保百超市签约，将深山散养健康无公害的“桃木疙瘩”牌柴鸡蛋入住保百超市，实现产销对接。

（2）旅游业的投入。2016 年保定承办首届河北旅游发展大会，促进涞涞易三个地区旅游升级，深入挖掘当地的生态旅游和民俗文化等资源，因地制宜打造乡村经济旅游重点村或旅游景区，引导周边不具备基本生存条件地区搬迁对象适度集中居住并发展乡村旅游。易县依托狼牙山开辟了狼牙山山花节的旅游契机，鼓励当地有劳动能力的贫困户就业，支持发展农家乐。同时建立养生生态园，坚持以市场为导向，立身自然环境资源优势，做精做大乡村旅游品牌，打造扶贫旅游示范村 52 个，吸引城市人口来此旅游修养，对贫困地区的经济发展具有带动作用。

（3）电商的投入。保定地区对于在贫困村开设的电商服务网点通过省财政补贴予以资金支持，每个行政村补助 6 000 元，用于支持农村电子商务服务站的基础设施建设和硬件设备的购置。与此同时，政策鼓励各类企业或社会力量参与贫困地区电子商务公共服务中心建设，整合当地农村产品资源，扶持电商企业加强与贫困村、邮政便民网点、供销社、超市等流通主体的合作，鼓励贫困村的种养殖大户或农村集体经济组织依托电商平台开展产业化经营，组织消费的交易市场、超市、网络零售企业与平台开展商品预售、包销等供需对接服务，进一步提高农村成产、生活服务水平。

（4）光伏发电的投入。河北省发布《2016 光伏扶贫实施方案》中指出，光伏扶贫电站光源资源好的地区扶贫标准为 1 万千瓦扶贫电站扶贫 1 000 人，其他 III 类资源扶贫标准为 1 万千瓦扶贫电站扶贫 800 人。两类资源区均要针对当地建档立卡的贫困人口，由县政府规定要帮扶的贫困村和贫困人口，保障每个贫困人口连续20年、每年3 000元的光伏扶贫收益。光伏发电建设不仅通过提取部分发电受益资金的方式补贴无劳动能力的贫困户，同时雇用有劳动能力的贫困户参与电站建设维护工作获得工资收入，从而带动贫困人口增收。

（三）共享性投入和独享性投入

就资金投入的受益性质看，可以分为共享性投入和独享性投入。基础设施建设投入、贫困村环境改造投入、科技投入等是共享性投入的典型方式。这些投入不面向每个家庭，而是为全村甚至全县、全镇提供公共产品，贫困人口与非贫困人口可以共享这些财政资金产生的利益。通过贫困县、贫困村生产和生活条件的改善，为贫困家庭的脱贫创造新的机遇，提升脱贫的信心和能力。而人力资源投入（教育扶贫）、危房改造投入、低保救助投入方式等都是政府以补贴、救助等方式将资金直接打到贫困户的账户，保障贫困家庭能够一次性或定期得到来自政府的资金扶持，使他们免于贫困的折磨。在这些资金使用过程中，无论是集体还是其他个人都不允许发生挤占行为，因而其产生的利益也就全部贵贫困家庭所独立享有。

1. 共享性投入。基础设施、环境改造、科技等投入村，就是要加快水、电、路、通信等基础设施建设，以基础设施建设带动贫困村脱贫致富。贫困村之穷，穷在自然条件恶劣，基础设施落后，公共服务不完善。自2013年精准扶贫以来，保定地区贫困村的面貌有了很大的改善，80%的贫困村中的主路已完成加宽、硬化的工作，并且与外界联系的道路也在修建，在村里建设垃圾集中处理点，建立农村居民活动中心，完善各种健身器材。在缺水的地区加强农田水利设施建设，打井引水上山，提升农村居民饮水安全。强化贫困村的信息服务，支持农村地区实施村村通有线电视、电话、互联网覆盖工程，做好有线网未通达农村地区直播卫星广播电视公共服务推广工作，完善农村邮政网络建设，推进广电网、电信网、互联网“三网融合”。在贫困地区建立电商平台和担保平台，引导农民网上买卖产品，解决农民的资金问题，提高农村地区的信息化水平，紧跟时代的潮流。这些投入都属于共享性投入，贫困村的所有居民都可以共享，并且这些财政扶贫资金的投入对广大农民来说都是看得见的、摸得着的、切实能够亲身体会到的，扶贫效果较为明显，农户能够真实地感受到自己周围生活环境的变化，提升他们的幸福感。

2. 独享性投入。第一，贫困地区教育培训投入。财政扶贫资金加大对贫困户教育培训的投入，实施“雨露计划”，以政府财政扶贫资金为主，为了促进就业、提高贫困人口的自我发展能力，直接面向扶贫对象直补到户、作用到人，把教育作为阻断贫困代际传递的治本之策，让贫困家庭都能接受公平有质量的教育培训。针对贫困地区有劳动能力而无致富技能或经营能力的贫困人口，开展实用技术与创业技术的培训，确保贫困家庭劳动能力至少掌握一门致富技能，实现依靠技能脱贫。针对贫困地区贫困家庭的在校接受教育的子女进行生活补助，保定地区在落实“雨露计划”中，2015—2016 年度共为 7 429 名接受职业教育的在校贫困学生补助生活费 2 228. 7 万元。在互联网 + 的大背景下，保定市制定了 2017 年贫困地区贫困人口培训任务分解表，计划 9 各贫困县要完成对 3 550 名农村贫困劳动力展开免费技能培训，其中：就业技能培训 2 300 人，岗位技能培训 360 人，创业培训 890 人，经过培训，要达到独立上岗的要求，促进贫困人口就业增收，助推雨露计划精准扶贫，见表 1。

表 1 **2017 年保定贫困县贫困人口培训任务分解表** 单位：人

项目	就业技能培训	岗位技能提升培训	创业培训	总计
阜平	280	40	40	360
涞源	260	40	100	400
涞水	260	40	100	400
易县	260	40	150	450
唐县	260	40	120	420
顺平	260	40	80	380
曲阳	260	40	100	400
望都	260	40	150	450
博野	200	40	50	290
合计	2 300	360	890	3 550

资料来源：《关于促进贫困人口就业增收脱贫工作的实施方案》保定市人力资源和社会保障局［2016］20。

第二，危房改造投入。以建档立卡的贫困户为对象实施农村危房改造，确保贫困地区符合条件的危房应改尽改。农村危房改造以农户自建为主，农户自建确实有困难的且有统建意愿的，由县级政府（部门）或乡镇搞好组织协调，帮助农户进行建设，也可以结合移民搬迁政策进行资金整合使用。扶贫户危房改造可以申请小额信贷，贷款额度最高不超过 5 万元，贷款期限最长不超过 3 年，由财政按基础利率予以贴息，由县扶贫办向当地银行提供建档立卡贫困户名单。

第三，农村养老投入。以贫困县特困老人、失能老人为对象，为其提供养老服务，建立幸福院，采取集中建院、集中居住的方式，实行集中供养。保定地区 9 个贫困县共有 1.3 万名特困老人，1.5 万名空巢老人，9.44 多万名生活贫困老人，统筹整合社会专业人才和志愿者，为贫困地区来年人提供最基本的生活保障。政府针对那些不愿意入住的农村五保老人，通过政府购买服务、实行院户挂钩的供养方式，由政府出资聘请护理人员，签订供养协议，形成没有围墙的敬老院。财政扶贫资金对于集中供养的特困老人每人每年保障标准不低于 6 000 元，对于分散供养对象每人每年保障标准不低于 4 000 元。各级政府用于社会的福利彩票公益金，要将 50% 以上的资金用于支持发展养老服务业并根据老年人口的增加逐步增加投入。

（四）直接投入和间接投入

就资金投入对贫困群体受益的性质看，可以分为直接投入和间接投入两种方式。这实际上是对上述所有各类投入方式进行重新整合的一种结果。所谓直接方式，是指政府将财政资金直接投入贫困村和贫困户，贫困群体直接感受到政府投入为他们带来的利益。以财政扶贫资金为贫困村和家庭修建的基础设施、购买的畜禽、危房改造补贴、移民搬迁建房补助、专业合作社补贴、低保救助金等，都属于直接投入方式。在大部分贫困县和贫困村，直接投入占有主体地位。间接投入则是在政府给予贫困村、贫困家庭的投入需要借助于第三方的力量或渠道，才能完成的投入。其中典型的形式是政府补贴鼓励银行部门发放给贫困家庭的小额贷款、鼓励工商企业对贫困县、贫困村建设的经营项目。

1. 直接投入

（1）资金形式。首先，对有劳动能力和经营能力强的贫困户，采取直接扶持到户，主要发展种植业、养殖业和加工业等，原则上按每户不超过 6 000 元的标准给予扶持。其次，保定地区推行低保线与贫困县两线合一，充分发挥低保制度的兜底工作，2015 年底保定地区农村低保标准提高到 2 900 元/年，逐步提高低保标准与扶贫标准，鼓励经济条件好的地区高于国家、省扶贫标准。将符合条件的贫困家庭纳入低保范围，家里有房、有车、有子女赡养的家庭原则上不纳入低保范围。再次，财政扶贫资金用于基础设施建设。政府直接将财政扶贫的款项打到村账户，再由村干部发放给贫困户，或者将剩下来的财政扶贫资金用于村里的基础设施建设。目前保定地区主要是将财政下发的到村财政扶贫资金用于村里的水、电、路、气、网等基础设施建设。此外，教育培训的投入，为了促进就业、提高贫困人口的自我发展能力，直接面向扶贫对象直补到户、作用到人。保定地区在落实“雨露计划”中，2015—2016 年度共为 7 429 名接受职业教育的在校贫困学生补助生活费 2 228. 7 万元。最后，光伏发电产业每年为贫困人口提供每年 3 000 元的收入。这些均属于财政扶贫资金资金投入形式。

（2）实物形式——全额直补方式。全额直补方式是在精准扶贫初期的实施的一种补贴方式，对贫困地区的贫困户种地、购畜（禽）全额补助，以物资补助为主，贫困户只出劳力。易县政府利用财政资金统一购买核桃树苗，按照地亩数发放给贫困户，由当地村民自己种植。核桃树三年挂果，五年进入盛果期。涞源县政府利用财政资金统一购买幼牛，由贫困户自己养殖。

2. 间接投入

（1）项目申报审批。精准扶贫年代，扶贫重点从贫困县下移到村到户，有限资金如何更高效更精准地用在刀刃上，现有项目审批程序亟待松绑下沉，基层扶贫活力有望被更大限度的激活。1997 年，我国确立扶贫开发省级负责制，明确责任、权利、资金、任务“四道省”，项目审批、资金分配大权由省级掌握。这套机制曾对河北省减贫开发发挥巨大作用。但随着扶贫攻坚形式不断变化，弊端也逐渐凸显。每年数十亿元的专项资金都以项目为载体，在整村推进、连片扶贫开发等大项目下又有各种子项目，具体到各地，大到上百万元的修路，小到几千元的养鸡，全省每年项目数以万计，都要报省上逐一“过堂”，提出审查意见后方能实施。精准到村到户都是很细小的项目，让更了解实情的县级政府根据贫困户实际需求实施，才能精确指导。财政资金投入采取项目申报审批方式采用“资金跟着项目走”的原则，做到扶贫项目到村，财政扶贫资金到户，解决贫困人口的温饱问题，真正使贫困户受益。这种财政扶贫资金投入方式，在贫困人口多、大面积集中连片区分布的情况下，能够对缓解贫困起到积极作用。截至2016年底，保定市财政扶贫资金到县总量为54 584.4万元，未报账资金额度为4 092.81万元，累计保障资金为50 491.59万元，扶贫资金的保障率为92.5%，由此可以看出，保定地区财政扶贫资金的保障率较高，能够很好地使用中央和省拨下来的扶贫资金，见表2。

（2）金融信贷方式。信贷资金是由国发行、农业发展银行发行政策性金融债，原则是保本或获得微利，中央财政对贷款给予90%的贴息，省财政对贷款给予10%的贴息，贷款期限一般不超过20年，贷款应用于贫困户、龙头企业、易地搬迁、基础设施建设等。

表2　　2016年度资金报账情况　　单位：万元

名称	到县资金总量	未报账资金额度	累计报账资金	扶贫资金报账率（%）
全市总计	54 584.40	4 092.81	50 491.59	92.50
重点县合计	52 785.88	2 595.12	50 190.76	95.08
涞水县	6 342.00	0.00	6 342.00	100.00
涞源县	5 960.00	0.00	5 960.00	100.00
易县	5 551.00	0.00	5 551.00	100.00

续表

名称	到县资金总量	未报账资金额度	累计报账资金	扶贫资金报账率（%）
望都县	3 792.00	180.37	3 611.63	95.24
唐县	6 483.00	324.15	6 158.85	95.00
顺平县	5 225.00	390.90	4 834.10	92.52
阜平县	9 045.90	698.10	8 347.80	92.28
博野县	2 984.00	266.60	2 717.40	91.07
曲阳县	7 348.98	735.00	6 613.98	90.00

资料来源：保定市财政局。

第一，贷款贴息方式。扶贫贴息贷款，以财政补贴贷款利息，旨在帮助贫困农户以较低的成本获得资金。扶贫贷款贴息方式帮助农村扶贫对象缓解生产性资金短缺困难，支持贫困地区建立村级发展互助资金，对扶贫贷款实行贴息。从图 3－2 中可以看出，2012—2014 年保定地区贫困县扶贫贷款贴息资金逐年增长，由 2012 年的 390 万元增长到 2014 年的 804 万元，共投入财政扶贫贷款资金 1 812 万元，说明通过扶贫贷款贴息方式来实现财政扶贫资金的精准到户有很明显的效果，是保定地区财政资金投入的重要方式之一。除了扶贫贷款贴息资金外，财政每年投入大量的小额信贷扶贫资金，2012—2016 年共投入小额信贷资金 1 249 万元，为贫困户摆脱贫困提供了可能。到 2016 年底保定地区 9 个贫困县均建立小额贷款平台。

为了精准配置扶贫贷款贴息资金，可将其贷给贫困户或贫困地区的龙头企业，主要有以下几种形式：①到户贴息。贫困户向银行申请贷款，将扶贫贷款贴息资金直接贷给贫困户；贫困户向银行申请贷款，将扶贫贷款贴息资金贷给贫困户后，贫困户将钱交给发展大户、合作社或龙头企业，采用入股的方式签订协议取得分红的资金。保定地区建档立卡国家投息90%，省政府投息10%；易地搬迁由省政府负责贴息，贫困户由政府贴息，非贫困户还本付息。②贷给龙头企业。贫困地区发展大户、合作社或龙头企业与贫困户签订带动发展或者分红的协议，由贫困户向银行申请贷款，银行把钱贷给贫困地区发展大户或龙头企业。银行要对申请贷款贫困户的信用进行评级或者采用几户联保的形式，贷给贫困户相对应的额度，降低风险。

2014年初，顺平县创新到户贷款贴息工作模式，改变以往将贴息资金按照各金融部门年底发放数量进行补贴的做法，扶贫办提前审核贷款发放对象，金融部门有针对性的放贷，财政直接给贫困户贴息。此项工作极大调动了金融部门和贫困户的热情，顺平县选定积极性最高的邮储银行顺平支行开展首期工作试点。自启动以来，邮储银行顺平支行受理扶贫贷款申请310户，申请贷款1 550万元，目前已发放贷款585万元。到户贷款发放率同比增长964%。初步扭转了贫困户贷款无门、金融部门贷款担忧的局面。

第二，担保方式。为探索资金的支持形式，解决环首都示范区发展贷款抵押的问题，解决扶贫龙头企业和贫困户发展使所需贷款担保问题，保定市从2012开始探索扶贫担保机构，由省级财政资金连续3年每年投入5 000万元，分别在阜平、涞源、易县、涞水4个建设担保机构，撬动金融资金，支持贫困群众发展增收产业。4县成立的担保公司全部运转，并逐渐规范完善相关程序。为广大贫困户及涉农企业发展种植、养殖、林果、设施农业、旅游及其他劳动密集型产业提供了贷款担保。通过省财政安排的财政资金设立扶贫贷款担保基金，并且从中抽取部分资金设立风险补偿金。将风险补偿金投入到银行，同时按照1∶5或1∶10的比例放大，对象是贫困地区贫困户、龙头企业、种养殖发展大户、对贫困户和贫困村的发展其带动作用的大户或企业，对他们进行信用评级，根据信用等级申请相对应额度的贷款，经考察再由担保公司提供担保，由银行、企业、担保公司共同承担风险，鼓励金融机构发放扶贫贷款，壮大担保企业资本实力，为贫困县的龙头企业、小微企业和发展大户输血供氧，提升其自身发展能力，鼓励由劳动能力的贫困人口再就业或自主创业，扶持贫困地区发展特色产业，促进当地旅游的发展，提供更多的就业平台，带动周边贫困地区的经济发展，帮助贫困户尽快脱贫致富。4 个县的担保机构累计担保贷款达到 1.32 亿元，涉及企业或合作社 65 个、农户涉及 80 户。

保定地区贫困县跟中国农业银行和中国邮政储蓄银行合作，如若出现贫困户、发展大户、合作社或龙头企业不还贷款的情况，由当地银行进行实地调查，根据具体情况制定具体措施。当贫困户确实不能偿还贷款时，有财政的风险补偿金偿还。涞源县担保公司与信用合作联社合作，积极扩大信用贷款扶持范围。担保公司协调县信用联社，按照 1∶3 的比例，将信用担保贷款额度放大 3 倍，降低贷款条件，扩大了贷款覆盖面。目前，已累计发放担保函 126 份，金额 10 895 万元，信用合作联社实际发放担保贷款 46 笔，4 720 万元，扶持涞源县内龙头企业 3 家，专业合作社 17 家，9 家农家院，贫困村 17 个，贫困户 3 660 户。

第三，村级互助金试点。贫困村互助资金指以财政扶贫资金为引导（一般是 15 万元），村民自愿按一定比例交纳的互助金为依托，无任何附加条件的社会捐赠资金为补充，在贫困村建立的民有、民用、民管、民享、周转使用的生产发展资金。主要目的是缓解贫困村、贫困农户生产发展资金缺乏，帮助贫困农户增加收入；培育农村专业合作组织和新型农民；提高贫困农户自我管理、自我组织和自我发展的能力。由入社社员推选理事会、监事会人员负责管理，以借贷的方式有偿使用。保定市自2007年开展互助资金试点工作，已经在7个贫困县的169个村进行试点（望都、博野进入贫困县后，省未在2县发展试点）。169个试点村财政扶贫资金2 662万元，入社资金541万元，入社社员2.3万户，累计发放借款7 231万元，涉及1.2万户。为稳步试点发展，从2012年省按照自愿发展，竞争定村，不在规定发展数量；对运行好的试点给予资金奖励，用于增加互助金规模；对原来的试点村进行分类指导，好的村继续发展，管理有困难的要逐渐退出或依托其他组织代管。

第四，风险补偿金。2015年，国家全面开展小额信贷扶贫工作，对建档立卡贫困户进行评级授信，使建档立卡贫困户得到免抵押、免担保的信用贷款。我省开展实施了金融示范县试点建设，重点抓好8个金融扶贫富民产业贷示范县和19个金融扶贫富民农户贷示范县。河北省给每个产业贷示范县注入风险补偿金600万元，每县出资400万元；河北省给每个富民农户贷示范县注入风险补偿金300万元，每县出资不少于200万元。由县选择合作金融部门，按照风险补偿金的总额进行5倍以上的贷款放大，出现风险由补偿金和金融部门按照一定比例进行分担。保定市望都县为富民产业贷示范县，顺平县、曲阳县、阜平县是富民农户贷示范县。其中阜平县也是国家级试点。河北省出台《金融扶贫富民工程的实施方案》《扶贫小额信贷指导意见》《风险补偿金》《贷款贴息资金管理办法》《贫困户授信评级办法》等5个指导性文件。主要是建立贫困户诚信体系和扶贫资金风险补偿机制，按照风险补偿金的5倍以上放大贷款规模，为贫困户提供5万元以下、3

年以内的贷款资金，解决贫困户产业发展资金问题。目前，试点县风险补偿金已经到位。

（3）奖补方式。保定市目前的奖补资金主要是一些需要开展的产业项目由贫困县的贫困户或者企业先实施了，有相关部门验收合格后，向是开展扶贫项目的贫困户或企业发放奖补资金。保定地区 2012—2014 年省级以上财政以奖代补资金处于逐年上升的趋势，由此可以看出这种方式的脱贫很明显。2014 年省级以上下发部分均衡性转移支付资金关于扶贫开发以奖代补资金 312 万元，其中涞源县、阜平县、易县和涞水县扶贫开发以奖代补资金各 50 万元，顺平县和曲阳县扶贫开发以奖代补资金各 23 万元，唐县、望都县和博野县以奖代补资金各 22 万元，见图 2。

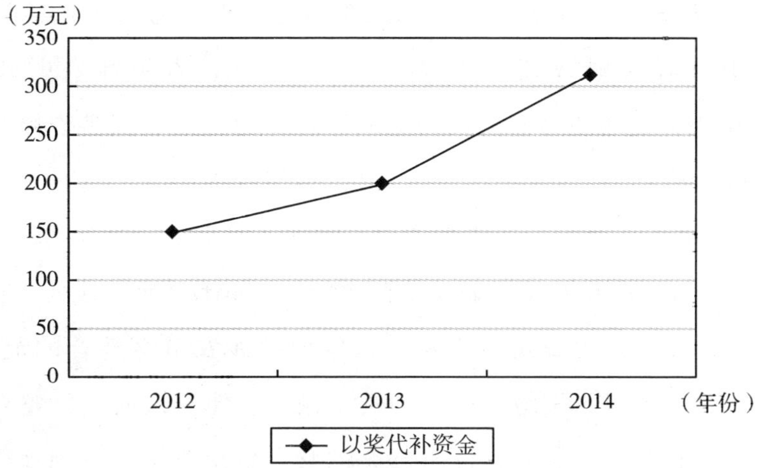

图 2　2012—2014 财政以奖代补资金投入图

资料来源：保定市财政局。

（4）整合方式。我国财政资金具有散、小的特点，审批时间长，财政资金发挥不到效益。保定市经济基础薄弱，贫困人口比例较大，保定市作为“政策性金融扶贫实验示范区”之一，要大力整合财政资金，集中财力办大事，保障重点发展领域。

河北省各级财政部门严格贯彻落实《国家扶贫资金管理办法》，河北省地方配套资金占国家扶贫资金总量的比例应达到40%～50%，其中2010—2016年保定市安排财政专项资金共81 043.72万元。河北省积极响应《关于支持贫困县开展统筹整合使用财政涉农资金试点的意见》（国发办〔2016〕22号），在贫困县中开展试点工作，河北省共有62个试点县，其中覆盖了保定地区的9个贫困县。保定地区纳入整合范围的资金规模是271 695.8万元，中央涉农财政资金额175 470.3万元，省级涉农财政资金50 077.63万元，市级涉农财政资金3 021.98万元，县级涉农财政资金43 125.83万元。截至2017年1月5日，已整合资金规模132 938.1万元，占纳入整合范围的资金规模的48.93%，其中，中央涉农财政资金额77 158.55万元，省级涉农财政资金21 709.07万元，市级涉农财政资金1 300.85万元，县级涉农财政资金32 769.59万元。已完成支出资金规模106 477.9万元，占已整合资金规模的80.09%，其中，中央涉农财政资金额7 549.269万元，省级涉农财政资金4 665.6万元，市级涉农财政资金461万元，县级涉农财政资金3 633万元。由此可以看出，保定地区涉农资金整合的范围大，涉及的中央、省级、市级、县级的资金额多，能够及时地将整合完成的涉农资金充分利用起来，将80.9%的整合资金利用到贫困地区的农业生产发展、农村基础设施建设和其他领域，保定地区试点贫困县的财政涉农资金整合初见成效。从表中经计算得出，保定地区贫困县整合后的资金有45 719.7万元投向农业生产，占已完成指出资金规模的42.94%，有36.06%的整合后资金投向农村基础设施建设，说明保定地区通过财政专项资金整合，将优先的资金进行合理配置，更进一步促使财政资金的精准度对缓解财政供需矛盾，促进经济社会和谐发展有着积极作用，见表 3 和图 3。

表 3 2016 年保定地区贫困县统筹整合使用财政涉农资金进度情况统计表

单位：万元

财政资金名称	纳入整合范围的资金规模	整合进展情况		整合后资金实际投向		
		已整合资金规模	已完成支出资金规模	农业生产发展	农村基础设施建设	其他
中央	175 470. 3	77 158. 55	7 549. 269	2 414. 23	3 704. 69	1430. 34
省级	50 077. 63	21 709. 07	4 665. 6	583. 072	3 510. 8	571. 731
市级	3021. 98	1300. 85	461	0	120	341
县级	43 125. 83	32 769. 59	3 633	1 020. 17	1 337. 34	1 275. 49
合计	271 695. 8	132 938. 1	106 477. 9	45 719. 7	38 392. 7	22 365. 5

资料来源：保定市财政局。

（5）参股方式。在精准扶贫的背景下，保定地区将一部分财政资金以参股的形式投入龙头企业、合作社或者产业园区，建立利益联结机制，通过股份合作制方式努力实现财政扶贫资金精准到户，财政资金参股，促进保值增值，提高财政扶贫资金的使用效率。

财政扶贫资金以入股的形式投入产业园区，培育和壮大特色优势产业，支持扶贫对象发展种植业、养殖业、民族手工业和旅游业，建设特色循环产业园区和生态养生园区，承接来料加工订单，使用农业优良品种、采用先进实用农业生产技术，取得产业园区的股金。易县坚持以市场为导向，立足自身自然环境资源优势，按照“扶贫抓产业、产业抓片区、片区育龙头、龙头带基地、基地连农户”的思路，鼓励贫困户以资金、土地、劳动力等形似入股，谋划了旅游、林果、食用菌、蜜蜂、花卉等八大扶贫产业片区，在集中连片开发中实现优势互补，发挥集约效应。易县的产业园区坚持向贫困区域聚集，建立狼牙山万亩花海、绿泽农现代生态农业、紫荆关香菇、牛岗苹果、白马经济型观赏玫瑰等示范园区12个，连片开发整体推进，做精、做大乡村旅游品牌，打造扶贫旅游示范村52个，以“产业园区+旅游+农户”的形式与82的贫困村对接，带动周边贫困地区发展产业，促进由劳动能力的贫困户再就业，对贫困地区经济的发展具有带动作用。

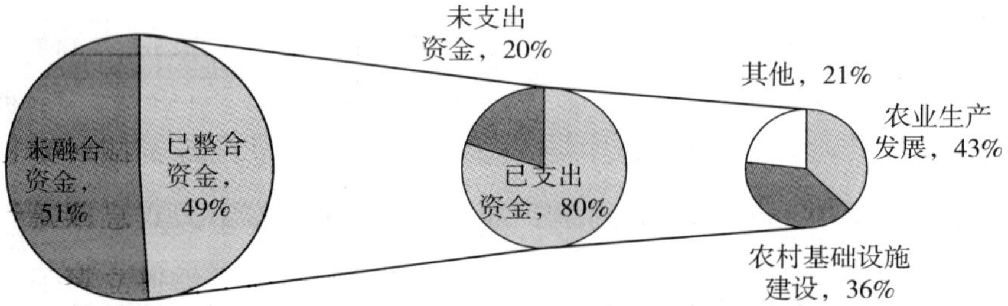

图3　保定地区涉农资金整合比例图

数据来源：保定市财政局。

贫困地区的农户非常信任当地的龙头企业，他们非常愿意将手中的资金入股到这些企业，龙头企业进行种植业、养殖业手工业或旅游业等实体产业的发展，在取得经济效益后给农户分红。贫困地区的龙头企业可以和当地的产业园滚动发展，共同致力于带动周边地区贫困户、贫困村的发展。涞源县谷润农副产品加工公司是保定市重点扶持的龙头企业，在公司资金周转不开的时候，涞源县扶贫办提供150万元的财政扶贫资金扶持其产业发展。该公司主要经营杂粮的加工和销售，发展“龙头企业+农户形式”的订单农业。涞源县扶贫办通过对当地龙头企业的财政资金投入，帮助企业不断发展壮大，提高竞争能力。

四、目前财政扶贫资金投入方式存在的主要问题

（一）项目申报审批程序烦琐，项目资金分布不均衡

项目审批程序烦琐且时间长，出现财政资金积压的问题，繁重的任务由省财政和扶贫部门少数几个人承担，效率低成为必然，而且“一刀切”也在所难免。省级审核村级，具体项目很难知晓，只有按规划、资金管理办法和扶贫要求来，上面框框与基层实际、规划与变化容易脱节。贫困地区的贫困程度越深，贫困人口的思想观念越保守，投入到扶贫项目上的意愿不高，从而致使扶贫项目实施进度慢，甚至有一些扶贫项目在个别贫困村无法实施，从而影响整个贫困地区的扶贫效果。项目跟着资金走，会导致项目资金地区分配不均衡。目前保定地区大多数的财政资金是项目带下来的，由于贫困地区的情况不同，按照项目来分配资金，会造成项目多的贫困地区财政资金投入也多，项目少的贫困地区财政资金少，财政资金会出现地区间分配不均衡的问题。项目报账手续烦琐，存在延迟报账的问题。在扶贫项目精准的问题上，贫困人口往往缺少话语权，政府部门或驻村工作组习惯以大多数群众要求的名义反映他们的个人意愿，例如，有些地区县上干部希望搞工程建设，乡村干部希望搞基础设施建设和公益项目，条件好的家庭希望搞不分贫富共享扶贫资金的项目，从而导致许多扶贫项目背离人口而去，结果是帮助富人掏了穷人的腰包。

（二）财政资金直接投入方式带有显著的救济性色彩

财政资金直接投入方式带有显著的救济性色彩，客观上会造成贫困户懒惰的思想，幻想着不劳而获，由劳动能力的贫困人口总是依靠着政府的补助生活，认为政府给自己发放救助资金是理所应当的事情，

逢人就哭穷已经习以为常，缺乏主动劳动来维持日常生活的意愿。扶贫并不等于救济，而是通过财政资金对贫困地区、贫困人口的扶持进而能够提升自身的生活水平，获得赚钱的途径。如光伏发电，这种扶贫方式具有明显的救济性色彩，这容易造成贫困户的贫困心理，把贫困作为为一种福利和资源，只是他们把生活的希望寄托在政府和社会的扶贫行动上，政府是生活的依靠，其结果是贫困农户缺乏自我脱贫、自我发展的能力。

第一，易滋生等靠要的懒惰思想。采用全额直补方式将财政扶贫资金转化为物资直接发放给贫困户，容易助长他们全部依靠国家兜底的懒惰思想，不愿意用自己的劳动力来获得自身生活水平的提升，一味的等着国家发放的补助而维持基本的生活，在一定程度上滋生了贫困户的等靠要的思想，缺乏脱贫致富的主体意识、参与意识与主动意识。从另一个角度来看，贫困户不应该是改善其贫困状况的扶持措施的被动接受者，应该是增收的主动参与者。政府对于贫困户的武无偿补贴，并没有给贫困户更多的话语权，在扶贫项目的选择以及扶贫资金的投入上处于强势地位，难以采纳贫困户的意愿。第二，贫困户变卖直补物资。贫困地区的贫困户知识文化水平低，目光短浅，只追求眼前的利益，会出现将财政补助的物资变卖的现象，这种方式难以解决贫困户面临的现实困境，阻碍了贫困农户自我发展能力的提高，在一定程度上影响了当地的脱贫效果，没有将财政资金很好地利用起来，客观上造成了资金的浪费，短期内贫困户改善其生活水平，但不利于长期的发展和扶贫项目的成功。

（三）财政贴息对信贷扶贫资金的吸引力不够

2014 年保定地区扶贫贷款贴息资金为 804 万元，省级以上总的扶贫资金投入为59 723.48万元，占比1.35%。财政拨下来的财政废品贷款贴息资金远远少于实际贴息的资金。保定地区易地搬迁任务重，涞水县是河北省试点县，全县共有42万人需要整体外迁，每个人需要6万元，全部建设需要250多亿元，财政扶贫贷款贴息资金远远不能满足要求，需要市政府统贷统还。贫困贷款贴息在贫困户中难以落实，还款率低，财政负担加重。政府通过与银行签订协议，担保的债务有很多，对贫困户和企业的贷款，应由企业来还，但是，存在许多贫困户和企业不能按期归还或没有能力偿还的问题，到这担保贷款还款率低，在一定程度上使财政的负担加重。一方面，贫困户对于向银行贷款行为存在不理解的情况，贫困户认为如果不还银行的贷款也没有关系，会有政府来兜底，对于政府的贴息视为补贴或者是捐赠，没有还款的意愿；另一方面，贫困户向银行的贷款收不回来，造成了贷款贴息资金的沉淀，难以发挥贷款贴息资金的有效性。此外，财政贴息的政策性贷款，发放具有明显的行政计划特色，指令性强而市场性弱；扶贫贷款由银行发放，银行又是有其自身经济目标的市场主体，其自身经济利益与政府扶贫目标、农户发展需要之间有冲突。由于农村贫困地区农户生产规模小，农业生产周期长，担保抵押资产不足，致使这些农户再向银行申请信贷资金项目时处于极为不利的地位。

（四）财政奖补机制尚不健全

贫困户本身经济生活条件差，并且缺乏获取知识以信息的能力，沉重的教育成本阻碍了贫困户获取知识的意愿，并且缺乏对农产品市场信息的了解，无法主动应对市场安排自身的生产经营活动。采用以奖代补或先实施后奖补的方式进行财政资金投入的话，贫困户自己筹集资金的能力较弱，出去日常生活所需的资金外，很难拿出资金进行项目的投资，这样机会贫困户有做项目的意愿，但缺乏筹资的能力，就会造成项目的前期工作很难开展。奖补资金大多是针对贫困地区的企业，奖补资金也是跟着产业项目下来的，奖补资金额度小。当省级以上奖补资金拨下来后，各个贫困县向政府（部门）申报扶贫项目，申报成功后由企业先行实施，完工后由相关部门验收，合格后发放奖补资金。保定地区 2012—2014 年省级以上的财政以奖代补资金总投入为 662 万元，分别为 150 万元、200 万元和 312 万元，占 2012—2014 年省级以上财政资金总投入的 0.42%，与其产生的脱贫效果不成正比。

（五）省级以上财政资金整合难度大

涉农资金数额大且涉农项目多，整合起来耗时耗力。在涉农资金整合的过程中有可能会影响到部门的利益，使资金整合受到阻碍。从图中可以直接地看出 2016 年保定地区贫困县已经整合的财政涉农资金占总需要整合涉农资金的 49%，将近一半，保定涉农资金整合的任务依然很艰巨。从图中可以看出，2016 年中央的涉农资金纳入整合的范围、已经整合的资金、已经完成的资金是最多的，但是整合的速度却不及县级的涉农资金。2016 年保定地区纳入整合范围的涉农资金中央占 65%，省级占 18%，市级占 1%，县级占 16%。其中，保定地区总体已将完成整合的资金占纳入整合范围的中资金的比例为 48.9%，中央已整合资金完成了的 43.97%，省级完成了 43.35%，市级完成了 43.05%，县级完成了 75.99%。由此可见，涉农资金的整合中央占比最大，市级占比最小，从整合资金的完成情况来看，在县级的进程快，市级的进程最慢，说明县级政府整合资金较容易，政府确定一个大的项目，以项目为整合平台，工作容易开展，而中央、省级、市级的财政资金整合难度偏大，整合进程大都完成了43%。从2016年保定地区涉农资金整合的投入来看，涉农资金的支出占已整合的80.09%，其中，中央完成投入9.78%，省级涉农资金完成投入21.49%市级涉农资金完成投入43.13%，县级涉农资金完成投入11.08%。由此可知，中央完成整合资金的支出远远少于其已经整合完成的资金，尚有一大部分的整合资金尚未完成投入，见表4。

表4　2016年保定地区涉农资金整合比例表　单位:%

资金名称	纳入整合范围的资金规模	已整合资金规模/纳入整合范围的资金规模	已完成支出资金规模/已整合资金规模
中央	65	43.97	9.78
省级	18	43.45	21.49
市级	1	43.05	43.13
县级	16	75.99	11.08
合计	100	48.9	80.9

资料来源：保定市财政局。

（六）财政资金投入进程受制于资金管理制度

我国的财政扶贫资金是从中央到地方，自上而下层层传递，而不是一次到位。将扶贫资金足额传递给所需贫困地区所用的时间的长短决定了扶贫资金传递效率的高低。资金传递时间越短，中途损耗越少，传递效率就越高。如果把扶贫资金比作注入贫困地区的水源，而传递过程就是管道，管道密封得好，才能使大部分水源到达贫困地区，而如果传输过程中，漏斗过多，大量水资源外流，则只有很少的水能够到达贫困地区，而这些只能解决眼前的一些问题，要想达到良性循环还是很困难的。而保定市的扶贫资金想到达贫困地区，要经过长途跋涉，经过层层政府部门的决策。若扶贫资金迟迟不到位，那么扶贫工程的进度势必会受到影响，进而影响工程的质量。在资金流转过程中，过于庞大的扶贫机构，不仅会消耗很大一部分的扶贫资金，还会因为相关部门的协调沟通不力导致资金在无形中增加运行成本。更为严重的是，当扶贫资金到位时，由于贫困地区财政收入有限，县级政府往往会截留部分资金用来维持机构正常运转，从而使能够真正用在扶贫上的资金越来越少。

五、优化财政扶贫资金投入方式的建议

在精准扶贫的背景下，财政资金的投入方式更加注重“精准”。为了精准使用财政扶贫资金，需要进一步优化财政资金的投入方式，确保扶贫资金真正用到贫困村和贫困户。

（一）推进分散性投入精准度和集中性投入的带动作用

1. 精确瞄准贫困人口，有针对性的进行帮扶。

财政扶贫资金要落在建档立卡的贫困人口身上，应瞄准贫困人口直接发力。在贫困地区财政资金扶贫的过程中，扶贫对象并不是静止的，而是一个动态的变化过程，也就是说，随着扶贫地区经济的不断发展，贫困人口的收入不断增加，扶贫对象的经济地位就会不断发生变化，扶贫对象就需要不断调整，针对不同类型的贫困户采取不同的扶贫措施。因此，要精确瞄准贫困人口，使财政扶贫农资金有针对性的进行帮扶，进一步提高了扶贫资金的使用效率，避免了资金的浪费。

2. 因地制宜选择产业项目，发挥能人带动作用。

在农户脱贫方式的选择上，充分考虑自然条件、发展方向等因素，以市场为导向、资源为依托，大力发展贫困地区的优势、特色产业，

将财政扶贫资金进行捆绑使用。与此同时，推进龙头企业带动、建立多种利益联结方式，进一步增强对贫困人口的辐射带动效应。探索将国家投入资金支持合作社，折股到贫困户享受分红的扶贫方式，让懂市场会经营的人带领群众脱贫致富。

在带动方式上，扶持贫困地区的由能人带动的专业合作社和龙头企业，建立生产基地，打造本地区特色的农业品牌，专门培育一批具有较强竞争力的知名产品，带动贫困人口脱贫致富。采取捆绑的集中性投入方式，选择有项目、人品好、愿意带动贫困户脱贫的种养殖大户与由劳动能力的贫困户结成对子，依托主导产业，提高农民组织化程度，实现可持续脱贫的目标。

（二）增强农业投入科技性和非农投入多元性

1. 增加农业教育和技术的投入，优化财政支农结构。

农业教育和技术推广是指针对贫困户的农业种植的驾驭科技培训，培育他们农业产业园农产品深加工技术、农产品储藏保险技术及特色农业产业园种植技术等，通过培训或者农业大学教授实地考察指导等方式，达到提高农业总产值的效果，进而促使贫困户增收。进一步推广农业技术服务，建立新型的现代农业，培养农业科研人才，带动贫困户依靠先进的农业种养殖技术，运用先进的农业设备，提高农业生产力。另一方面，增强贫困户获取市场信息的能力，提高贫困地区农产品的产销渠道，进而提升其在市场中的竞争力。同时，优化财政支农结构，提高财政资金使用效率。

2. 鼓励精准合作，创建多元化非农投入方式。

（1）着力实现多元自主可持续发展。财政扶贫资金应推进农业、工业、旅游业、人力资源开发、绿色能源、环保等各个领域的合作，将贫困地区的资源环境优势转化为经济发展优势，依靠产业带动和必要的政策激励，鼓励创业、扩大就业。扶持产业扶贫、电商扶贫、乡村旅游扶贫、光伏扶贫等非农投入，通过购买贫困地区生产的农副产品等方式，科学开展扶贫开发项目，提高贫困地区群众收入和生活质量，创新财政扶贫资金投入方式。建立扶贫基金，加强财政、扶贫、水利、民政、发改等部门与民间组织的合作，扩大扶贫的主体，增加更过的扶贫资金的投入，充分利用政府和民间资金，确保贫困地区的扶贫项目能够长期有效地帮助贫困人口脱离贫困。

（2）加强对财政扶贫项目资金的有效监督。实施财政精准扶贫，应加快改革步伐，坚持中央统筹、省负总责、县抓落实的管理体制，合理划分中央和地方扶贫事权。尝试将扶贫项目审批权从省下放到县，实现将责任、权力、资金、任务有县全权负责，市县级政府由“主演”变为“导演”，县级可自主确定项目、科学安排资金，这使得项目更切合实际，资金使用的精确性和指向性更高。为了围绕项目合理配置资金，应因地制宜的制定贫困地区的扶贫规划和年度实施计划，并以规划和计划为依据，建立和完善扶贫项目库，搭建资金整合平台，细化实施方案，为扶贫和相关涉农资金整合使用提供有效载体，促进扶贫规划和重大项目的实施。项目申报应符合当地的扶贫规划，以扶贫项目到村到户为目的，真正使贫困人口受益。为了保证扶贫资金的合理使用及扶贫项目的顺利进行，提高扶贫资金的使用效率，提高扶贫资金使用的透明度，重要的途径之一就是加强对使用农村扶贫项目资金的监督。既要监督贫困单元的确定、贫困规划的制定和贫困资金的分配，也要监督对贫困项目实施和贫困主体受益的过程；既要对项目落实的进度报告、报表、资金流向进行书面或电子监督，又要通过实地走访、抽样调查、现场查看等方式对项目的实施情况、资金受益终端进行监督。对于监督中所发现的问题，要依法依规进行整改，对于相关负责人员要追究法律责任。同时，地方政府要求通过参与的方式鼓励贫困户参与到项目的选择、实施、监督和评估过程中，促进资金能够合理投放，提高扶贫开发的效果。

（三）加大共享性投入和独享性投入的扶持力度

1. 加强基础设施建设，完善公共服务。

加强贫困地区的基础设施建设，本着“缺啥补啥”的原则，对其道路、引水、电力、教育、卫生、文化、燃气等基础设施及公共服务的“缺项”，确定扶贫项目，将财政扶贫资金集中扶持贫困村的基础设施和公共服务等项目建设，彻底改善贫困村的发展环境，贫困人口和非贫困人口均可共享，同时也为贫困户脱贫奠定了坚实基础。

探索基础设施建设领域的 PPP 投入方式。传统的贫困地区基础设施建设项目依靠地方政府的财政资金来建设和维护，会出现由于技术、人员、资金等因素不足而无法满足贫困地区基础设施建设的需要。保定地区有 75% 的财政扶贫专项资金用于产业扶贫，用于修路、打井等产业配套建设的资金非常少，财政的贷款贴息资金也大多带给龙头企业，因此可以在贫困地区的基础设施建设利于采用 PPP 的投入方式，即政府面向社会进行招标来建设贫困地区的基础设施，给予中标的建筑公司特许经营权，双方签订特许合同，由中标的公司负责筹资、建设及运营，政府与金融机构签订协议，是中标的公司能够很容易地获得贷款，在项目完成交由政府部门批准使用后，私营部门才可以开始获得收益。PPP 的投入方式能够充分利用政府部门和私营公司的优势，在基础设施建设的初期共同参与，对建设项目进行可行性分析，保证了项目在经济上和技术上的可行性，缩短了前期工作的周期，降低了项目费用。同时，PPP 的投入方式有利于减轻财政负担，把政府从繁重的事物中脱身出来，转变政府职能，由过去基础设施项目的提供者转变为监督者，保证基础设施的质量，从财政预算方面减轻政府压力。这种模式可以使风险共担，政府部门和私营企业共同承担风险，降低了私营企业的融资难度，可以建立政府部门与私营企业长期共同互利的目标，更好地为社会提供服务。

2. 独享性投入坚持“因地制宜，分类指导”的原则。

对贫困村进行全面普查，摸清每个贫困村的现状，根据贫困村和贫困户的具体特点采取不同的财政资金投入方式，坚持“因地制宜，分类指导”的原则，对于居住在生存条件恶劣、生态环境脆弱、自然灾害频发等地区的农村贫困人口，投入扶贫资金实施易地搬迁工作；对于居住条件恶劣的家当立卡贫困户投入扶贫资金实施危房改造工作；对于贫困地区家庭困难学生的教育问题，投入扶贫实施教育资助与培训工作；对于丧失劳动能力的贫困人口采取社会保障兜底工作，为老人建立幸福院采取集中供养的方式解决养老问题。因地制宜、分类指导的原则有利于提高财政扶贫资金投入的精准度，保障贫困人口的基本生活。

（四）提高直接投入的效率性和间接投入的社会性

1. 培育脱贫内生动力，发挥自身造血功能。

虽说扶贫应直接面向穷人，是穷人真正受益，很多国家在反贫困过程中较多选择直接发放政府补贴的形式，但这并非长久之计。这种直接“给予式”扶贫一方面可能会是穷人接受补贴成为习惯，另一方面，当补贴金额超过其自身努力得到的微薄收入时，穷人很可能选择放弃工作接受政府补助，这样造成了整个社会效率的下降，财政资金的投入方式应注重提高贫困主体的软实力，重点关注对贫困人口的教育和开发，加大对人力资本的投资，增强贫困人口的可持续发展能力。在加强贫困户脱贫的“造血功能”的同时，注重提高贫困地区扶贫工作的人才队伍的建设，提升他们的专业技能，使他们能够独立自主地带领贫困人员脱贫。

2. 拓宽财政扶贫资金投入渠道，第三方投入。

（1）加大金融扶持力度，强化信贷选择机制。农村贷款难，贫困村和贫困户贷款更难。在精准扶贫的背景下，政府加大财政扶贫资金的信贷投入，建设投融资平台和担保平台，引导和鼓励商业性金融机构创新金融产品和服务，解决贫困地区的贫困人口缺乏资产抵押和担保无法贷款的问题，探索开展农民住房财产权、土地承包经营权等抵押融资方式，增加贫困地区信贷投放。推进承贷主体多元化，加快推动农村合作金融发展，支持贫困村互助组织建设，深入开展贫困村互助资金的使用。进一步推广小额信用贷款，加大对农民实用技术的培训力度。改善对龙头企业、合作社等经营组织的金融服务。充分发挥政策性金融的导向作用，引导全社会广泛参与，支持贫困地区基础设施建设和主导产业发展。妥善利用好专项扶贫资金贴息政策，扩大扶贫贴息贷款规模，扩大贴息范围，提高贴息比例，延长贴息期限，引导社会资本流向扶贫开发项目，提高社会资源参与扶贫建设的力度。完善农业保险保费补贴政策，适当提高财政对贫困地区农业保险补助的比例，针对贫困地区主导产业，鼓励地方发展特色农业保险。积极探索以财政资金作担保的扶贫信贷模式，建立贫困农户发展产业的担保基金，加快贫困地区农村信用担保体系建设，完善农业重大自然灾害风险分散机制。

（2）加大省级以上涉农资金整合力度。在精准扶贫的背景下，我国于2016年开始执行贫困地区涉农资金整合试点工作，保定地区的国家级重点贫困县均包括在内，于2016年底共整合资金规模132 938.1万元，占纳入整合范围的资金总规模的48.9%，因此要加大涉农资金的整合力度，在涉农资金整合的过程中，不可避免地会触及部分部门的利益，整合粮食直补、良种补贴、农机购置补贴、农村五保、农村最低生活保障制度、农村医疗救助、新农保基础养老金、优抚、退耕还林政策补助等财政性惠农项目资金，扶贫、发改、财政、民政、农业、林业等政府线管部门相互合作，在项目申报、资金管理、资金使用等方面形成合力，减少存在相互和交叉的资金，避免出现由于项目分解重复申报而造成资金浪费的问题。充分发挥市县财政的主动性，加强省级以上的涉农资金的整合力度，增加整合涉农资金的投入，使其真正能够用到市县最需要的地方，提高资金的使用效率。

（五）运用财政资金撬动社会资本的投入

过去，我国农村扶贫资金投入机制主要是由政府主导的单一投入机制，政府投入的最大特点是资金投入的公平性，资金投入的低效率性，忽视扶贫对象的可持续发展。在目前国家农村扶贫资金投入不可缺少但投入金额十分有限的背景下，必须打破原有的单一投入机制，实现农村扶贫资金投入的政府机制、社会机制与市场机制的有机结合，在逐年加大财政资金力度的同时，引导和鼓励企业企业、金融信贷投入，吸引社会和外资投入，更重要的是提高贫困主体的积极性，农民自身加大投入，建立来源多元化、层次多极化、渠道多样化的扶贫资金投入机制，既讲究资金投入的公平，又讲究扶贫资金投入的效率。

贫困村和贫困户是精准扶贫的主体，财政扶贫资金的投入千万不能离开这个群体。贫困户期盼什么、需要什么，他们最清楚。同时，积极鼓励和引导社会力量的参与，充分借助专家学者的作用，利用政府财政扶贫资金的投入和社会力量的参与，聘用或邀请第三方机构实施贫困村或贫困户精准扶贫规划的编制和实施，运用财政资金撬动更广泛的社会资金的投入，建立多元化的农村扶贫新机制，实现财政资金的成倍放大。如建立扶贫基金。扶贫基金就是向政府、社会、企业、个人等群体募集或接受以上群体的捐赠的资金或物资，独立运行并从事扶贫开发及相关活动的经济组织。

作者工作单位：河北大学政府管理与公共政策研究中心

供给侧结构性改革下的个人所得税改革研究

◇闫　坤　程　瑜

摘　要：个人所得税属于典型的直接税，是与老百姓利益最为密切也是受关注度较高的税种。因此，个人所得税全面改革涉及面非常广，需要协调各方面利益关系和各部门的全力配合。我国个人所得税正式开征于1980年，此后经过了数次改革，但改革始终围绕着工薪所得免征额的调整，税制整体目标和要素设置上存在的缺陷一直没能得到纠正。本文从对我国上一轮个税改革的评价和当前现状分析入手，找出个税改革面临的瓶颈问题，在此基础上，提出我国个人所得税改革的取向和具体建议。

关键词：个人所得税；综合与分类相结合；混合税制

个人所得税是我国复合税制体系中一个不可或缺的重要税种。在以市场对资源配置起决定作用的经济环境下，人们占有财产情况的不同以及劳动能力、家庭状况等方面的差别，必然带来收入状况的高低悬殊，尤其是近些年来，我国“黄金发展期”与“矛盾凸显期”相伴，居民收入分配差距逐渐拉大已成为不争的事实和社会的突出矛盾之一，税制的某些设置也为人诟病。个税作为与老百姓关系最为密切的税种之一，改革的呼声更是不绝于耳。尤其是进入经济发展新常态下，我国的个税改革已经不是某一个具体要素的改革，而是进入了一个整体性改革的新阶段，需结合经济、社会发展的统筹规划，并充分考虑各项手段、措施的可操作性，对课税模式的转变、费用扣除的确定、税率的优化调整、征管流程的重构等作出通盘设计。

一、对上一轮个人所得税改革的简要评价

我国个人所得税最早于1950年1月由政务院颁布的《全国税政实施要则》提出：“我国拟开征个人所得税、资本利得税等14个税种”，但当时只限于提出拟开征，并未能付诸实践。个税的真正实施是在1980年，其背景是党的十一届三中全会提出对外开放，为维护国家主权和税收收益权，主要针对外国来华人员开征个人所得税。其后，80年代后期又开始对国内居民征收个人收入调节税。1994年分税制改革，将上面所述两税与城乡个体工商业户所得税合并，形成了目前个人所得税制的基本框架。其后，国家又对个税进行过几次重大调整。最近的一次调整是2011年9月1日，将个税的免征额由原来的每月2 000元调高至3 500元，并将工资薪金所得的超额累进税率由9级减少至7级，取消了15%和40%两档税率，将最低的一档税率由5%调整为3%。

总体而言，这一由修法确认的2011年个人所得税改革方案惠及人数不可谓不广，根据官方数据，“免征额调到3 500元将会使得工薪阶

层的纳税人数由 8 400 万人减至约 2 400 万人，也就是说，有约 6 000 万人不需要再缴纳个税”，工薪所得纳税人占全部工薪收入人群的比重，由原先的 28% 下降到不到 8%。同时按照调整后的税率，高收入群体的税率有所增加。“调节收入差距”本就是个税的应有之义，所以就工薪收入者群体而言，这种改变符合其优化原理。然而这一税改使高收入者增加纳税、低收入减少缴税的效应却只限于工薪阶层。

具体分析，首先，在总体框架上未能充分体现“综合与分类相结合”的改革方向，除工薪所得之外的高收入调节机制没有建立，反而使得我国个税税制更明显地具有了所谓“边缘化”（其收入占比下降）与“工薪税化”（工薪之外的收入调节严重不足）的不良特征。其次，“劫富”效应不明显，也未鲜明体现应有的“培育中等收入阶层”导向。将年收入 12 万以上定义为高收入群体，这种设置标准偏于老化，现在看来，年收入 12 万元以上在一线城市只是覆盖了收入的“夹心层”，对真正的富豪征税效果不明显。最后，此次个人所得税改革“济贫”效应也有限。因为改革之前月收入低于 2 000 元的人群原本也不需要纳税，改革之后调整为 3 500 元，对于普通薪酬的人群来说，也就是减少了几十元税负支出，但对于高薪酬人群来说，却能够节约几百元甚至更多。个税设计的初衷是调节高收入、缓解因社会收入分配不公造成的矛盾。然而，2011 年后个税征收仍存在“逆向调节”现象，工薪阶层成了实际的纳税主体。很显然，个税改革不应再仅纠结于“免征额”的调整，而是应尽快建立以家庭为单位、按年计征的现代所得税制度，并明晰改革的时间表和路线图。

二、个人所得税存在的问题暨改革的必要性

我国个人所得税从 1980 年正式开征至今已有二十六年，“综合与

分类相结合”的改革方向也早已在2003年中央文件中得到明确，但时至今日，个税已有的改革始终围绕着工薪所得免征额的调整，真正意义上的综合与分类相结合的改革迟迟没有实质性推进。

（一）我国个人所得税的功能定位存在不足

在税制设计中，首先要考虑的便是税种的功能定位问题。传统意义上，个人所得税的最基本功能即为组织财政收入和调节收入分配。然而，近十多年来，我国的个税占税收总收入的比重平均仅在7%左右；占公共财政收入的比重更低，仅为6%。可见，我国个税在组织财政收入的功能方面不够理想。原因主要在于我国目前尚处于社会主义初级阶段，虽然已经过了多年的发展，但生产力水平和人均GDP与发达国家相比仍然相对较低，大部分家庭的收入都是用于维持其基本生活需要，个人收入很难作为普遍征收的对象。

此外，随着改革开放的深化和社会主义市场经济的发展，我国社会收入分配不公的现象也越来越明显，无论是在城乡之间，还是在地区之间，还有行业之间，以及居民个人之间，收入水平差距较大，有的甚至已呈两极分化态势。这些差异的存在使得税收收入的差别也存在着较大的差异。再者，近些年，个人和家庭的收入不再单纯地依赖工资薪金收入，呈现出多元化和隐形化的特征，而个税改革由于种种原因明显滞后于这种收入格局变化，相关制度设计存在缺陷和问题，使个税的调节收入分配的作用发挥十分有限，不仅如此，个人所得税还有被边缘化的表现，其调节功能亟待优化和强化。

（二）分类所得税制难以体现公平税负原则

当前，我国实行分类所得税制的模式，根据全国人民代表大会常务委员会关于《修改〈中华人民共和国个人所得税法〉的决定》

(2011 年 6 月 30 日通过)，个人所得税的税目分为十一类："1. 工资、薪金所得；2. 个体工商户的生产、经营所得；3. 对企事业单位的承包经营、承租经营所得；4. 劳务报酬所得；5. 稿酬所得；6. 特许权使用费所得；7. 利息、股息、红利所得；8. 财产租赁所得；9. 财产转让所得；10. 偶然所得；11. 经国务院财政部门确定征税的其他所得"，并规定了每个应税项目的费用扣除标准、适用税率和计税办法。这种征税模式一目了然，便于征收，但也存在弊端。

一是征税范围采用的是"正例举"的办法，并未涵盖所有的收入方式。即没例举的、不在 11 个税目范围的收入就都不需要缴纳个税。而近年来，我国居民的收入已由工资收入为主向收入形式多元化发展。目前在我国居民所得中，工薪、劳务报酬所得等劳务性收入固然是个人的重要所得，但职务补助及其他实物补助形式也构成居民收入的重要组成部分。而上述这些收入在现行个人所得税制下，无法自动地成为应税项目，这就使得我国个人所得税的税基过于狭窄。

二是分项征收不能体现税制横向公平的原则。收入相同的人会因为其收入来源的不同而导致承担的税负不同，继而产生税负的横向不公平，与前述提到的收入多元化不相适应，易造成纳税人之间的税负扭曲。即收入来源较多的人，因为其费用的扣除项目也会比较多，税负就相对较轻；而收入来源较为单一的人，因其费用的扣除项目也较少，税负就会相对较重。

三是容易产生税收漏洞，为逃税创造空间。现行个税实行分类所得的征收模式，即不同类型的个人所得适用不同的税率，其初衷本是对纳税人的辛勤劳动所得课以轻税，以实现国家特定的政策目标，但实际上这种政策目标实现并不理想。前述 11 个税目，由于其税率和扣除费用不同，所得范围的界限比较模糊，这就为纳税人将其所得收入在不同项目之间转移创造了空间。

（三）税率、级次和边际税负不合理

个人所得税是世界各国普遍征收的一种税，在过去几十年的时间，税制变化较大，尤其是税率、免征额和税收结构方面。据统计，“近几年 OECD 国家的平均最高边际税率为41.4%”。由此来看，世界各国的个人所得税发展趋势是低税率、宽税基的税制结构。相比之下，我国目前在税率、级次和边际税负等方面都亟须改革和优化。

一是税率结构较为复杂。目前我国采用的是超额累进税率（对工资、薪金所得适用3% ~45%的7级超额累进税率；对个体工商户的生产、经营所得和对企事业单位的承包、承租所得实行5% ~35%的5级超额累进税率）和比例税率（对劳务报酬所得、稿酬所得、特许权使用费所得、利息股息红利所得、财产租赁、转让所得、偶然所得和其他所得适用20%的比例税率）。这种税率设计结构过于复杂，与国际上通行的简化税率结构、降低税负的个税改革趋势不相适应。

二是边际税率比较高。我国现行个税税制设计的边际税率最高一档为45%，与很多发展中国家相比，明显较高。目前，大多数发展中国家边际税率较为适中，如印度是40%，墨西哥是35%，新加坡是30%，巴西是27.5%。设计过高的边际税率一方面会使人们产生逆反心理，在一定程度上易刺激纳税人偷逃税的动机，另一方面，也会影响人们工作和投资的积极性。此外，如前所述，高收入人群由于收入来源多元化程度也相对较高，因此其更容易转变收入形式进行偷逃税，因此最高一档的税率设置用处也不大，对个税在调节收入分配功能上的实际作用非常有限。

（四）费用扣除标准对个人的实际税负能力考虑不够充分

我国现行个税采用的是费用定额扣除和定率扣除相结合的方式，这种方式比较简单，便于计算和征管，但却存在较大弊端。例如，工薪所得，目前我国对所有的纳税人免征额均为3 500元，却未考虑每个纳税人的情况彼此之间差异很大，有些人处于并有可能长期处于单身状态，有些人则有家庭，且家庭成员人数也不一样，有些人需要教育子女，有些人需要赡养老人，而且，不同地区的生活水平也不尽相同，这些都会影响到纳税人的生活总成本和实际的税收负担。此外，即使收入水平相同的纳税人，也会由于其收入来源的不同，享受的费用扣除额不同，最终导致不同的税收负担。

（五）个人所得税征管体系不够健全

在现行分类个人所得税制下，纳税人与税务机关大多不进行直接的接触，大部分是通过源泉扣缴的方式由支付方代扣代缴。这种方式对税务机关的征管水平要求不高，税收成本较低。如果改为混合课征模式，由于有综合征收部分，就需要纳税人“自行申报”，这就对税务机关的征管水平提出了新的要求。此外，我国目前无论是国税部门还是地税部门，其征管系统均未与公安、工商、银行等部门实时联网，这也就意味着目前税收征管系统尚不具备及时准确掌握纳税人各项收入信息的条件，实时监控机制更是没有建立。当前应抓紧研究制定如何完善个税征管体系，为向综合与分类相结合的课税模式转换积极准备必要的条件。

三、我国个人所得税改革的总体思路和政策建议

借鉴国际上个人所得税制改革经验，结合我国国情，我国个人所得税改革的取向应是充分发挥其调节收入分配差距的作用，兼顾培养

纳税意识和培育中等收入阶层。诚然，应该客观对待个税的调节收入分配差距功能，即个税不是“万能灵药”，其发挥作用的领域是有限的，对于初次分配以及财产分配格局的形成，都会受其他因素的影响和需要其他税种配套发挥作用。

（一）确定纳税人和征税范围，合理划分综合课税项目和分类课税项目

个税的纳税人：中国居民或有来源于中国境内所得的外国人。征税范围：中国居民所有境内外货币和非货币所得；外国人来源于境内的货币和非货币性所得。其中，农民的农业生产收入可以免税。

具体而言，一是可考虑将工资、薪金所得、劳务报酬、稿酬所得和特许权使用费所得等具有劳动报酬性质的收入，纳入综合课税的范围中。当然，要实现对这些所得的综合课税，还需破解很多制度和技术方面的瓶颈，最重要的是如何才能精确掌握每个人的劳动报酬总量。由于目前我国个税属于中央与地方共享税，地税局负责征收，但地税局并没有跨界征税的权限，这样，劳动者在异地的兼职收入就无法汇总起来进行纳税。因此，可考虑由国家税务总局牵头建立“个人劳动所得收入汇总征管制度”，纳税人的个人收入信息可按其就业单位分布传送至当地的地税局，由地税局统一征管。二是利息、股息、红利，因其属于投资所得，财产租赁属于让渡使用权所得，财产转让属于所有权变动所得，因此，可考虑仍然按照现行的分类计征方式。

（二）改革方向是按家庭征收，过渡期可先按照个人综合征收但增加专项扣除

如前所述，因为分类所得税存在诸多弊端，世界上大多数国家是实行综合与分类相结合的混合税制，除了对个人不同收入来源进行分类外，还采用将其全年的收入纳入计税范围，从而可避免收入项目多反而纳税数额少的制度“悖论”。在税收抵扣项目的设计上，大多数国家都为低收入者提供了专门的税收抵免项目，此外，还允许纳税人就其赡养人口的多少和实际负担的情况扣除一定数额的生计费用，这样的制度安排在一定程度上使得纳税人之间的税负大致均衡，也给个人所得税本身的制度结构赋予了人性化的设计内核。

事实上，我国对个人所得税按家庭征收进行改革的呼声早已持续多年，基本已达成共识，只是在技术层面条件还不太具备。目前在费用扣除方面，我国采取的是综合扣除和分项扣除相结合的方式，主要是综合扣除。显然，我们有必要调整思路，实行以家庭为对象的征收方式。具体可将纳税人能够计算的家庭负担，如赡养人口的数量、按房贷利息等计入个税的抵扣因素，以更好地体现税收公平原则。当然，实行这项改革面临很多障碍，这也是此项改革过去早已提出但却迟迟没有有效推进的主要原因。首先，将纳税人的家庭收入纳入征税的信息系统较为困难。目前，工薪阶层的个税都是由单位代扣代缴，能够较为清晰地反映个人的工资收入，但是家庭收入则无法实现由单位代扣代缴。因为每个家庭的情况千差万别，不同的家庭需要赡养、抚养的人口数量不同，即使是同一家庭的这个数量也会随着时间的推移而动态变化，这需要一支专业且庞大的稽查队伍进行税源管理。其次，大部分纳税人对税法规定及申报程序等并不熟悉，在西方国家，这些工作大多由税务代理机构等中介去完成，我国虽也有税务代理机构如税务师事务所等，但目前这种服务还比较薄弱，其发展成熟尚需时日。

因此，现阶段，可考虑按照个人综合所得征收，增加“人口赡养系数”和“房贷利息”这两个专项扣除项目。具体而言，个税的综合扣除额可考虑仅与纳税人一个人的生活消费支出额相对应，把“人口赡养系数”加进来；如果有房贷利息，则再加进来。房贷利息的扣除必须以财税信息共享为基础，税务部门应可按纳税人的申请或税号（联网）从银行或土地管理部门获取与核实纳税人的贷款数据信息，以此来计算扣除金额。此外，费用扣除标准应根据物价的变化实施浮动，在近年通货膨胀常态化的情况下，可考虑借鉴各国实行的税收指数化制度，建立可变的动态扣除机制，根据 CPI 的变化调整当年的扣除标准，以防止物价的涨跌造成费用扣除与现实真实生活成本的脱节。

（三）优化个人所得税税率

税率的设计原则，应是总体上减轻纳税人负担，尤其是低收入者和中等收入者负担，同时降低边际税率并简化征管。借鉴国际经验，个人所得税的税率改革可考虑将税率设定由现在的 7 档降为 5 档，同时，以年为时间纳税单位，并将最低边际税率设计为 1%，最高边际税率设计为 35%。调整后各档税率及适用范围见表 1。

表 1　调整后个人所得税税率表

适用范围	税　率
年应税所得额不超过 20 000 元	1%
年应税所得额超过 20 000 万至 100 000 元	5%
年应税所得额超过 100 000 元至 250 000 元	15%
年应税所得额超过 250 000 元至 1 000 000 元	25%
年应税所得额为 1 000 000 元以上	35%

上表所述的税率结构简单明了，且最高边际税率为 35%，比现行最高边际税率 45% 降低 10 个点，有利于保证税率的有效性。同时，年应税所得额不超过 20 000 元的低收入者，能够实现既培养纳税人纳税

意识又不对其构成较重负担的税制设计初衷。中等收入者税负也不重，不会打击其工作的积极性，这有利于培育中等收入阶层。即便是高收入者，其名义税负比现行工薪所得的7级超额累进税率而言，总体上也是降低的。这样的税率结构设计，既能体现“量能纳税、多得多缴税”的原则，也可改善现行税制的“逆调节”因素，强化个税在调节收入分配差距方面的功能。

此外，在征管设计上，可考虑实行源泉扣缴与自行申报相结合的方式，到每年的年终汇算清缴，多退少补。既可保证个人所得税足额及时入库，又能培养居民纳税意识和降低征管成本。

（四）建立科学高效的信息系统和信用制度

一是建立税务部门与银行、公安、工商、海关等部门实时联网的个人所得税信息系统，且该系统中所有与纳税相关的信息能够随用随取，这样不仅能够提高效率，同时也能够实现对纳税人的实时监控。二是建立健全个人信用制度。即需要对每一个纳税人进行身份的定位和识别，建立统一的纳税人识别号。可考虑将每一位社会成员的身份证号码、社会保障号码与其个人纳税号码“三号合一”，成为其唯一、终身有效的信息单元代号，亦成为纳税识别号，其取得的每一笔收入，都可记入这一号码之下，并可根据纳税人的纳税义务履行情况进行信用评级，其评级结果会对纳税人的工作、贷款等社会行为产生实质性影响，以此促使纳税人自觉履行纳税义务。

作者工作单位：闫坤，中国社会科学院农村发展研究所；
程瑜，财政部中国财政科学研究院

供给侧结构性改革中的减税降费相关问题研究

◇ 冯俏彬

摘　要：减税降费是深化供给侧结构性改革中“降成本”的核心与关键。本文对我国的政府收入结构、税收结构、收费结构进入了深入剖析，指出推进减税降费的关键在于全面、客观认识我国政府收入的畸形结构，即税收收入占比过低而广义非税收入占比过高，政府收入“叠床架屋”、结构复杂，缺乏对宏观税负的总体控制所致。在此基础上，就如何推进减税降费提出了相关具体建议。

关键词：减税降费；税收负担；收费清理

“降成本”是我国供给侧结构性改革的五大重点任务之一。经济学意义上，成本是个综合性很强的概念。当前从政府角度致力降低的主要是指制度性成本，也称交易成本或交易费用。所谓交易成本或交易费用，是新制度经济学的核心概念，最早由科斯在其经典论文《企业的性质》中提出，其原义是“为了进行一项市场交易，有必要发现和谁交易，告诉人们自己愿意交易及交易的条件，要进行谈判、讨价还价、拟定契约、实施监督来保障契约的条款得以按要求履行”所发生的费用。这一概念后来由张五常等将其发扬光大，概括为“制度运行的费用”。这是当下所说的制度性交易成本这一概念的理论由来。

一、制度性交易成本与政府收入的概念与构成

新制度经济学认为，政府是制度供给的唯一、垄断性主体。因此从相当大的程度上讲，制度运行的费用就是政府运行的费用，具体表现为政府支出。进一步地，在不考虑赤字因素的情况下，政府支出就等于政府收入。直言之，当下各方关心的制度性交易成本，如果从财政的角度而言，就直观地、量化地表现为政府收入。

广义而言，政府收入是一国政府在一个特定时期（通常为一年）以各种方式所取得的收入之总和。统计意义上，当前我国的政府收入主要由以下几个部分组成：

政府收入 = 税收收入 + 非税收入 + 政府性基金 + 社会保障费 + 国有资本经营收入 + 土地出让金。

据此，可列出2011—2016年我国政府收入及其构成情况。

表1　2011—2016年我国政府收入构成　单位：万亿元，%

年份	政府收入	税收收入	占比	非税收入	占比	政府性基金收入	占比	国有资本经营收入	占比	社会保险收入	占比
2011	17	8.97	52.76	1.41	6.70	4.14	24.35	0.084	0.49	2.40	14
2012	18.76	10.06	53.62	1.66	8.85	3.75	20	0.15	0.8	3.14	16.74

续表

年份	政府收入	税收收入	占比	非税收入	占比	政府性基金收入	占比	国有资本经营收入	占比	社会保险收入	占比
2013	21.92	11.05	50.41	1.87	8.53	5.23	23.85	0.17	0.78	3.60	16.42
2014	23.57	11.92	50.57	2.12	8.99	5.41	22.95	0.20	0.85	3.92	16.63
2015	24.19	11.06	45.72	4.17	17.24	4.23	17.49	0.26	1.01	4.47	18.47
2016	26.19	13.04	49.79	2.92	11.14	4.67	28.84	0.26	0.99	5.3	20.23

资料来源：2011—2015 年《中国财政年鉴》及财政部、人社部网站关于 2016 年财政收支、社保收支的相关信息。

如果用标准的财政学语言，上述政府收入可进一步划分为两大组成部分：一是税收收入，二是非税收入。从上表中可以看出，2011 年以来，历年我国税收收入占全部政府收入的比重均在 50% 左右，换言之，近一半左右的收入是在税外形成的。这是分析我国制度性交易成本结构并回答“如何降低企业负担?”这一问题最重要的基础与出发点，十分重要。

二、我国税收概况与税收负担剖析

（一）我国税收概况

税收是一国政府收入最主要的组成部分，一般情况要占到 80% 以上，发达国家更要占到 95% 左右。但在我国，如上文所言，2011 年以来占政府收入的比重仅为 50% 左右。当前，我国的税收共计有五类 18 种，具体如下：一是流转税类，包括增值税、消费税、关税、城市维护建设税、土地增值税；二是所得类税，包括企业所得税、个人所得税；三是财产税类，包括房产税、车船税，四是资源税类；五是行为税类，包括城镇土地使用税、耕地占用税、车辆购置税、印花税、契税、烟叶税、船舶吨税。一般地，我们将第一类流转税称为间接税，第二、三类称为直接税，第四、五类为其他。

从总量上看，自 2004 年以来，我国税收总体上处于高速增长中，到 2014 年以后，基本上可以用两个“一万亿元”来描述，即“每年增长一万亿元”“每月进账一万亿元”。进入“新常态”后，随着我国经济步入下行通道，税收增长速度相应有所放缓，但总量仍然在增长。就在刚刚过去的 2016 年，我国税收收入达到了 130 354 亿元，首次跃上 13 万亿元的新台阶（如图 1 所示）。

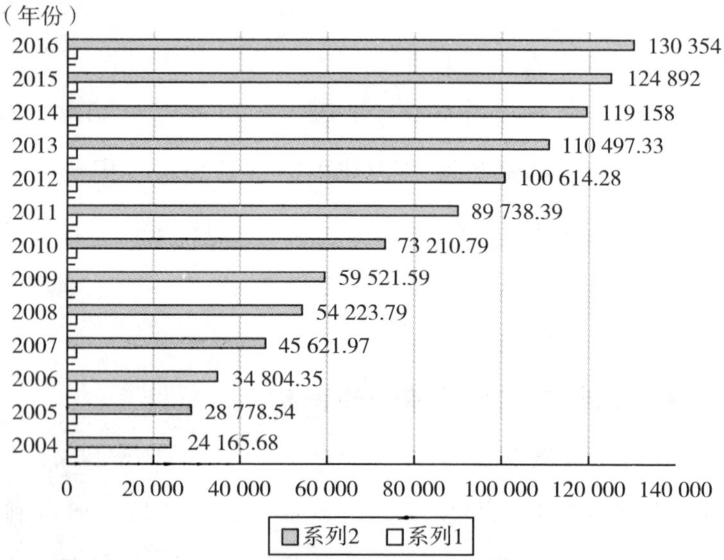

图 1　2004—2016 年我国税收增长情况（单位：亿元）

从结构上看，以增值税、消费税、营业税、关税为主体的流转税是我国税收的绝对主力，多年来占整个税收收入的比例都在 65% 左右，企业所得税在 25% 左右，其他税种则分享余下的 10% 左右的份额，如

图 2 所示。

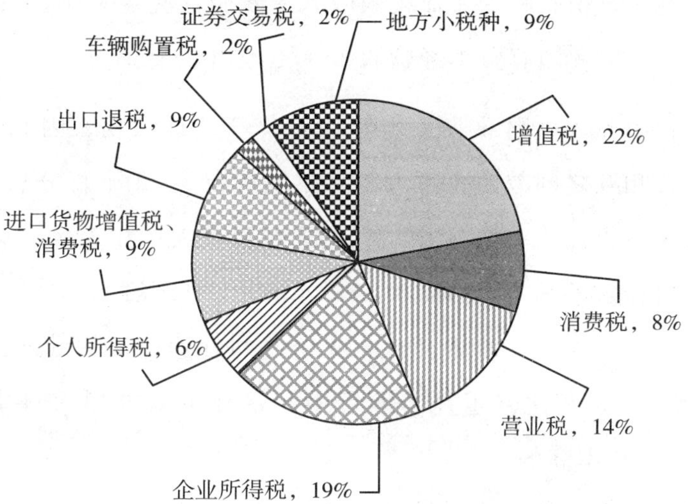

图 2　2015 年我国税收收入结构图

（二）我国税负到底重不重

我们常常听到一种议论，说我国的税收负担太重。那么，这种说法到底正不正确呢？理论上讲，衡量税收负担的基本指标是“宏观税负”，其计算公式是：当年的税收收入/当年的 GDP×100%，基本含义是在当年全社会新创造的价值中政府以税收方式拿走的份额。假定宏观税负为 30%，则表明在当年全社会新创造的价值中，政府以税收的方式拿走了 30%。由于政府本身不从事生产活动，因此一般都认为，宏观税负也就是政府加于社会负担的代名词。

由于税收并不是我国政府的唯一收入来源，因此在我国，宏观税负这个概念在具体的研讨中又分成小、中、大三个口径，其分母分别对应税收收入、财政收入、政府收入。它们之间的关系如下：

税收收入 = 当年全部税收

财政收入 = 税收收入 + 非税收收入

政府收入 = 税收收入 + 非税收收入 + 政府性基金 + 社会保障费 + 国有资本经营收入 + 土地出让金。

由于税收收入、财政收入历年均有公开统计数据，因此计算结果争议不大，相互之间差距也不大，多年维持在 3 ~ 4 个百分点，即小口径的宏观税负大约为 19%，中口径的宏观税负大约在 22%。以 2015 年为例，小口径宏观税负仅为 18.45% 左右，中口径的税负为 22.51%。仅就这两个数字而言，业内公认，无论是与发达经济体（2013 年平均水平为 25.9%）相比，还是与发展中经济体的（2013 年平均水平为 20.4%），都是不高的。

但是，如果以政府收入计算，情况则马上发生变化。各种测算表明，基本上可在上述数字的基础上至少跃升 10 个百分点。以 2015 年为例，作者的测算为 36%。如果将这个数字与发达经济体和发展中经济体相比，我国的宏观税负就达到了国际水平（2013 年各国平均水平 38.4%，发达国家平均水平 42.8%，发展中国家平均水平 33.4%）。

因此，就税收负担而言，我国的真实情况是：以规范的税收收入、财政收入计算的宏观税负水平并不高；但以政府收入计算的宏观税负水平偏高。究其原因，主要是政府收入的多元化所致，在税收之外的各类费、基金、社保缴费、住房公积金乃至土地出让金、国有企业收入等占比过大。以 2015 年为例，全部政府收入共计 24.48 万亿元，其中税收仅为 12.49 万亿元，占 51%；而税外收入却占到 49% 的比例。

（三）谁承担了税负

相对于税收负担，更核心、更关键的问题是“到底谁在承担税负？”一个惯常听到和广泛流传的说法是，我国的税收负担主要是由企业承担、“企业税负很重”，特别是近期该说法广为流传。坦率地讲，这一说法似是而非，因为其中涉及税负转嫁这一复杂的理论问题。

在我国现行税制结构中，流转税是大头，历年占比均为65%左右。由于流转税附着于商品或劳务的销售过程中征收，因此带来以下两个现象：一是企业是纳税人，承担纳税义务，而且这一纳税义务的产生只与是否发生了商品或服务销售的行为相关，与是否有利润没有关系。因此，从现象上看，我国90%的税收的确是由企业缴纳的，貌似企业承担了90%的税收。二是税负转嫁的可能，即企业将税收加入价格之中，通过向下游销售商品或服务转嫁税收负担，税收理论上对此有一个专门名词叫做“价格楔子”，指的就是这个现象。当然如果从个体企业的角度看，有的企业转得出去，有的企业转不出去，有的多转一些，有的少转一些，但若从整体和终极意义上看，所有流转税都是要进入价格并最终由消费者负担的。换言之，高达65%的流转税虽然是由企业缴纳的，但真正承担的却是消费者。与此同理的还有各类非税、行政事业性收费和政府性基金等。

根据以上原理，笔者曾做过测算，试图回答“到底谁承担税负？承担了多少？”这一社会各界广泛关心的问题。计算结果表明，在广义宏观税负中，居民与企业承担的比例大约是6∶4，即60%的税收是由消费者承担的，企业承担其余的40%。

这一计算结果与很多人“企业承担了绝大部分的税负”的直觉相去甚远，一度引起过很多讨论。讨论的结果也很清楚，即这要归咎于我国以流转税为主的税制结构，因为在这一税收制度上，企业虽然不是主要的税收负担者，但却是主要的税收缴纳者，即90%的税收是由企业而不是由消费者缴纳的。由于企业在纳税过程中，需要花费大量的时间精力分析法规条文、与税务部门打交道，在很多情况下还需要在销售款项没有收到的时候垫付税款，甚至在没有利润或利润很少的情况下还是要承担税负，且越小的企业承担的税收负担越重（这是由流转税的性质所决定的）等。所有这些，都导致了企业即使将税收转嫁出去，“税痛”感仍然非常强烈，而经济下行、制造业日子难过都进一步放大了这种痛苦。

综上，在“税负”这一全社会高度关注的问题上，情况是十分清楚的。第一，关键不在以税收收入、财政收入计算的宏观税负，而在以政府收入计算的宏观税负。第二，要害是税制结构，引发强烈“税痛”和不公平感的，是以流转税为主的税制结构，这在经济下行期尤为明显。第三，我国整体税收环境未能在较大程度上实现“税收法定”，税收法律陈旧粗放，有关部门不断打“补丁”，导致具体税收政策变幻无穷，企业对此十分头痛。第四，也是更重要的方面，在于税外各种费、基金、缴费、评估，甚至一些政府工作人员的“吃、拿、卡、要”，是构成企业痛苦的重要根源。

三、我国收费体系概况与存在的主要问题

（一）我国收费体系的总体构成情况

收费的前身是规费。在漫长的计划经济时代，只有极少数行政机关与事业单位向公众、企业或其他组织收取少量收费，这被称为规费。经过数十年的变迁，收费的内涵已经变得十分宽广。按2015年国务院《推进简政放权放管结合转变政府职能工作方案》中财政部牵头收费清理的工作安排，收费、基金、具有强制垄断性的经营服务性收费、行业协会的涉企收费等均名列其中，如果考虑到同步展开的与资格资质

清理相关的考试考务费，以及还未完全展开的事业性收费，其范围就更加宽大。

依据政府在收费行为中的身份，笔者将我国现行收费划分为以下两大类：

1. 政府作为社会管理者面向特定群体提供特定服务所收取的费用。按其与权力的紧密程度，可进一步分为以下四类。一是行政性收费，目前，经核定允许收取的全国性及中央部门和单位行政事业性收费为211项，但各级政府另有数量不等、名称不同的本级行政性收费项目。二是各类中介组织收费，主要集中在与各类行政审批有关的查验、评估、报告等方面，由于与政府权力行使甚至一些官员之间有着有关千丝万缕的联系，俗称“红帽子中介”。三是各类事业性收费，特别是庞大的医疗、教育等事业单位收取的费用。四是与各类职业资格取得有关的培训与考试考务费、职业技能鉴定考试考务费等。

2. 政府作为公共产权所有者，通过有偿转让、出租各类国有资源、资产所形成的收费。具体包括以下几个方面。一是各级政府有偿转让国有资源形成的收入，如国有土地使用权出让金收入、矿产资源补偿费等。二是公众有偿使用国家大型基础设施、公共资源等形成的收费，前者如铁路建设基金、民航发展基金、国家重大水利工程建设基金等，后者如高速公路通行费、停车费、景点门票费等。

（二）我国收费体系呈现多元、重叠与总负担水平控制乏力的特点

要从现行财政统计数据中，完全、准确地清理出收费的相关数据并进行分类是不可能的。但是，政府性基金有完整统计数据，可以此为例进行分析，并从中一窥我国收费体系的全貌。2010年以来，财政部每年编制《全国政府性基金项目目录》并定期向社会公布。综观这几年的目录，尽管每年都有一些调整，但纳入政府性基金进行管理的项目一般保持在43～45项，其收入构成如表2所示。

表2　　2010—2014年中央与地方政府性基金收入情况　单位：亿元,%

年份	全国政府性基金	中央政府性基金	占比（%）	地方政府性基金（含土地出让金）	占比（%）	地方政府性基金（不含土地出让金）	当年余额
2010	36 785.02	3 175.75	8.63	33 609.27	91.37	5 411.57	635.87
2011	41 363.13	3 130.82	7.6	38 232.31	92.4	7 091.89	794.87
2012	37 534.90	3 318.16	8.8	34 216.74	91.2	8 912.22	822.21
2013	52 268.75	4 238.44	8.1	48 030.31	91.9	8 957.32	834.73
2014	54 093.38	4 097.51	7.57	49 995.87	92.43	9 591.53	907.13
2015	42 338.14	4 363.87	10.31	38 219.95	90.29	7 436.15	1 647.16

数据来源：财政部网站2010年、2011年、2012年、2013年全国财政收入决算表，2014年、2015年数据根据财政部公布的《2014年全国财政收支情况》整理而成。

这些政府性基金可进一步分为以下几类：一是“准税收”类：即那些本就应当由税收支持的政府性基金项目，如地方教育费附加、残疾人就业保障金、城市基础设施配套费等。二是“租”类：经济学意义上的“租”是指产权主体因出租、出让资产所获得的收入。在政府性基金中，特指政府出租、出让国有资本（资源）所产生的收入，在当前主要表现为土地使用权出让收入和来自国有企业的收入。三是“使用者付费”类，如车辆通行费、船舶港务费、水土保持补偿费等。四是“加价收入”类：即通过提高电价、票价等产生的收入，如铁路建设基金、民航发展基金、大大小小的水利建设费等，这些收入要么是用于相关工程、设施的建设支出、要么是用于贷款的还本付息支出，要么用于日常维护与营运成本支出。其本质可视同为长期政府债务。

此外，还有三项不能归入上述分类的基金，一是船舶油污损害赔偿基金收入，这相当于相关企业交纳的事故押金，二是政府住房基金收入，这是由各级政府代为管理的住房公积金的孳息收入，三是“其他政府性基金收入”，一并归入“其他”。

在相当大的程度上，政府性基金是我国庞杂收费体系的折射，即收费项目中既有税收性质的收入，也有使用者付费性质收入，还有国有资产（资源）收入性质收入，甚至还有政府债务性质的收入，可谓结构复杂，内容繁多。由于管理上的政出多门，彼此协调联通不畅，导致整个政府收入体系叠床架屋、层层叠叠。这凸显出重新整合政府收入体系、从总体上控制宏观税负的极端必要性。

（三）当前我国收费体系混乱的主要原因

2013年以来，为了进一步释放经济社会活力，国务院力推收费清理改革，并取得了明显进展。从中央到地方已取消了数百项收费项目，建立并公布了收费目录清单，加快了涉企收费专项治理，将部分收费和政府性基金纳入一般公共预算等，社会对此的总体评价是好的。但是，由于收费问题沉疴已久，目前仍存许多问题。更重要的是，一些与收费相关的制度缺陷、体制机制方面的问题正在浮出水面。

1. 行政审批制度过多过滥。尽管经过多轮改革，我国现在行政审批制度仍然十分广泛。这从近期各地陆续公布的权力清单上就可以看出，一级基层政府动辄有上千个审批事项。根据我们观察，一般而言，多数行政审批的背后都有收费，这又包括三个层次，一是相关部门自己收的费，二是委托下属机构、事业单位收的费，三是由附着其上的各类中介机构所收取的咨询评估费等。行政权力过于强大，“无所不批”，“批之必有费”，这种权力与收费之间过于紧密的粘连关系，正是一些不合理收费项目顽固不去、死而复生的制度性根源所在。

2. 现代财政管理制度未及覆盖。在我国现行体制下，收费所产生的收入，都属于财政收入的一个组成部分。这一认识虽然在理论上早已厘清，但在实践上却迟迟落不到实处，相关财政管理制度不可思议地陈旧落后。一是“收、支、用、管”集于一体，如政府性基金中的多数项目，采用的是所谓“列收列支”的管理办法，由部门收取 、由部门分配、由部门使用，财力部门化十分严重，即使一些项目连续多年出现大额结余，财政部门也很难对其进行统筹。二是一些收费项目还游离于财政管理之外，典型的是各类国有资产收益。三是“收支两条线”未能实质性地全面贯彻。一些收费项目，表面上纳入了“收支两条线”的管理，但在部门的收费总额与当年所获得的预算分配之间，仍然存在着若明若暗的关系。而这，既是财政部门不能下狠心彻底清理收费的原因，也是执收部门不能停止收费的根本原因，当然更是历次收费清理始终处于“剪复生、生复剪”的原因所在。

3. 公共资源交易制度尚不健全。在现在收费体系中由国有资产（资源）转让、出租、变卖形成的收费，其实质是市场交易行为。多年来，我国各级地方政府都已建立了公共资源交易中心和相应的制度，用以规范公共资源的交易，实现公共资源的价值。但现实地看，无论是从公共资源交易的程序，还是交易的结果都还不能完全实现公“公开、公平、公正”的要求，公共资源交易中存在大量的设租寻租、暗箱交易的行为，部分公共资源低价流入个人，造成国有资源的大量流失。

4. 公共定价制度付诸阙如。在我国收费体系中，使用者付费的项目的比例极大。相对于行政性收费，这类收费的正当性和必要性都十分显著，是今后收费体系的主力军。目前，这类收费存在的主要问题是公共定价制度不健全的问题。关于公共定价，目前理论研究总体而言比较缺乏，如对于社会公众极为关心的教育、医疗，如何合理确定其价格，少有人说得清楚。二是规制信息不公开、不透明。涉及使用者付费的多为自然垄断行业，其价格标准需要在公共利益与企业收益之间适当平衡，为此政府部门需要全面掌握相关企业的财务信息，并定期按规定、按程序调整。但是，这在实践中少有做到，结果造成两个方面的不合理，一些项目收费长期处于不合理的低价（如水、电、气价和部分城市的交通价格），企业只能依靠财政补贴维持，另一些收费又片面随市场起舞，只调增不调减，公众意见极大。

5. 行政性收费的合法性存疑。行政性收费主要指各级政府机关在面向公民和社会团体提供服务时所收取的费用，大的如各类监管费、管理费，小的如各类注册费、证照费等，遍布政府日常工作的方方面面。之所以说其合法性存疑，是因为这些收费所涉及的项目多为相关部门的本职工作，是政府之所以为政府的根本所在。这些涉及各社会主体、具有普遍性质的公共服务，其所需要的成本与费用已经通过税收进行了收取，理论上没有任何理由重复再收。历史地看，行政性收费出台的背景是改革开放之初政府财政能力严重不足的权宜之计，但现在这一理由已经完全不成立了。

三、深化供给侧结构性改革，大力推进减税降负

2016 年中央经济工作会议指出，“要降低制度性交易成本，转变政府职能、简政放权，进一步清理规范中介服务”“要降低企业税费负担，进一步正税清费，清理各种不合理收费，营造公平的税负环境”。

与此相适应，广大企业对于2017年的减税降费有很大期待。为此，在笔者认为首先要准确辨识造成“税不重”而“负担重”的深层次原因在于政府收入秩序比较混乱，进而将目光锁定在深化财税体制改革，进一步清理、整顿费与基金上面，同时适度降低社保、土地、工资、电价、气价、道路通行费、融资等综合成本，这样才能在当前经济增速下行、政府收入下降、税制改革的背景下找到回应社会关切、为社会减负、释放经济社会活力的可行之路。

（一）加快推进中央与地方财政体制改革，加快推进我国税制转型

必须看到，近期社会上对于营改增减税效果的质疑，一定程度上是成立的。究其原因，是因为迟迟没有启动中央与地方财政体制改革，导致地方政府在失去营业税这一税种之后预期不明，不得不以各种方式加紧组织财政收入有关。因此，必须尽快启动中央地方财政体制改革，健全地方收入体系，从制度上形成地方政府稳定的收入预期。税制方面，总体而言，要坚持和深化党的十八届三中全会确定的“从以间接税为主向直接税为主”的税制改革方向，将税收的重点由过于集中在创造财富的环节（流转税）转向财富分配、消费和转移等环节（所得税），推动税收“向后走”。

具体而言，一是在全面营改增之后，要及时将重点转向增值税税率的简并，将增值税的普通税率从17%下调到13%左右，同时扩大可抵扣项，让政策的春风能惠及最多的市场主体。二是要将消费税明确为增值税辅助税种，以此设计和推进相关改革，防止“就消费税论消费税”，一味只增不减或少减多增，加重税负。三是加快房地产税法的出台步伐，全面改革个人所得税。四是根据国际局势变化，适时调整企业所得税税率。与此同时，应当全面落实“税收法定”原则，对现行税收条文进行清理合并，能详则详，能细则细，向全社会传达出清晰的税收信号，营造良好的税收法治环境。

（二）以“正税清费（基金）”的思路对各类收费进行全面清理

税外各类收费是造成社会税痛的主要根源，也是政府收入秩序失衡的主要原因，应当成为为社会减负的主要着力点。综上而言，现行收费项目可分成以下几大类：一是附着于“税”收取，主要用于公共支出，如教育费附加；二是依附于价格加收，属于价外收费，如各类电价加收；三是因公民使用了某种特定设施、特定服务的定向收费，属于使用者付费；四是基于公共管理性的收费。对此，要以“正税清费”思路进行清理整顿，分类定性，凡是那些事实上已具有税收性质的基金，可通过一定程序归并，纳入税收的整体管理之中；对于价外加收的“费”和具有使用者付费性质的“费”，应归并到价格之中，通过价格来体现，属于一般性收费的，则应经过严格审批程序；对于部门间重复收取、搭车收取的，则应坚决取缔。同时要继续推进行政审批制度改革，消除各类收费滋生的制度性根源。

综合各方面的情况，当前清理收费的重点可考虑先行集中在行政性收费上。所谓行政性收费，是指行政机关在面向社会提供服务时所收取的费用，如婚姻登记费、户口登记费、企业注册费、房屋登记费、货物检测费等。就项目数量与金额而言，这类费用在整个收费体系中并非主体，但因其既在理论上说不通，现实必要性已经不复存在，反而既扭曲政府形象，又影响经济社会活力，应当在这一轮清理中，列于首当其冲之列。

（三）加大政府性基金的清理整并力度

要进一步明确各项政府性基金的征收目的、征收金额、征收时限，建立定期评估与退出机制。一方面，可借鉴上述清理收费项目的思路，对政府性基金项目进行整理，对于确需征收的政府性基金，在设立之初就应当明确征收金额与时限，凡是那些已达到预定征收金额、年限的基金，到期就应当进行停止，确有必要继续征收的，必须重新启动设立程序。对于连续多年结余的基金，应全部重新评估，以切实减轻企业的非税负担。

在各项政府性基金中，当前企业意见最大之一者，是面向绝大多数企业征收的残疾人就业保障金。这项基金自 1992 年开始收取，至今已有 24 年。之所以企业对此意见特别大，一是强令企业雇用残疾人的规定有违市场经济规律。二是收取的刚性强，1998 年以来全部由税务部门代为收取。三是收费标准过高，由于计算基数是当年社会平均工资，因此近年来增长很快，以 2014 年为例，共收取了 284.27 亿元。四是基金的使用管理不规范。公开资料显示，巨额残保金中仅有较小比例是用于残疾人就业培训和创业支持等，其余的部分多用于养人、养机构，甚至作为基建费用。从理论上讲，与残疾人有关的各类保障是社会福利支出的一部分，应当由公共财政保障，其收入也应来自于一般公共收入。专列名目收取经费的做法，确实陈旧过时，应当及时清理。

（四）渐进式下调社保缴费水平，加快推进社保制度的全面改革

已有的研究表明，我国综合社保缴费率高达 40%。今年以来，在国务院的统一布置下，各地已陆续下调了社保的缴费水平，如养老保险费率已下调到 19% ~20%，累计减负 1 000 多亿元。但社会对此的获得感并不强，而且进一步调整低费率极大地受制于当前我国碎片化的社保体系下的统筹层级太低和能力不足的问题，唯一的对策是深化社保改革，提高统筹层次。对于各方高度关注的住房公积金，也需要进行深入研究，提出相应的改革对策。

（五）继续降低各类要素成本

包括土地、工资、电价、气价、道路通行费、融资成本等，所有这些，都构成企业的生产经营成本，也都是企业负担重的源头因素。今年以来，随着供给侧结构性改革的推进，在降成本方面已有一些切实的举措，企业总体对此的评价是正面和积极的。但也要看到，与国际形势的快速变化相比，与当前稳增长的需要相比，与社会各方面的期待相比，企业负担下降的数量与质量都还有一定的差距。从中国经济健康发展的长远计，应当加快改革，切实降低企业负担，为企业生产经营营造良好的制度环境。

作者工作单位：国家行政学院

基于交通运输企业“营改增”前后实际税负比较的增值税政策研究

◇ 樊轶侠

摘 要：本文对交通运输业营改增前后实际税负测算方式进行了探讨和研究，比较了交通运输业营改增前后税负的变化，通过对62家交通运输业上市公司数据的实际测算，估算了交通运输业营改增前后的实际税负率。基本结论是，2014—2015年交通运输业“营改增”后实际税负变化不明显，前后基本持平。主要原因之一在于交通运输企业很难将税负通过提高价格或者其他方式向外转嫁。针对交通运输业营改增过程中出现的困惑与问题，本文提出了进一步完善增值税政策的相关建议。

关键词：交通运输业；营改增；实际税负；比较研究

一、文献综述

2012年1月1日，营业税改征增值税率先在交通运输业和部分现代服务业上海试点，同年9月1日至12月1日，交通运输业和部分现代服务业营改增试点由上海市分4批次扩大至北京市、江苏省、安徽省、福建省（含厦门市）、广东省（含深圳市）、天津市、浙江省（含宁波市）、湖北省等8省（直辖市），2013年8月1日，交通运输业和部分现代服务业营业税改征增值税试点推向全国。至此，交通运输业全面完成“营改增”的转型。交通运输业“营改增”，既符合税制结构的优化建设，又为交通运输行业的快速发展提供了税制保障。在交通运输业营改增过程中，税务当局和交通运输企业最关心的问题就是“营改增”之后企业整体税负变化情况，无论是基于定性的分析还是定量模型构建，都会围绕这一最根本的问题展开。

何力武（2013）从名义税率的变化和计税依据的变化对交通运输业营改增之后企业税负的变化进行了分析，并从计税依据的变化上对营改增前后的税负进行了探讨，认为营业税是全额征税，不存在抵扣问题，而增值税是对增值额征税，可以对当期或者以前留抵的进项抵扣，这样就降低了企业整体的税负，名义税率和计税依据的结合使得交通运输业营改增之后的整体税负与营改增之前的整体税负持平或相当。

蔡齐霖、谢连思（2013）运用“营改增总体税负比较模型”，对交通运输业营改增前后整体税负的变化进行论述，其构造的一般模型为：

$$T_a = \sum (P_a \times t_a)\text{（营业税模式）}$$

T_a：营业税税负；P_a：缴纳营业税是商品或服务价格；t_a：营业税税率；

$$T_v = \sum (P_0 \times t_0/(1 + t_0) - \beta_i \times P_i \times t_i/(1 + t_i))\text{（增值税模式）}$$

T_v：增值税税负；P_0：价税合计；t_0：销项税率；β_i：抵扣系数；P_i：支付的产品价格；t_i：进项税率。

在营业税模式和增值税模式下，令 $T_v \leqslant T_a$，结合具体的商品或服务价格、营业税税率、增值税销项税率和进项税率，再结合能否抵扣项目测算的抵扣系数，得到交通运输业营改增之后企业的总体税负变化。

通过以上营业税和增值税前后税负等式的换算，得到的结论是在“营改增”前后企业面临的税负是相等的。

苏善江、范垚璐、王西鹤（2014）从航空运输业、公路运输业、铁路运输业和水上运输业成本构成的角度，对交通运输业“营改增”前后税负进行研究，得到“营改增”试点的22家交通运输企业只有1家交通运输企业的税负是下降的，其余21家企业“营改增”之后的税负都是上升的。

张彦英（2014）以大秦铁路为例，对铁路运输业“营改增”税负影响研究，测算得到大秦铁路的税负在“营改增”之后上升，他通过分析认为是铁路运输业的增值税税率过高，毛利率过高以及可抵扣的成本较少等因素的综合影响导致税负增加。葛新旗、周虹（2015）对交通运输业内快递行业定性分析和案例分析之后得到快递业“营改增”前后税负不减反升的结论。闵志慧、许爽（2014）通过对交通运输业各项影响因素在“营改增”前后的变化情况，对交通运输业前后税负的进行测算同样的到交通运输业“营改增”之后交通运输业税负增加，并且他们认为造成这种结果的原因是交通运输业的增值税税率偏高、可抵扣的项目过少、取得增值税专用发票困难等原因。但基于上市公司实际数据，对“营改增”前后企业税负的比较研究还较少，本文正是从这一视角，以期为交通运输业完善增值税政策提供参考。

二、营改增之前营业税对交通运输业的影响

（一）交通运输业征收营业税的理论基础

交通运输业包含陆路运输、水路运输、航空运输、管道运输和装卸搬运。五个项目的营业税税率统一都是3%。

交通运输业营业税是以营业收入与税率相乘计算应纳税额，所以交通运输业征收营业税是以营业额作为基础，在提供服务过程中发生的成本费用对营业税的计税基数没有太大影响。

基本模型：$T = A \times t\%$（交通运输业营业税税率为3%）

T：当月应纳营业税税额；A：当月营业总额；t：交通运输业适用营业税税率

在计算本月应纳营业税过程中，就是运用最后的当月总的营业额与适用的营业税税率，在当月的计税期间发生的各种成本费用都无法抵扣，当月在运营过程中发生的成本费用对交通运输公司营业税税负几乎没有影响。

（二）征收营业税对交通运输业的经济效应

从营业税的理论基础中可以窥见，交通运输业营业税是以行业的营业收入与行业的适用税率计算所得，在整个过程中发生的成本费用支出对营业税的计征不产生影响，自然在计算营业税的时候存在重复计算的问题，交通运输业服务提供的整个流程中就会存在学理上重叠征税的弊端。

再回到那个最基本的模型，企业当期应纳税额 = 企业当期营业收入×交通运输业适用税率（3%），当期营业收入是当期结转营业收入

后的汇总，是当期全部营业收入的集合，期间没有剔除成本支出和费用支出的成分，而为了运营提供服务的需要，期间交通运输企业会支出相应的成本，例如，增加固定资产，购进必须设备等资本支出。但是由于交通运输企业缴纳营业税，自然购进固定资产和设备的支出无法在税前扣除，又由于购进的固定资产在上一个流通环节因为商品流通被征收了一次流转税，又因为提供服务计征营业税时购入固定资产和设备的支出不允许扣除，对原来的固定资产和设备又重新征收了一次税，存在重复计算，即重叠征税的问题。

假设某航空公在营改增之前某纳税年度的营业收入为 M 万元，营业税税率 3%，当年由于更新设备，购进了两架波音飞机，支出 N 万元，如果从企业的整体层面分析，航空公司在购进两架新飞机时已在购进的环节承担了商品流通税负，假设税率为 t，购进时承担的税负为 $N \times t$。新购进飞机进入航空公司的运营后，承担着提供交通运输服务的作用，转化为航空公司的营业收入，交通运输服务按规定缴纳营业税，营业税按照营业收入全额计征，自然对原来新购进的飞机又计征了一次营业税。

可通过以下模型表示：

$$T = M \times 3\%$$

$$M = C + B$$

$$T = (C + B) \times 3\%$$

T：营业税应纳税额；M：营业收入；C：成本；B：利润（增值部分）

可知 $C \times 3\%$ 是对本环节的成本课税额，$B \times 3\%$ 是对本环节增值部分课税额。$C \times 3\%$ 在流转的两个环节对之征了税，存在重叠征税；而 $B \times 3\%$ 部分是本环节新增加部分，只对之征收了一次税。

通过以上营业税的基本模型可以很清楚地看到，营业税实行全额征税的模式，在服务流通的过程中存在重叠征税的经济效应，对服务的提供和流通起到了一定的抑制作用。

（三）交通运输业营改增之前营业税税负实证测算

1. 交通运输业营业税税负测算方法。在营改增之前所属交通运输业的企业在提供交通运输服务过程中取得的营业收入缴纳营业税，而企业的营业税以及由于营业税派生的城市维护建设税和教育费附加都在资产负债表的营业税金及附加栏核算。在测算营业税税负过程中，采用了税收学理中常用的公式：$营业税税负 = \frac{营业税金及附加}{营业收入} \times 100\%$；由于城市维护建设税和教育费附加都是由于营业税派生出来的，所以两者也作为营业税税负的考量因素。

2. 对62家交通运输业上市公司营业税税负的测算。笔者收集了交通运输业中62家在本行业具有典型代表性的上市公司2008—2011年征收营业税期间的营业收入和营业税金及附加的数据进行测算，通过实证测算得到了62家交通运输业上市公司营业税的整体税负。数据如表1所示。

表1　　62家上市公司营业税税负测算

	营业税平均税负		营业税平均税负
北部湾港	0.034769306	深高速	0.033139595
楚天高速	0.035248604	四川成渝	0.032589069
大连港	0.038690628	唐山港	0.035073677
大秦铁路	0.032823752	天津港	0.0516806
大众交通	0.031151463	天津海运	0.018315976
东莞控股	0.031928879	铁龙物流	0.027467124

续表

	营业税平均税负		营业税平均税负
福建高速	0.033358101	皖通高速	0.032925144
富临运业	0.034178047	芜湖港	0.034016468
赣粤高速	0.031511292	五洲交通	0.049130603
广深铁路	0.024576667	现代投资	0.033198295
海博股份	0.081038835	亚通股份	0.052824753
海峡股份	0.033182216	盐田港	0.05008783
华北高速	0.033445125	宜昌交运	0.037570873
吉林高速	0.03298396	营口港	0.030797426
江西长运	0.040445812	粤高速	0.051423592
锦江投资	0.053420268	长航凤凰	0.032136286
锦州港	0.033154661	长江投资	0.06967195
连云港	0.032959762	中昌海运	0.055620285
龙江交通	0.0333402	中海发展	0.018011996
南京港	0.036174322	中海海盛	0.029291357
宁波港	0.035796784	中海海运	0.012414446
宁波海运	0.029715525	中原高速	0.035311817
宁沪高速	0.026142801	中远航运	0.014576477
强生控股	0.03333771	中国远洋	0.089581676
日照港	0.035130507	重庆港九	0.022838315
厦门港务	0.013020678	重庆路桥	0.059645584
山东高速	0.034977087	珠海港	0.023147925
上港集团	0.024939963	东方航空	0.021076404
上海交运	0.001720401	南方航空	0.026
申通地铁	0.033858323	国际航空	0.023352779
深赤湾	0.038555023	海南航空	0.028674207

整个行业的营业税税负可通过以下式子进行测算：

$$行业平均税负 = \frac{\sum(B_{T_1} + B_{T_2} + \cdots\cdots + B_{T_N})}{N}$$

B_{T_N}（N = 1、2、3、4……N）：每家公司营业税税负；N：公司数量。

对 62 家上市公司的营业税税负平均可得表 2 所示的结果。

表 2　　交通运输业营业税的平均税负

	行业营业税平均税负
62 家交通运输业上市公司	0.035115633

通过对 62 家交通运输业上市公司的营业税的测算分别得到了每一家上市公司的营业税税负，为了获得整个行业的营业税税负，将 62 家公司的税负取平均值为 3.51%（保留两位小数）。

三、营改增之后增值税对交通运输业的影响

（一）交通运输业征收增值税的理论基础

交通运输业是以提供交通运输服务取得营业收入的行业，提供服务的过程与其他提供商品的行业相同，商品和服务都是处于流转状态才能创造价值，对服务或商品这征税都是在流转环节征税。

对交通运输业征收增值税其实也与对商品在流通环节征收增值税的原理相同，只是对服务流转的增值环节征税，这样就消除了重复征税的问题，允许交通运输业在购买环节付出的进项税额进行抵扣，只是对提供服务的本环节的增值部分征税，不但可以消除重复征税，而且能够厘清纳税环节，清晰了征税过程。

（二）征收增值税对交通运输业的经济效应

对交通运输业征收增值税的经济效应相较于交通运输业征收营业税最大的区别就在于征收增值税能够克服重复征税的问题，这样就厘清了征税环节，本质上达到平衡或降低税负的作用，并且为服务的提供和流通起到税收上的助力作用。

对交通运输业征收增值税的经济效应集中体现在增值税允许企业抵扣在提供服务过程中取得的进项税额。通过对进项税额的抵扣就实现了只是对增值部分征税，交通运输业征收增值税的经济效应可以用一下模型表示：

$$T_v = P_S t_s - P_B t_b;$$

T_V：增值税税负；

P_S：服务的销售价格；

t_s：销项税率；

P_B：购进价格；

t_b：进项税税率。

在增值税的征收模型中，$P_S t_s$ 项就是销售收入与销项税税率的乘积，这是对全部的营业收入进行征税，对进项税项 $P_B t_b$ 的引入，也就是引入了服务提供过程中的成本项就保证了对上一环节征收的税得以扣除，从环节上克服了重复征税，同时使得每个环节的征税流程更加清晰和明确。

交通运输业营改增之后，名义税率由原来的营业税税率3%变为11%（有的企业适用增值税征收率3%），虽然名义上税率上升了很多，但是由于增值税是差额征税，允许进项税额抵扣，在理论上交通运输企业的税负与原来营业税税负持平。

另外，交通运输业在缴纳增值税的过程中，由于每年的购进量和购进额不尽相同，所以增值税对交通运输业的另一个经济效应就是每年的增值税税负可能变化较大，不像营业税税负那样每个纳税年度的税负平稳。

（三）交通运输业营改增之后增值税税负实证测算

1. 交通运输业增值税税负测算方法。交通运输业营改增之后企业需要缴纳的流转税只有增值税，而增值税的核算是通过资产负债表里“应缴税费”项目核算，而且“应交税费”是企业在资产负债表日的时点数，不能反映企业整个年度的增值税税负，但是增值税派生的城市维护建设税和教育费附加，体现在利润表中“税金及附加”项目，是整个年度的计量。所以可以通过税金及附加推算企业当期的增值税税额。

$$\text{城市建设维护税和教育费附加} = \text{增值税} \times \text{适用税率}$$

即：城建税和教育费附加 = VAT ×（7% +3%）（取 7% 和 3% 的通常税率）

所以：$\text{增值税 VAT} = \dfrac{\text{城建税} + \text{教育费附加}}{7\% + 3\%}$

这样就可以得到公司不同纳税年度的增值税税额。

$$\text{增值税的税负} = \frac{\text{增值税的销项税额} - \text{增值税进项税额}}{\text{本年度营业收入}}$$

通过这种方式就可以得到交通运输业营改增之后，交通运输业增值税的实际税负的测算方式。

2. 对 62 家交通运输业上市公司增值税税负的测算。在对选取的 62 家交通运输业上市公司营改增之前营业税税负测算之后，笔者采用一一对应的方式对 62 家交通运输业 2014 年、2015 年完全完成营改增之后的增值税税负进行了测算，得到了整个行业增值税税负的大概估算值。数据如表 3 所示。

表 3　62 家交通运输业上市公司增值税税负

	增值税平均税负		增值税平均税负
北部湾港	0.048728991	深高速	0.036148659
楚天高速	0.034077833	四川成渝	0.035357087
大连港	0.060754999	唐山港	0.012044447
大秦铁路	0.038366549	天津港	0.132627448
大众交通	0.021906453	天津海运	0.03468764
东莞控股	0.038991616	铁龙物流	0.063439933
福建高速	0.033594685	皖通高速	0.037165886
富临运业	0.029562193	芜湖港	0.011488516
赣粤高速	0.032134266	五洲交通	0.059495211
广深铁路	0.042868902	现代投资	0.034255496
海博股份	0.053009374	亚通股份	0.055500002
海峡股份	0.002554115	盐田港	0.060786057
华北高速	0.039492158	宜昌交运	0.091519492
吉林高速	0.033539022	营口港	0.043660193
江西长运	0.024712152	粤高速	0.060048649
锦江投资	0.059766627	长航凤凰	0.023306821
锦州港	0.035522852	长江投资	0.0565
连云港	0.029074155	中昌海运	0.05672
龙江交通	0.033599535	中海发展	0.095383297
南京港	0.049798875	中海海盛	0.001241566
宁波港	0.036393338	中海海运	0.013506606

续表

	增值税平均税负		增值税平均税负
宁波海运	0.063224303	中原高速	0.034193595
宁沪高速	0.254760255	中远航运	0.03297029
强生控股	0.08808925	中国远洋	0.058164959
日照港	0.022294942	重庆港九	0.040956012
厦门港务	0.025413607	重庆路桥	0.057133468
山东高速	0.037801995	珠海港	0.106376318
上港集团	0.015440648	东方航空	0.004432411
上海交运	0.008014489	南方航空	0.016363354
申通地铁	0.049670304	国际航空	0.015028604
深赤湾	0.020106548	海南航空	0.012701866

对62家企业的平均税负汇总平均，可以大体获得交通运输业营改增之后交通运输行业整体的增值税税负如表4所示。

表4　交通运输业整体行业增值税税负测算

	平均税负汇总数	行业增值税税负
62家交通运输业上市公司	2.756468916	0.044459176

通过对62家交通运输业上市公司增值税的分析，分别得到了每家上市公司在营改增之后的增值税税负，可以看到不同公司的税负也不尽相同；再对62家公司的税负率进行汇总后取平均获得整个行业增值税税负的估算值为0.0445即4.45%（保留两位小数）。

四、交通运输业“营改增”前后税负变化对比分析

（一）交通运输业“营改增”前后平均税负变化分析

通过对62家交通运输业上市公司2008—2011年营业税税负的测

算，得到交通运输业营业税税负的估算值为3.51%；而通过对62家上市公司2014—2015年增值税的税负测算得到增值税的实际税负估算值为4.45%，相较于营改增之前营业税的实际税负高差不多一个百分点，如表5所示。

表5　　交通运输业营改增前后税负对比

	营改增前营业税税负	营改增之后增值税税负
交通运输业税负测算	3.51%	4.45%

造成"营改增"之后62家企业税负上升的原因有以下几点。

第一，交通运输业"营改增"是一个渐进的过程，在这个转型的过程中会有一定的转换成本和转换阻力带来的实际税负的增加。第二，交通运输业营改增之后企业在计算增值税时抵扣不完善，就使得企业在缴纳增值税时，销项税额通过营业收入获得，而进项税抵扣却不完善，就提高了交通运输企业税负的上升。第三，在营改增过程中，很多企业是从一直延续的缴纳营业税的环境中转变过来的，对本行业由原来营业税转换到增值税存在一些不熟悉问题，例如，哪些可以抵扣，哪些不可以抵扣存在处理问题，从而使可以抵扣的没有抵扣，增加了企业的实际税负。第四，在营改增过程中，有些地区由于在转型过程中，税务处理存在一定的滞后性，例如，有些地区在一段时间内利用原来的营业税发票代替增值税专用发票，这是在营改增过程中常出现的问题，使得整体的税负上升。第五，本文只是选取了62家典型的交通运输业上市公司，样本的测算不能代替整体的水平，一些非上市交通运输公司没有作为考虑样本，可能会造成样本与整体的差别。

但是从理论上来讲，增值税是流转税，是可以通过税负转嫁将增加的税负转嫁给最终的消费者，这样一来就不会存在企业税负上升的压力，但是现实中的问题却是由于行业内部的激烈竞争，交通运输企业很难将提高的税负通过提高价格或者其他方式向外转嫁，于是就出现了交通运输业企业在营改增之后实际税负增加的问题和现状。

（二）显著性检验——比较平均值（配对样本 T 检验）

因为交通运输业企业在“营改增”前后的税负的变化，所以在进行显著性检验时采用比较平均值的配对样本 T 检验比其他检验方法更合适。

通过对 62 家交通运输业“营改增”前后税负 T 检验结果如表 6 所示。

从成对样本统计量表格中可以看到，62 家交通运输业“营改增”之前税负均值为 0.03511563276；“营改增”之后税负均值为 0.04445917603。单纯从均值来看，交通运输业在“营改增”之后，企业的税负是增加的。这就需要对两组数据进行显著性检验的分析，以检验交通运输业在“营改增”前后税负变化（或者说按照以上税负的测算方法）是否显著。

从成对样本检验（见表 7）可以看到，SIG = 0.052 > 0.05，在配对样本 T 检验中，不应拒绝原假设，也即说明交通运输业在“营改增”前后税负没有明显的变化，或者说税负变化不显著。

通过对均值和配对样本 T 检验结果的分析，可以得到的基本结论是，通过以上方法计算的交通运输业“营改增”前后实际税负变化不明显，说明税负前后基本持平。

（三）结论

62 家交通运输业上市公司在会计准则相关计算规则下，“营改增”

表 6　　成对样本统计量

			Statistic	Bootstrap*			
				偏差	标准 误差	95% 置信区间	
						下限	上限
对 1	N1	均值	0.03511563276	-0.00005513403	0.00185759853	0.03174923696	0.03882043865
		N	62				
		标准差	0.014805500358	-0.000277341492	0.002135551535	0.010479143526	0.018917639593
		均值的标准误	0.001880300426				
	N2	均值	0.04445917603	0.00026720373	0.00479537387	0.03671259488	0.05544162163
		N	62				
		标准差	0.036968574777	-0.000708063080	0.009798606971	0.020271484076	0.054520912203
		均值的标准误	0.004695013692				

* Unless otherwise noted, bootstrap results are based on 1000 bootstrap samples.

表 7　　成对样本检验

		成对差分					t	df	Sig.（双侧）
		均值	标准差	均值的标准误	差分的 95% 置信区间				
					下限	上限			
对 1	N1 - N2	-0.009343543274	0.037187580695	0.004722827471	-0.018787420473	0.000100333925	-1.978	61	0.052

前后税负平均水平基于描述性分析的结果有所上升；鉴于样本选取的局限性，配对样本T检验的结果不能拒绝原假设，也即说明交通运输业“营改增”前后税负变化不显著，前后税负总体水平没有变化。

五、对交通运输业完善增值税政策的若干建议

交通运输业从2012年在上海市试点营改增，到2013年8月1日，交通运输业营业税改征增值税在全国范围内完成，整个工作取得了全面而实质性的成功，但是在具体的操作过程中还存在很多问题，例如，增值税的抵扣链条模糊，可以抵扣与不可抵扣项目的界限不明晰等，以及在实务操作中存在很多不规范的处理方式；另外还存在营改增之后企业的实际税负上升的问题，亟待解决。

针对交通运输业营改增过程中的问题，提出以下政策建议：

第一，继续做好企业实际税负测算工作。全面推进“营改增”后，国家税务系统要继续做好行业“营改增”前后税负的变化测算工作，以实时监控由于营改增对企业实际税负的影响，从而调整政策，避免由于税负的变化影响了微观企业和行业的健康发展。同时在在改革进程中要多方面深入测算企业整体税收负担。应着眼于整体税制协调和行业税负公平，辅以财政体制改革，以助力平稳过渡，更好地达到为企业“降成本”的目的。

第二，明确增值税抵扣政策。明确增值税的抵扣链条，加强增值税专用发票的管理，明确增值税可抵扣与不可抵扣的项目界限，这样就会降低交通运输业营改增过程中出现的抵扣模糊的问题，厘清了抵扣链条，不但可以让企业明确具体的纳税环节，而且便于税务机关对交通运输业的把握，针对不同环节设计不同的税收策略，以便发挥税

收对交通运输行业发展的促进作用。

第三，提高营改增税务处理系统效率。营改增是营业税向增值税转型的过程，原来的税务处理系统是针对征收营业税的相关系统，在营改增过程中要做好税务处理系统的转型和整合工作，加快系统转型，增强国地税系统整合，提高增值税税务处理效率。

第四，增强税务人员素质与能力。税务人员包括国家税务机关工作人员和企业内部管理和处理企业税务问题的工作人员。加强对政府税务人员的培训，以提高税务人员处理实际问题的能力；尽快推进国地税合并，实现涉税信息共享和办税效率增进。政府部门或中介组织要加大对企业税务工作人员教育和培训力度，增强从业人员对营改增税务问题的敏感度和专业胜任能力，以便财税人员能够合理筹划企业纳税经营。

作者工作单位：中国财政科学研究院

『谈　财　论　治』

地方财政篇

深化供给侧结构性改革背景下的地方财政——以江苏为例

◇ 江苏省财政学会

摘　要：近年来，江苏积极推进以“去产能、去库存、去杠杆、降成本、补短板”为主要任务的供给侧结构性改革，充分发挥财政对供给侧要素投入的调控，优化财政资金投资方向与投资结构，重视财政回归公共服务职能，有效改善财政资金的边际产出效率，通过合理运用财政政策，扩大了有效投资，提升了全要素生产率，为供给侧结构性改革提供了保障。

关键词：供给侧改革；地方财政；财政政策

党的十八大以来，以习近平同志为核心的党中央作出我国经济发展进入新常态的重大判断，形成以新发展理念为指导、以供给侧结构性改革为主线的政策体系，强调坚持稳中求进工作总基调。供给侧结构性改革是关于经济发展的重大理论创新，引领我国经济持续健康发展的积极作用正在显现。对江苏而言，推进供给侧结构性改革，既是解决江苏发展中深层次矛盾和问题的必由之路，也是江苏经济转型升级的重大机遇。在供给侧结构性改革的背景下，开展地方财政提高适应性和灵活性的研究具有重要的理论和现实意义。

一、江苏供给侧结构性改革背景

江苏以供给侧结构性改革为主线，重点推进“去产能、去库存、去杠杆、降成本、补短板”五大任务，全省经济运行保持了总体平稳、转型升级的态势，经济增速保持在合理区间，结构优化逐步推进，经济效益有所改善，新旧动能转化不断加速，新动力正在逐步形成。

第一，坚定不移去产能。江苏省去产能的重点行业，在中央明确的钢铁、煤炭、水泥、平板玻璃的基础上增加了船舶行业，同时确定在轻工、纺织、印染、电镀、机械等其他传统行业退出一批低端低效产能。“十三五”期间，江苏将压减粗钢产能 1 750 万吨，退出煤炭产能 836 万吨，退出水泥产能 600 万吨，2018 年前退出平板玻璃产能 800 万重量箱，船舶行业在化解 670 万载重吨的基础上，2016 年又化解 330 万载重吨，出台推进国际产能和装备制造合作行动方案，建立了产业投资项目库，制定综合性鼓励政策，支持产能过剩行业加快兼并重组步伐，把握好“僵尸企业”出清的时机、节奏和力度。

第二，精准施策去库存。针对房地产市场区域性特点，江苏省房地产去库存的总体思路是：强化一个责任，即强化市、县政府去库存任务的主体责任；坚持两项原则，即坚持分类指导、因城施策的原则；明确三条路径，即实施精准去库存、联动去库存和转型去库存；突出四个结合，即将去库存与推进新型城镇化促进常住人口市民化相结合，与完善住房保障体系相结合，与促进房地产市场供需平衡相结合，与加快房地产行业转型升级相结合，计划到2018年底全省商品住宅库存去化周期控制在14个月以内。

第三，稳妥有序去杠杆。针对政府和企业杠杆的不同特点，坚持分类审慎操作，合理把握去杠杆的节奏和速度，有序降低杠杆率，防范化解各类债务风险；政府性债务方面，江苏债务规模与经济发展水平和偿债能力总体上相适应，其中也形成了一批优质国有资产；江苏将继续严控新增政府债务规模，有计划地安排偿债资金，确保不发生政府债务危机；企业债务方面，抓住资本市场改革机遇，发挥区域性股权交易市场融资功能，支持企业提高直接融资特别是股权融资比重；防控金融债务风险，推进“破圈解链”，探索建立处置不良资产绿色通道，逐步缓释潜在风险。

第四，多措并举降成本。出台降成本的意见，提出省级层面降成本32条举措，全面取消省定行政收费项目，实行省定涉企“零收费”，2016年为企业直接减负1 000亿元；同时，要求各地尽最大努力，拿出实实在在的“干货”，让社会监督、企业评判、市场检验；深化行政审批制度改革，再取消和下放一些含金量较高的行政审批事项，努力降低企业隐形成本。

第五，抓住关键补短板。锁定基础设施、公共服务、生态环境、现代农业等重点领域，采取项目化推进的办法，启动实施五大补短板专项工程，计划五年投入2.1万亿元；注重发挥社会资本作用，进一步放开市场限制，继续推广并不断完善PPP等新型投融资模式，推出一批发展前景好、盈利预期强的合作项目。

二、财政助推供给侧结构性改革机理分析

供给侧结构性改革属于产业变革范畴，而产业政策与财政政策是相互匹配的，因此，以结构性调整为目的的供给侧改革就离不开财政政策的支持，甚至某种意义上财政政策的策应力度直接影响着供给侧改革的成效，财政政策可以通过改变商品、服务和要素的相对价格，进而达到影响资源配置的作用。

第一，财政政策可以通过需求管理来化解结构性改革所衍生的外溢张力。近年来，我国经济下行压力加大，其中有世界经济长周期与我国经济自身运行周期共同交织的因素，也有我国过去长期粗放型发展累积下的结构性因素。可以说，经济结构失衡所引发的潜在总供给弱化是经济增速下降的根源。供给侧结构性改革就是通过优化国民经济供给侧的结构、质量与效益，使供给结构有效适应需求结构变化，完成市场出清，推进经济转型升级。但是，当前国民经济需求侧仍较为疲软，持续性低迷可能成为未来中国经济的潜在风险，亟待推出科学有效的需求管理政策，而且推进结构性改革也需要适度扩张政策协同配合，去产能、去库存、去杠杆等结构性优化调整方案，短期内不可避免地会加大经济下行压力，劳动力失业与再就业、旧业态淘汰与新业态重塑等问题，均需要通过财政政策的需求管理予以托底。

第二，财政政策可以通过供给效应来提供结构性改革所需要的引导政策。财政政策在长期内能有效发挥供给效应，将财政政策与产业政策、区域政策、微观政策、改革政策协调配合，就能产生微观与中观层面的效果，改善供给结构与质量，提升经济运行效率，如运用税收、补给和再分配政策，可以降低生产成本，调动企业与劳动者的生

产积极性，优化产业和区域结构，微观与中观范畴经过有机加总，宏观层面的供给质量与效率就会得到提高，此外，设备更新、基础设施与厂房改造、教育投资等具有供给效应的财政投资，不仅短期内可以拉动需求，而且长期还能形成高效率资本积累，这将优化潜在总供给，为经济长期增长注入动力。

第三，财政政策可以通过税收手段来降低不适应结构性改革的交易成本。深化供给侧结构性改革，要加强宏观政策协调配合，保持经济运行环境稳定，推动关键领域改革取得突破，形成良好的宏观环境，要求财政政策不仅关注短期需求侧管理，而且要关注经济中长期发展的深层次问题，需要在预算管理、宏观调控、税制体系、中央和地方财政收支关系以及中长期财政风险防范方面配合供给侧结构性改革。通过财政政策尤其是减税的手段降低制度成本，矫正要素扭曲，激发微观主体的活力，扩大有效供给，可以使中国经济走上可持续的长期增长轨道，同时，减税也可以在短期内提高企业和居民收入，刺激投资和消费，完全符合中央提出的“为结构性改革营造稳定的宏观经济条件”的要求，因此，实施以减税为核心的财政政策可以实现稳宏观、促改革的双重目标。

第四，财政政策可以通过制度安排构建结构性改革所需要的政策体系。财政政策对于供给侧改革的支持并不只是表现在“输血”层面，还应彰显充分的“减压”功能。除了“去产能”过程中必要的专项奖补资金安排，重点还包括推动“去杠杆”“降成本”和“补短板”的实际进程。解决地方政府的高杠杆，除了短期内的债务置换举措，更应立足于长远深化财税融资体制改革，开辟地方财政收入新渠道。此外，除了降低企业税费负担，“降成本”还包括降低企业的融资成本、制度性交易成本、能源成本以及物流成本等。同时，作为一项战略性安排，财政政策必须强化“惠民生”的功能，补齐公共福利的各项短板，打牢供给侧改革的社会根基。

三、江苏财政在供给侧结构性改革中的实践

财政政策是重要的经济调控手段，在供给侧结构性改革实施“去产能、去库存、去杠杆、降成本、补短板”五大任务中，江苏充分发挥财政对供给侧要素投入的调控，优化财政资金投资方向与投资结构，重视财政回归公共服务职能，有效改善财政资金的边际产出效率，通过合理运用财政政策，江苏扩大了有效投资，提升了全要素生产率。

第一，支持创新驱动和转型升级。2016 年，省级安排近 180 亿元，对苏南国家自主创新示范区及省产业技术研究院、无锡超算中心等重大项目给予重点支持；安排 23 亿元，支持实施人才重点工程，创新财政支持制造业转型升级的扶持政策，对工业企业技改给予综合奖补，大力支持战略性新兴产业、现代服务业加快发展；安排 167 亿元，支持现代农业建设，农业“三项补贴”改革在全省范围内顺利实施。“十三五”期间省财政将累计投入“苏南专项”百亿元，省和苏南地区共同设立的投资基金和风险补偿资金总规模 3 年内超过百亿元，支持苏南自主创新示范区打造创新高地，省级科技成果转化基金采用市场化方式投资科技型企业。

第二，创新财政资金投入方式。首先，推进财政资金改基金，截至 2017 年 4 月，省级设立省政府投资基金和各类专项基金 17 支，省财政累计投入 251 亿元；省政府投资基金已发起设立 3 支综合区域基金、10 支产业基金，参与 2 支国家级基金，累计完成对外投资 99.65 亿元，

基金总规模超过 803.12 亿元，拉动社会投资 1 550 亿元。其次，推广运用 PPP 模式，截至 2017 年 3 月底，全省 PPP 入库项目共 512 个，总投资 10 042 亿元，涉及交通、城建、养老、医疗等 17 个领域，已有 141 个项目落地实施，总投资达 2 426 亿元，吸引社会投资 1 951 亿元，民营企业参与的比例近 50%，省 PPP 融资支持基金完成投资 50 亿元，带动项目总投资 737 亿元。此外，创新政银合作融资支持政策，截至 2016 年底，全省科技型中小企业贷款风险补偿资金池总规模近 12 亿元，累计撬动科技贷款超过 400 亿元，以“两无四有”为审贷标准的“小微创业贷”余额超过 160 亿元，相关做法被推荐为国务院第三次大督查典型经验。

第三，优化专项资金使用结构。首先，优先支持重点行业，选择智能制造、互联网、工业机器人、生物医药、现代金融、智慧物流、电子商务、养老、健康、旅游等行业前 10 位的企业重点扶强，由省级联合市县综合运用财税、金融、土地等手段进行扶持，在江苏形成一批有品牌、有实力、有税收，能抢占未来发展制高点的大企业、大集团。其次，推动优势企业“走出去”，综合运用省级商务发展专项资金、“一带一路”投资基金（现有规模 30 亿元），重点支持 100 家江苏制造业、工程建筑业等企业“走出去”，实施产业链整体向境外转移，化解过剩产能。此外，突出对企业实施制造装备升级和互联网化提升计划的奖补，对符合鼓励类的企业技改项目，除继续落实增值税抵扣政策外，还可按技改投入额及新增效益（税收）给予一定比例奖补。

第四，降低企业收费负担。近年来，江苏省财政厅会同有关部门对涉及企业负担的行政事业性收费和政府性基金项目持续开展清理。2015 年，对列入省行政事业性收费、政府性基金以及经营服务性收费目录清单的项目再次逐项进行了梳理，清理出涉及 29 个部门的 75 项收费基金项目，涉及金额约 32 亿元。报经省政府批准后，公布取消收费 40 项，暂停征收 6 项，降低标准 17 项。《省政府关于降低实体经济企业成本的意见》进一步明确暂停征收防洪保安资金，取消网络计量检测费、粮油储存品质鉴定检测费等行政事业性收费，停止向水泥生产企业征收散装水泥专项资金，以及对符合条件的小微企业免征教育费附加、地方教育附加、水利建设基金、文化建设事业费、残疾人就业保障金等政府性基金。

第五，补齐民生和社会事业“短板”。按照公平性、普惠性、基本性原则，着力保障基本民生，省级民生支出占公共财政支出比例继续稳定在 80% 以上，支持稳步提高教育、医疗、公共文化、养老等基本公共服务的数量和质量。支持实施脱贫致富奔小康工程，全面实施精准扶贫，聚焦低收入农户、经济薄弱村、集中连片困难地区，对贫困家庭分类采用产业扶持、医疗救助、托底保障等方式，有效解决因病致贫、“造血”功能不足、贫困代际传递等扶贫难点。省财政“十三五”扶贫资金投入将超过 60 亿元，推动市县财政加大投入，并积极吸引金融资金和社会资本参与扶贫开发，形成加快推进全面脱贫的资金合力。

第六，推进区域协调发展。调整 2016—2017 年省对市县财政保障能力分类分档办法，提高县级基本公共服务保障能力，支持实施苏北发展关键性工程，增强苏北等欠发达地区发展内生动力，不断提升区域协调发展水平。整合有关专项资金，积极支持“一带一路”、长江经济带、沿海开发、苏南国家自主创新示范区、南京江北新区等国家重大战略，争取中央试点示范在江苏落地，推进镇江海绵城市和苏州地下综合管廊等国家试点项目建设。支持新型城镇化建设，推动以人为核心的新型城镇化，实施财政转移支付、城镇建设用地指标、财政预算内投资同农业转移人口市民化数量“三挂钩”政策，推动基本公共服务常住人口全覆盖，加快城乡养老、医保等体系顺畅对接。同时，推动城镇基础设施和交通体系建设，在城市新区、各类园区、成片开发区全面推进海绵城市建设，大力推进地下综合管廊建设，鼓励社会资本参与投资运营，构建完善城际公路、铁路、水路、航空等交通设施，打造便捷高效的现代综合交通运输体系。

四、供给侧改革背景下优化地方财政调控的路径

对地方政府而言，财政是重要的经济调控手段，在供给侧结构性改革实施“去产能、去库存、去杠杆、降成本、补短板”五大任务中，应进一步转变传统的思维定势，改进工作方式，更好地适应和助推供给侧结构性改革。

第一，通过增加公共服务领域投入来提升财政的保障功能。财政的公共属性要求财政资金优先用于公共服务领域，满足社会公共需求，这不仅关系全面建成小康社会，而且有助于推进江苏现代服务业转型升级。政府应逐步退出市场竞争性领域，转变直接投资经济建设的思维模式，将改善民生放在更加重要的位置，提高医疗、教育、社会保障等公共服务的支出力度和服务质量。加大对中小城镇、农村地区、革命老区的基础设施投资（如棚户区改造、城市管道、城际交通、水利、电力与通信设备），以提高公共服务供给水平。配合户籍制度改革，促进以人为核心的城镇化进程。公共服务供给也将对需求侧产生重要作用，如良好的医疗、教育、社会保障能推进人口市民化进程，

成为房地产“去库存”的有效途径。支持企业兼并重组，做好劳动力失业保障、转岗培训与再就业等社会政策托底工作，以顺利完成“去产能”过程中清理“僵尸企业”造成的职工分流。

第二，通过推进实施减税清费政策来发挥财政的激励功能。降低实体经济税收负担，实现在短期内扩张需求，在长期内激发微观主体生产积极性，优化国民经济总供给。需要采取减税举措，清理不规范的行政收费、基金和加价收入，降低企业运营负担。取消违规设立的政府性基金，停征和归并一批政府性基金，扩大水利建设基金等免征范围。同时，加大税率优惠落实力度，激发创新活力，加大对企业设备投资与更新改造的税收优惠，鼓励对先进设备的采购置换，加速资本折旧，提高生产效率和全要素生产率。完善对创业、创新等新业态的税收激励，取消对重化工业等旧业态投资的税收优惠。加大对新产品、节能环保等新兴经济模式及其对应消费的税收支持，减免高新技术产业发展各环节税收；按照能耗度、污染度等指标对高耗能、高污染企业实施结构性税率激励，倒逼旧业态加快技术更新与产业转型，确保减税政策在短期内扩大需求，在长期内优化供给结构。

第三，通过创新公共服务供给方式来实现财政的杠杆作用。深化政府购买社会服务改革，加大社会组织培育力度，鼓励和引导社会组织参与提供多层次、多样化的社会公益服务。放宽基本公共服务投资的准入限制，创新政府基本公共服务投资体制，通过招标采购、合约出租、特许经营、政府参股等形式，建立基本公共服务多元化供给机制。完善 PPP 制度是落实积极财政政策，拓宽投融资渠道，缓解财政资金压力，优化公共服务供给机制的重要手段。建立地方政府与企业在 PPP 项目合作中的利益协同机制和风险共担机制，制定科学、平等的合作计划，并提前做好风险处理预案，确保在 PPP 合作中，双方均能按合同规章办事，有效规避道德风险等后续问题。

第四，通过调整公共投资支出方向来实现产业引导的目标。改造传统产业和培育新兴产业，促进生成“新动能”，发挥财政资金的引导作用，支持现有传统产业转型升级，培育壮大战略性新兴产业，瞄准“中国制造 2025”和工业 4.0，加大对在国内外市场有竞争力的先进制造业企业的资金支持力度，推进物联网技术、工业机器人、新型智能终端研发制造等新兴产业发展，使江苏新兴企业在新一轮竞争与发展中快速占领科技制高点，重点扶持具有江苏比较优势、地方特色的产业，加快形成产业集聚，培育产业集群竞争优势。同时，解决共性核心技术的“缺能力”问题，提高产业创新创造能力，加大对重大科技创新项目公共投资支出，建立协同式、集群式省级创新系统，由财政出资构建创新性产业集群以整合研发力量，突破微观个体的创新约束，促进企业间优势互补与技术扩散，提高对创新驱动的扶持力度，构建政府、企业和科研机构协同式区域创新体系，加大基于质量与效益的战略性创新投资，抢占新兴科技制高点，确保江苏对前沿技术的掌控力。

基于供给侧结构性改革下地方财政管理与改革的探索与思考

◇ 云南省财政学会

摘　要：自改革开放以来奉行的以经济增长为主的放任式和偏重于需求侧改革与发展模式已不可持续，供给侧结构性改革由此应运而生。作为国家治理基础和重要支柱的财政和担当优化资源配置、维护市场统一、促进社会公平、实现国家长治久安制度保障的财税制度，与国家供给侧结构性改革大政相辅相成。如何做到二者的契合，不仅是财税体制改革的重要内容，而且是供给侧结构性改革不可缺的重要基础。本文尝试对地方财政未来如何更好地融合供给侧结构性改革和财税管理与体制改革做一点有益的探索与思考。

关键词：供给侧结构性改革；财税管理与改革；契合

改革开放以来，一直单纯策动需求为主要目标的投资、消费、进出口三驾马车驱动力和传统的四大增长动力逐渐消退，我国经济正面临制造业去产能化、房地产去泡沫化、金融体系去杠杆化、环境去污染化“四大阵痛”，经济进入了结构性减速的“新常态”，主要包括资源配置效率和要素供给效率下降、创新能力滞后以及资源环境约束增强等，表明了自改革开放以来奉行的以经济增长为主的放任式和偏重于需求侧改革与发展模式已不可持续，面对一方面是大批国内消费者涌入香港甚至国外抢购商品，另一方面是国内产能过剩、商品卖不出去的困境，证明了中国13亿人的巨大市场，并不缺需求，缺的是与国内消费者不断增长的需求相适应的供给，虽然中国经济仍存在一定程度的需求问题，但更多地体现在供给质量和供给结构上的问题。构建新的增长动力和发展模式成为再也绕不开的必须面对和解决的问题了。只有再一次的制度重构和路径再造，才能打破过去三十年来发展的路径和转型困局（一遵，2015），正是在这样的大背景下催生了中央与国家发展与改革思路的转变，供给侧结构性改革由此应运而生。2015年底中央经济工作会议正式提出供给侧结构性改革战略，确定了2016年经济工作的五大任务，即去产能、去库存、去杠杆、降成本、补短板，其目的是释放企业有效供给潜能。今年两会李克强总理政府工作报告中又一次将三去一降一补的供给侧结构性改革任务延续至2017年政府重点工作。然而，供给体系质量与效率的提升是一个庞大的系统工程，不是短时间能够完成，需要从中央到地方，从政府到企业，从官员到百姓齐心合力，众志成城，勇于担当。作为国家治理基础和重要支柱的财政和担当优化资源配置、维护市场统一、促进社会公平、实现国家长治久安制度保障的财税制度，与国家供给侧结构性改革大政相辅相成。如何做到二者的契合，不仅是财税体制改革的重要内容，而且是供给侧结构性改革不可缺的重要基础。本文尝试对地方财政未来如何更好地融合供给侧结构性改革和财税管理与体制改革，有效推动地方经济与财政的双赢做一点有益的探索与思考。

一、供给侧结构性改革对地方财政管理与改革提出的新课题

在现有阶段，我国的供给侧结构性改革，虽然涉及劳动力、土地、资本、科技创新、制度五大要素的供给改革，但最主要的是科技与管理创新、制度两大要素的供给改革，而这两项供给改革都涉及政府，尤其是制度供给，其供给主体就是政府，因此，可以说政府也是供给侧，即政府承担着创新和加大培育以及优化市场环境的“制度供给责任”。财政作为国家治理的基础与重要支柱，财税制度作为优化资源配置、维护市场统一、促进社会公平、实现国家长治久安的制度保障，同样是政府供给侧改革的重要组成部分，承担财税制度与政策以及公共服务供给责任。

（一）供给侧结构性改革对地方财税体制改革提出的新课题

供给侧结构性改革要求从供给、生产端和生产要素入手，通过制度和管理供给的改革与优化，解除供给约束，释放企业有效供给潜能，推动技术创新能力，提升技术水平使其成为经济增长的引擎，创造有利于企业发展、产业升级、供给质量与效率提升的制度环境，促进经济持续稳定发展。虽然现行财税制度中不乏刺激供给的制度，但更多地服务于长期国家需求侧改革战略，难以回避的是现行财税体制存在明显的供给约束和供给抑制，诸如现行以流转税为主体的税制，间接税巨大的聚财功能提升了各级政府对税收收入“需求饥渴”，刺激了各个地方政府拼命追求 GDP 的高速发展和发展重化工业以获得更多税收，间接税比重过高，极大地刺激了地方政府生产规模和投资规模需

求的扩张，客观上刺激了经济的粗放式扩张，导致了产能的过剩和经济增长的不可持续性。同时，现行以流转税为主体的税制导致企业税负过重、现行非税收入制度造成企业与居民费负过重；现行税收征管制度对纳税人权益的保护严重不足；现行财政制度由于财权与事权不匹配导致地方政府尤其基层政府治理能力的弱化；现行财政资源分配制度的非均衡导致地区、城乡发展差异较大；现行政府预算制度编制、执行、调整以及透明度存在较多问题，导致百姓和企业对政府用税的不信任和不满情绪等，如果通过财税体制改革能够化解上述供给约束和供给抑制，定将较好地推动供给侧结构性改革，反之亦然。可见，财税制度供给改革的成功与否，关系劳动力、土地、资本、科技创新、制度五大供给侧要素的优化，关系财税制度对五大要素供给制约和供给抑制的化解。因此，根据国家供给侧结构性改革战略，财税体制改革如何围绕供给侧结构性改革要求设定改革目标、内容与步骤，使其改革有利于技术创新、企业发展、产业升级、供给质量与效率提升，是目前财税制度改革面临的新课题。

（二）供给侧结构性改革对地方财政管理改革提出的新课题

地方财政管理是地方财政部门的一项经常性的重要工作，是贯穿地方财政工作始终、几乎覆盖所有财政领域和财政过程的一项经常性工作。从财政预算的编制、执行，以及决算，都需要财政管理。地方财政管理作为制定和执行财政政策及法规、规范财政关系及运行的行为，是国家政府治理活动的重要组成部分。它不仅要服务于国家的大政方针，而且还要同国家的其他宏观经济政策相协调。地方财政管理不仅决定着地方财政工作的整体水平和最终成效，制约着地方财政改革的效应和财政职能的发挥，而且在很大程度上影响国家发展战略的实施与效果。长期以来，地方财政管理存在着诸多问题，如管理方式保守、审批程序烦琐，财政资金投入“碎片化”现象严重，不能形成合力。与此同时，过多、过滥的财政补贴、政府直接投资，导致价格扭曲、资金浪费、干扰市场机制运行、违背经济发展规律的情况时有发生等。尤其在财政资源配置方面越位、缺位、错位的问题十分突出，在成熟的市场领域中，经常越俎代庖地代替经济主体和部门单位进行大规模的直接投入，而需要财政资金引导、扶持和带动的新兴市场和科技创新领域又经常难觅芳踪；财政资金在传统行业和新兴产业发生分化，需要汰旧换新，转型升级时常出现错配、盲目投入、资金浪费等情况。在国家供给侧结构性改革战略大背景下，地方财政部门作为地方财政资金和财政制度的供给侧，在国家供给侧结构性改革过程中担负着重大的责任和作用。地方财政部门如何调整自身定位、促进地方财政管理转型升级以适应供给侧结构性改革的客观需要，是当下面临的新课题。

（三）供给侧结构性改革对地方财政政策的调整提出的新课题

财政政策作为影响政府收支的主要规范，是国家进行总量管理的重要工具之一，不仅可以通过“逆周期”操作来调节总量平衡，还可以通过一系列财税行为来优化经济结构，更可以通过收入再分配来实现公平和正义，因此，财政政策必将在供给侧结构性改革中扮演十分重要的角色。中央确定的供给侧结构性改革的主要任务“三降一减一补”，其中去产能、降成本和去杠杆都与财政政策有直接关系，而去库存和补短板也与财政政策有间接关系，因此，财政政策势必将成为供给侧管理的主要调控工具。然而，在国家长期需求管理的指导下，财政政策追求总量管理范式，通过调控财政发债规模，调节财政收支平衡，达到对经济运行态势的调控，特别是在宏观经济面临衰退时，利用积极的财政政策，刺激总需求。在经济进入新常态的背景下，致力于需求侧管理的财政政策，不仅没有使经济体摆脱增长缓步下降的通道，而且导致财政政策效果快速递减，经济增长的政策依赖程度越来越大，而由于政府投资带来的挤出效应和财政赤字的弥补等，造成企业利润增长缓慢，市场活力受到抑制。因此，如何促使长期服务于总需求的财政政策向供给侧结构性改革的财政政策顺利转变，寻找财政政策促进供给侧结构性改革的有效路径是当下财政政策改革与调整中面临的新课题和亟须解决的现实问题。

二、供给侧结构性改革下地方财政管理与改革的新要求和困难

（一）供给侧结构性改革对地方财政改革与管理的新要求

1. 供给侧结构性改革对地方财税制度改革的新要求。一是通过科学合理与成功的税制改革，进一步减轻地方企业的税收负担，降低生产经营成本，为企业优化产品结构、提高产品质量、降低产品价格创造良好的税收制度环境。二是通过财政预算制度的改革，进一步优化财政支出结构，加大对地方经济社会发展供给的“短板”的财政投入，改善总供需的平衡，增强各省在国内外竞争环境中的综合竞争力和发展后劲。三是在明晰中央与地方政府财权与事权划分的基础上，通过科学理顺省以下各级政府间事权与支出责任的财政体制改革，构建规范严密、权责明确、激励相容、互惠共赢、助推改革与发展的财政体制，调动地方各级政府积极性，有效推动地方各级政府治理能力、制度供给和公共产品供给能力以及供给质量效率的提升。

2. 供给侧结构性改革对地方财政管理的新要求。一是矫正财政资

源配置属性和自身职能、退出市场机制运行领域，坚持市场主导，以公平竞争激发社会活力，让市场在资源配置中发挥决定性作用。二是作为财政资金的供给侧，改革地方财政部门自身的管理，明确树立财政服务供给侧理念和角色定位。用科学的供给理念，从财政资金供给的方向和方式两方面实现改革创新。三是创新地方财政管理模式，积极应对国家供给侧结构性改革的需要，通过管理目标由服务于国家需求侧改革向供给侧结构性改革的转换，强化依法理财，加强预算编制、执行、调整的监督与绩效管理，优化支出结构，为实现李克强总理承诺的在税费、政府权力等方面的“减法”和在“事中、事后监管”“优化对人民群众的服务”、支持创新创业、就业等方面的“加法”创造优质的财政支持条件。

3. 供给侧结构性改革对地方财政政策改革的新要求。一是财政政策要着眼于化解地方产能过剩，关键在于“破旧立新”，清理“僵尸企业”，鼓励地方国有企业间的兼并重组，促进传统落后企业转型升级。二是财政政策要致力于提高地方产品的国际竞争力，通过减税降费等措施，推动企业技术创新、管理创新、商业模式创新，切实降低企业的经营成本，让企业能够“轻装上阵”。三是新常态下地方政府与财政投资要更多地着眼于民生领域，杜绝政绩驱动下的盲目投资，淡化投资的规模和增速，强化投资的结构、质量和效益。四是积极财政政策的实施立足于新常态下地方经济中产业结构扭曲、经济效益低下、无效供给过多的现实背景的“对症下药”。跳出扩大社会总需求的思维定式，以增加有效供给为核心，重视供给结构的调整和供给条件的改善。五是供给侧结构性改革要求大幅度提升财政支出政策的合理性和支出效率。

（二）地方财政面临的困难与难点

1. 财政收支矛盾突出。从长期看，供给侧结构性改革的成功所释放出的经济活力，将推动经济良性发展，为财政的健康发展奠定稳固的经济基础。但不可否认的是，就短期看，供给侧结构性改革对财税体制改革的影响突出表现在为化解原财税体制对供给端五大要素的制约与抑制，所要求减税呼声和不断推出的减税举措，在整个经济不太景气和发展速度不尽如人意的大背景下，地方政府尤其是西部各省政府收入的下降带来了政府财政的巨大压力，而财政经常性支出和民生支出的刚性特质，加之供给侧改革要求政府加大积极财政政策的力度，政策的扶持（如为去产能、去库存提供必要的政策性补贴、为企业重组、破产以及职工的安置就业等提供财政政策支持等）需要增大财政资金的投入，地方财政收支矛盾进一步加大，部分县乡可能面临新一轮财政困难，这将可能成为影响供给侧结构性改革目标顺利实现的重要制约条件。

2. 财税改革难度增大。财税制度与政策既要承担供给侧的改革任务，又要兼顾激励有效需求的改革任务，需要在供给侧与需求侧两面发力，其艰巨繁重性十分突出。当前财税改革进入攻坚期和深水区，必然涉及更多深层次矛盾和重大利益的深度调整，改革举措落地生根难度加大，财政政策不落实或是落实不到位将严重影响国家与地方供给侧结构性改革的推进。虽然近年来地方财政不断采取加快预算支出执行进度等手段加大重大基础实施项目支出，但由于地方财政收入下降、偿债压力大增，尤其是市县级政府的资金约束压力增大，导致项目配套资金拨付不及时、资金到位率较低等问题。同时，以调整经济结构为目标推进结构性减税、落实简政放权等举措，也很大程度上存在政策落实不到位等问题。在资金和人力的双重约束下，财政政策通过扩大政府投资促进供给的效应将受到一定的制约。

3. 财政管理在财政资金供给保障方面存在诸多难点与问题。一是现行财政管理体制下财政资金期限错配的矛盾难以化解。如现行财政资金实行切块管理，按照一般预算支出科目进行统一划分，则必然存在各科目各行业款项支付进程不同导致部分科目资金短缺而部分科目资金冗余现象同时存在。二是项目建设中短期资金冗余和长期资金短缺并存的矛盾难以化解。由于项目建设进度不同。地方债一般是根据省、市、县符合规定的融资类项目，按照规划统一发行，资金到位之后，各项目的建设进程差异较大，财政资金按照项目进度进行支付管理，财政资金的短期资金冗余在所难免。而地方中长期项目建设由于受限于财政收入不足等多方面原因，资金短缺现象突出。三是经济结构调整导致中长期资金结构性矛盾存在。在当前经济下行压力较大背景下，尤其作为资源型大省的西部各省财政压力进一步加大，在地方财政收入有限的情况下，财政支出很难完全做到符合未来地方经济结构调整的实际发展需要，财政资金支持在需要去产能、去库存的行业和需要鼓励发展的创新型产业错配的现象时有存在。四是地方政府因发展经济资金不足而举债和大量财政资金沉淀在“睡觉”并存现象突出。根源于财政部门监督重点在财政资金的使用用途而不是使用年限，助长了部门单位重预算轻执行的思想。单位千方百计上项目、争预算，预算一经批复就大功告成。部分项目因政策、规划、环境等条件发生变化不能按期开工、进度缓慢或结余较大，导致资金滞留沉淀形成存量。如何盘活存量资金，提升财政资金的使用效益，是当下地方政府与财政须下大气力解决的问题。上述财政管理的难点导致财政杠杆作用的弱化，使得在促进经济转型升级过程中，财政推动资源配置市场化、激发市场活力的作用发挥远远不够。

4. 地方政府债务风险逐渐显性化。全国地方政府债务风险总体可控，但区域性风险化解的压力加大，部分省市县级政府的债务率较高，在土地出让收入大幅下降的背景下，存量债务付息还本压力增大，部分地区存在发生局部风险的可能性。如云南省共有55个州（市）和县列入财政部风险警示或提示地区名单。当前部分地方融资平台公司缺乏稳定的经营现金流，切断政府“输血”功能后，其市场化经营面临不小的困难。有些地方存在融资平台违规举债、投资引导基金“明股暗债”、专项基金政府债务化等问题。

三、地方财政进一步助推供给侧结构性改革的思考

（一）强化财税体制改革对供给侧结构性改革的助推作用

1. 处理好政府与市场的关系。就政府而言，供给侧结构性改革最关键的是扩支减税与简政放权，提升市场的自我创新、自我升级的能力（一遵，2015）。可见，供给侧结构性改革的首要任务仍然是处理好政府与市场的关系，使市场在资源配置中起决定性作用和更好发挥政府的作用。在资源配置方面，应调整政府与市场在配置资源中的比重，激活微观主体的能动性，提升经济体系的有效产出效率。财政作为国家治理的基础和重要支柱，处理好政府与市场的关系同样是建立现代财政制度的核心和首要任务，而界定政府与市场的边界恰恰是公共财政的理论基础与前提。因此，处理好政府与市场的关系，是财税体制改革与供给侧结构性改革的首要契合点，为此，从国家层面来说，财税体制改革须通过减税，降低政府掌控资源的规模，改变政府掌控社

会资源规模过大的局面，回归市场在资源配置中的主体地位。从地方政府层面来说，虽然要求政府减税扩支的供给侧结构性改革，短期内会造成地方财政的较大压力，但政府能否通过减税（包括清费）扩支，支持和扶持供给侧结构性改革，关系到供给侧结构性改革的成败。地方各级政府应转变观念，在收入规模下降已成趋势的情境下，应加大支出管理体制改革的力度，在优化支出结构上下功夫，事实上，压缩行政管理支出方面仍然存在较大空间，应通过制度建设扭转目前八项规定实施公用经费结余较多，但各部门不愿压缩预算规模的现象。同时，精简机构，压缩财政供养人口规模以及加强财政绩效管理和监督，提高财政资金使用效率也是节支的重要路径。同时，去产能，就要改革财政预算体制，完善绩效预算、预算公开等制度，加强财政审计，强化预算的外部监督机制，建设“规范、透明、绩效”的预算管理制度。

2. 强化税制改革对供给侧结构性改革的助推作用。从国家层面，供给侧结构性改革的过程必然涉及税制的调整，同时供给侧的改革结果必然是一次财富的重新分配（一遵，2015），我国长期存在的贫富差距、地区差距、城乡差距是供给侧结构性改革需要解决的问题，而这些问题无不以我国现行的税制息息相关。因此，税制调整与改革，必然影响到利益格局的重配。首先，通过间接税为主体的税制向直接税为主体的税制的转轨，以及事权与支出责任的重新调整与划分，实质是中央税与地方税的重新厘清，解决的是中央与地方利益的重配。其次，营改增的税制改革，解决的是行业间税负不均的问题，实质上解决的是行业间的利益分配不均的问题，为企业发展提供公平的制度环境。最后，房产税、个人所得税等直接税的调整，关系到全社会每一个人的利益分配，如何寻求到最大公约数的支持，最广泛共识度的认可，成为改革能否推进的关键。从地方层面，税制改革的推进与落实应围绕着国家供给侧结构性改革的大局，保证国家供给侧结构性改革所需，一切有利于供给侧结构性的改革方案与措施应极力推行，一切不利于供给侧结构性改革的方案与措施应及时调整。围绕"税负"实施有升有降的改革措施，对于去产能、去库存的供给侧结构性改革，需要充分利用资源税、环保税、消费税等税种的改革，通过提高税负的措施，达到淘汰落后产能、落后企业的目的；对于成长性的创新产业与企业、绿色产业与企业、优质产业与企业应通过降低税负的税制改革措施，激励其发展，最终达到优化结构的改革目的。

3. 强化财政体制改革对供给侧结构性改革的助推作用。在中央与地方事权和支出责任调整方案落地的基础上，地方政府与财政应着手省以下财政体制改革，力求地方各级政府事权与支出责任改革上的新突破。一是严格遵循事权和支出责任划分改革的基本原则，根据省以下事权划分、财政体制以及基层政府财力状况，合理确定省以下各级政府的支出责任，避免将过多支出责任交由基层政府承担。根据事权划分改革情况，在保持省与各地财力格局总体稳定的前提下，规范省与州市财政收入分配关系。二是鉴于大部分西部省份在维护边疆稳定、促进民族团结以及生态保护、脱贫攻坚等方面所承担的特殊事权，中央应在转移支付方面给予这些省更多的支持。尤其像云南省这样的西部边疆省份，在自身经济与财政都较弱的情况下，肩负着较长边境安全与稳定、26 个少数民族团结、长江上游生态保护、73 个国家级贫困县精准扶贫等重大的特殊事权与责任，这些事权与责任不仅关系到云南省自身的发展，还关系到国家安全、民族团结和小康社会目标的实现等国家战略，中央应在转移支付方面给予必要的倾斜。同时，国家应尽快在横向转移支付制度供给侧改革方面有所突破，为承担诸如长江黄河上游生态保护事权与责任的省份提供公平合理的制度保障。

（二）提升财政管理水平助推供给侧结构性改革

1. 在服务“去产能、去库存、去杠杆”上发力。一是通过财政管理转型与提升，为财税体制改革与财政政策调整的生根落地创造良好的服务环境。首先，转变管理理念。地方财政部门应从长期服务国家需求侧改革目标的思路与惯性中走出来，转向为国家供给侧结构性改革大方针服务，具体到管理工作，更多地体现在通过具体细致的管理活动与行为，强化财税制度供给侧改革与财政政策调整的执行与落实。其次，加强财政部门干部与职工的供给侧改革相关知识与服务的培训，提升干部与职工对供给侧结构性改革的服务意识与责任感。最后，建立健全改革与政策执行与落实的规章制度和奖惩制度，充分调动干部与职工参与改革、落实改革的积极性，提升改革与政策的执行力。二是通过供给方向与方式的创新，充分发挥财政投融资对“三去”的扶持作用。在供给方向上实现财政资金的有效供给，破解产业发展瓶颈，促使资源从衰退落后的产业向新兴创新型产业转移，从创新、优化和提质增效方面进行结构性调整。供给方式上在增加公共服务供给，增强政府职责，提高公共服务水平的基础上，要创新公共服务提供方式，能由政府购买服务提供的，政府不再直接承办；能由政府和社会资本合作提供的，广泛吸引社会资本参与。财政部门应通过日常管理工作，严控财政投融资方向和财政补贴政策，避免财政投融资和补贴政策的错配，力求将有限的财政资金真正用到国家鼓励发展的地方优势产业和创新产业的扶持上，通过财政资金扶持的导向和引领作用，淘汰落后过剩产业和“僵尸企业”。三是强化财政投融资绩效管理，提升财政扶持资金的使用效益。首先，强化财政投融资的绩效目标管理，将绩效评价由“事后”延伸至预算的源头乃至支出的全过程，增强预算的绩效约束力。其次，推动财政投融资标准化绩效管理。鉴于财政投融资标准化绩效管理还处于探索阶段，地方财政部门应加强财政投融资标准化绩效管理的理论和实践研究，积极探索财政投融资标准化绩效管理模式，构建科学合理、可行并易于可操作性的财政投融资标准化绩效评价指标体系。最后，完善财政投融资绩效奖惩制度，严格绩效责任追究制度的管理与实施，力求财政每一分钱都用在刀刃上。

2. 在补公共服务短板上发力。公共服务短板，既有公共服务资源配置上的短板，也有公共服务制度设计上的短板；既有公共服务发展进度上的短板，也有公共服务历史欠账上的短板；既有公共服务理念认识上的短板，也有公共服务方式方法上的短板。补公共服务短板，除了需要必备的制度条件外，更对地体现在日常的财政管理工作中，需要按照国务院要求在“推”字上下功夫。一是推动实施。围绕国家和地方“十三五”规划《纲要》确定的全局性、基础性、战略性重大工程项目，积极推动脱贫攻坚、三农、城乡和地区差异、基本公共服务均等化、社保、自主创新、节能降耗、生态保护、重大软硬基础设施建设、新产业新动能培育等重点领域的补短板实施方案的制定和生根落地。同时，优化财政支出结构，集中更多可用财力着重强化经济社会发展中的短板如三农问题、城乡和地区差距问题、贫富悬殊问题、基本公共服务非均等化问题、社会保障薄弱问题、自主创新能力不足问题、生态恶化问题等，增加宏观经济的有效供给，改进总供需的平衡，为解决结构性的供需失衡助力。二是推进改革。针对公共服务管理制度和管理环节上的盲点、堵点、民生痛点，深化改革，改进服务。积极落实国务院关于进一步放开基础设施领域投资限制，实现在教育、医疗、养老等民生领域对民办与公办机构在市场准入、职称评聘、社保定点等方面同等对待。三是推崇创新，探索和推广盘活财政沉淀资金、提高财政资源配置效率和效益的新模式新路径。在创新地方融资方式，用好政府与社会资本合作的 PPP 新模式，吸引和促进民间资本对补短板建设的参与和融入方面有所突破。四是推行奖惩，建立补公共服务短板项目推进的激励机制。既要对主动作为的地方和部门人员加大奖励力度，也要对不作为的地方和部门人员进行问责，同时还要建立允许“试错”的保护机制。要通过加强督查考核，落实奖惩，调动各方面的积极性，真抓实干推动补短板取得更大成效。

3. 在降成本上发力。一是在降税负上发力。首先，税务部门应通过税收征管工作，尤其是优质的纳税服务，推动国家各种税收优惠政策的生根落地。其次，强化税收的依法征收，尤其在经济下滑，税收任务压力增大的情况下，杜绝收过头税，做到应收尽收。最后，积极落实营改增改革措施，让企业减负的实惠落到实处，对于改革中出现的部分企业税负不降反增的情况要做深入的调研，及时反映，力争做到合理地解决。二是在降费负上发力。地方财政应严格依据财政部颁布的《政府非税收入管理办法》和各级地方人大出台的《地方非税收入监督条例》，加强非税收入的管理，规范政府收支行为，进一步清理不合理收费，同时放松管制、减少政府不当干预，切实为企业减负。

（三）强化财政政策对供给侧结构性改革的助推作用

1. 强化国家助推供给侧结构性改革财税政策的落实。近年来，为促结构调整，国家先后出台了诸多助推中小企业尤其是小微企业发展的税收优惠政策，包括增值税、所得税等税收优惠政策；为助力产业技术水平提升，中央财政推出的重大技术装备保险补偿机制；为助力小微企业创业创新，财政部与四部委联合开展小微企业创业创新基地城市示范工作，并设立中小企业发展专项资金重点支持示范城市微型企业孵化园、众创空间、科技孵化园等服务能力建设；为推动传统产业改造，财政部与相关部门联合推出的加快农业特色产业发展、支持农业适度规模经营发展、奖补高标准农田建设、补贴页岩开发利用等措施；为促进绿色产业发展，财政部推出包括新能源汽车扩大运用补助办法、鼓励社会资本参与养老产业项目、水污染防治项目等财政激励政策；为促进基础设施体系优化，国家加大了对地下管廊建设、海绵城市建设、高铁建设等方面的财政投入（白景明，2015）；为顺应绿色发展潮流，打造低碳经济，财政部与发改委启动节能减排财政政策综合示范城市，对入选城市给予专项资金支持；为解决产能过剩问题，习主席提出了“一路一带”发展战略，并通过财政支持设立亚投行，为我国企业走出去、产能走出去、资本走出去奠定了制度基础；为解决地方发展所需资金，财政部积极推出 PPP 融资方式及相关诸多配套政策等。这些助力供给侧结构性改革政策措施的实施对调结构、促进经济可持续发展有着十分重要的作用。作为地方政府与财政，目前要做的是如何落实这些政策，让这些政策作用发挥到最大效应。为此，一是找准国家战略和地方发展的契合点，研究吃透中央政策精神，并强化与相关部门的协调合作，重点将地方尤其是西部各省融入“一路一带”、地下管廊建设、海绵城市建设、高铁建设等基础实施建设、现代高原特色、农业脱贫攻坚、对外开放、生态保护等战略与中央政策紧密对接，形成合力争取中央支持。二是积极落实中央中小企业和小微企业的税收优惠政策，争取中央中小企业发展专项资金的支持，助推地方中小企业创业创新。

2. 根据供给侧结构性改革需要，推动地方财税政策创新。一是助推供给侧结构性改革的财税政策创新。目前，在去产能、去库存、去杠杆、降成本、补短板五大改革任务方面的财税政策还需完善和创新。如需尽快制定和实施助力去产能、去库存、去杠杆的财政激励政策和约束政策，对积极采取措施并成功“三去”的企业应实施相应的奖励性政策，对怠慢或推延“三去”的企业应采取相应的惩罚性政策；对“三去”企业引发的重组甚至破产导致的职工就业安排和社会保障，应通过建立相应的基金和补贴政策给予保障，以烫平由此可能产生的社会矛盾，为地方供给侧结构性改革铺垫稳定的社会环境；地方财政应尽快制定相关的政策（包括就业保障、提供基本公共服务等政策），积极推动中央关于农民市民化发展规划的顺利实施，以及通过购买库存房转化为保障房等措施，助力解决房地产库存。二是财政支出政策的创新。当前结构性改革下的支出政策存在着地方经济周期与结构转型的双重压力、支出刚性逐步增大和效率有待提升、承担兜底改革成本、建立现代财政制度四大任务。要实现供给侧发力，未来支出政策应有更明确的行动策略：立足于逆周期调节助力结构转型；以提升支出效率缓解刚性支出压力；为供给侧结构性改革支付必要成本；善于发掘事权与支出责任划分的体制红利。

财政引导金融支持供给侧结构性改革研究

◇ 安徽省财政厅课题组

摘　要：供给侧结构性改革，是以习近平同志为核心的党中央审时度势综合研判作出的重大战略决策，是适应和引领经济发展新常态的重大创新，是促进经济社会可持续健康发展的强大助推器。当前安徽省经济平稳健康较快发展，但仍面临经济下行、外部需求收缩、内部“三期叠加”多种矛盾聚合，实体经济结构性“融资难”“融资贵”等问题，严重影响培育发展新动能和持续增强新动力目标的实现。如何发挥财政职能，引导金融支持供给侧结构性改革，是当前亟待研究的重要课题。

关键词：增供给；降成本；优环境；拓渠道；减风险

一、财政引导金融支持供给侧结构性改革必要性

（一）引导金融支持供给侧结构性改革是职责所在

去年底召开的中央经济工作会议，对“十三五”开局之年着力推

进供给侧结构性改革工作进行了全面部署。供给侧结构性改革，就是要围绕“三去一降一补”五大重点任务，从提高供给质量出发，用改革的办法推进结构调整，矫正要素配置扭曲，扩大有效供给，提高供给结构对需求变化的适应性和灵活性，提高全要素生产率，更好满足广大人民群众的需求，促进经济社会持续健康发展。在供给侧改革实施推进中，由于金融与实体经济之间存在供需矛盾，在市场机制作用下，金融资源通过竞争实现优化配置，但是当金融资源在进入初创产业、落后地区、弱质领域或薄弱环节等时往往配置失灵，面临着较大障碍、瓶颈或梗阻，因此完全交由市场机制调节则无法达到或实现普惠性、公平性的预期政策。财政作为国家治理基础和重要支柱，具备资源配置的重要职能，为实现政府公共性、普惠性和公平性的政策意图，有责任也有义务积极化解两者间的矛盾。通过运用财政政策工具，适当给予方向性指导与政策性支持，弥补金融市场机制的失灵，规避产业性、区域性或暂时性的金融政策真空，促进供给侧结构性改革有序推进。

（二）引导金融支持供给侧结构性改革是现实所需

金融是现代经济的核心，经济发展的血脉。“三去一降一补”是供给侧结构性改革的五大任务，任务的完成与否离不开金融支持。当前，我省供给侧结构性改革表现出的金融问题，主要体现在血脉不畅、血液不足、结构性失衡等方面。就我省而言，从金融服务能力看，2015年，全省 GDP 占全国比重为 3.25%，而社会融资规模和地方金融机构总资产占全国比重分别仅为 2.32% 和 2.1%，均低于 GDP 在全国所占份额；从金融产业发展看，全省金融业增加值仅占 GDP 的 5.7%，低于全国 2.8 个百分点；从社会融资结构看，全省直接融资占社会融资规模的比重仅为13%，低于全国11个百分点；从金融资源配置看，皖北六市贷款余额仅占全省的21.65%、直接融资占全省比重20.52%，分别低于GDP占全省比重7.25、8.38个百分点，存贷比为61.03%，低于全省平均水平14.04个百分点。要想解决上述问题，单靠市场内生动力是不现实的，必须增强外生动力，加大财政引导，通过进一步释放金融和资本活力，增加有效金融供给，推动金融创新，拓宽融资渠道，降低融资成本，缓解和消除金融抑制。

（三）引导金融支持供给侧结构性改革是发展所迫

“十三五”时期是全面建成小康社会的决胜期，也是全面深化改革的攻坚期。为此，省委省政府就加强供给侧结构性改革提出了“五围绕、五推进”决策部署，与调转促“4105”行动计划、创新改革试验、民生工程等的推进实施有机融合，并细化提出“十三五”期间产能利用率达到合理水平、转型升级取得明显成效，去化商品房库存2 500万平方米、实现供需基本平衡、房价总体稳定，直接融资占全部融资比重达到30%、证券化率达到60%，企业综合成本进一步下降、降幅高于全国平均水平，创新发展能力大幅提升、公共产品和公共服务体系进一步健全等中期发展目标。要实现上述发展目标，完成供给侧结构性改革任务，就必须在明晰引导总体思路、确定引导路径、选择引导方式、把握引导着力点基础上，不断加大财政引导力度，不断提高财政引导效率。

二、财政引导金融支持供给侧结构性改革总体思路

以党的十八大和十八届三中、四中、五中、六中全会精神为指导，深入贯彻落实习近平总书记系列重要讲话精神，以创新、协调、绿色、

开放、共享发展理念为引领，围绕“去降补”五大任务，充分发挥财政职能，积极协调财政政策、金融政策和产业政策，以着力缓解实体经济融资、融资贵为主攻方向，综合运用资金引导、政策奖励、财务监管、税收优惠等多种手段方式，通过支持金融机构、支持特定经济实体和优化发展环境等路径，着力从“增供给”“减风险”“降成本”“拓渠道”“优环境”五个方面入手，增强和扩大金融资源的可获得性和覆盖面，不断提高金融服务经济社会发展水平，为全省供给侧结构性改革顺利实施提供坚实金融支撑。

（一）“增供给”

针对实体经济等金融资源供给不足的特点，要加大政策鼓励、支持和引导，化解商业性与政策性之间的矛盾，扩大信贷资源投放，做大增量部分；同时，在引导金融要素投入时，还要更加注重金融要素的有效投入，避免因盲目和低效投入，引发资源浪费和过剩等。

（二）“减风险”

针对金融机构服务某些政策性支持对象风险较高、主动涉足意愿不强的特点，要注重为其建立合理的风险补偿和转移机制，切实帮助其化解经营风险，解决后顾之忧，增强金融机构主动进入一些政府鼓励支持的薄弱地区、领域、行业等能力和信心。

（三）“降成本”

针对中小微企业和“三农”等实体经济经营规模小、信用等级低、获取金融服务成本高的特点，在规范收费的同时，要建立贴息贴费、补贴补助、激励约束等制度，合理降低各方交易成本。

（四）“拓渠道”

针对实体经济融资渠道狭窄，难以在间接融资卖方市场获取资源的特点，要适度实施财政奖补、税收优惠等政策，支持扩大直接融资规模，鼓励研发多样化的金融产品，建立和疏通更多融资渠道，努力满足实体经济的资金和服务需求。

（五）“优环境”

要从夯实金融生态基础、完善金融体制机制、优化金融配置结构、强化金融监管调控和提升金融要素生产率等上，深入推进金融组织创新、机制创新、产品和服务创新，加快推进金融服务支撑体系建设，建立健全社会信用体系，进一步优化金融发展环境，努力营造全社会关心支持金融发展的良好氛围。

三、财政引导金融支持供给侧结构性改革的政策建议

（一）健全金融服务体系，增强金融支持供给侧结构性改革能力

积极围绕“增供给”，着力健全金融服务和保障体系，提升金融服务质量和水平，增强金融服务可获得性。一是推动徽商银行在主板上市，增强资本实力，巩固在全国城市商业银行中的领先地位；做大做强农村商业银行体系，推进农商行增资扩股，发挥地方金融主力军作用；加快争取组建地方民营银行，支持和鼓励各类社会资本设立村镇银行、贷款公司等新型农村金融机构；实施新设金融机构奖励政策，支持和鼓励银行业金融机构加快在县域金融空白网点布局，在有条件的乡镇增设分支机构，打通金融服务“最后一公里”。二是支持国元证券全建成全功能现代投资银行，支持华安证券上市，推动在全行业位置前移。三是实施引进总部性金融机构奖励政策，支持大力发展金融租赁公司、金融消费公司、企业集团财务公司、金融资产管理公司、汽车金融公司等非银行金融机构，着力丰富地方金融业态。四是支持

国元农业保险公司扩大政策性保险业务，积极开展商业性保险，推进跨区域发展，推动设立地方寿险法人机构，加快推进地方金融保险集团建设。五是坚持政策性功能定位，完善国有资本持续补充机制，持续推进功能互补的省、市、县三级政策性担保体系建设，不断提高担保的覆盖面和放大能力。六是积极推动区域性股权交易市场和“新三板”市场加快发展，积极提升国民经济证券化水平；规范发展小额贷款公司、典当行等类金融，引导其发挥拾遗补缺作用。

（二）增强金融服务信心，减轻金融支持供给侧结构性改革风险

积极围绕“防风险”，着力建立健全分险增信机制，加强财务资产监管，合理控制杠杆率、负债率，有效防范财政金融风险。一是不断完善“4321”政银担风险分担机制，不断充实融资担保风险补偿基金，有效增强金融机构服务实体经济的信心。二是合理厘定农业保险费率、保额和保险责任等，支持农业保险经办机构可持续经营；加大农业保险支持力度，实施政策性保险保费补贴、特色农业保险以奖代补等政策，稳定农业保险经办机构收入预期，推动不断增加保险品种和扩大保险覆盖面；积极探索建立农业保险大灾风险保障机制。三是积极支持政策性担保机构为“惠农安居”贷款提供风险分担，提高进城落户农民购房支付能力，有效分散金融机构住房贷款风险。四是支持搭建政府、金融机构与涉农主体的合作平台，通过“政府+银行+担保+保险+农户”多种模式，有效降低金融机构服务“三农”的风险和成本。五是强化监管措施，以财经纪律执行、财务报表统计、财务资产登记、绩效评价考核、负责人薪酬管理等为手段，持续加强对地方金融企业的财务和国有资产监督管理。

（三）提升金融服务效益，降低金融支持供给侧结构性改革成本

积极围绕“降成本”，着力减轻企业财务、制度性等综合成本，切实激发活力，提升实体经济发展效益。一是整合优化财政支出结构方式，用足用活财政贴息政策，通过实施创业担保贷款贴息、民品民贸贷款贴息、产业化项目贴息等，切实降低实体经济发展、产业技术创新等融资成本。二是实施涉农贷款增量奖励、新型农村金融机构定向费用补贴等财政奖补政策，提高银行业金融机构盈利能力，增强金融资源服务“三农”和小微企业贷款等薄弱环节的主动性、积极性。三是进一步降低政策性融资担保机构对中小微企业贷款担保费率，暂免收取市县担保机构中小微企业再担保费。四是引导银行金融机构采取下放贷款审批权限，提前开展续贷审批、设立循环贷款、实行年度审核制度等措施，缩短简化申贷周期及手续，提高贷款审批效率，降低经营成本。五是清理和规范金融机构各环节收费，取消与贷款挂钩、没有实质性服务内容的顾问、咨询等收费项目；规范与贷款挂钩的评估、登记、审计、公证、保险等中介机构收费行为；清理取消质价不符和无实质性内容收费项目。

（四）创新金融服务方式，拓宽金融支持供给侧结构性改革渠道

积极围绕“拓渠道”，着力探索研究财政引导的新思路、新途径、新方式，创新财政引导方式，切实发挥财政资金的乘数效应。一是大力推进政府和社会资本合作（PPP）模式，研究制定PPP项目财政管理细则、财政支持PPP若干扶持政策及财政风险防控和财政支出责任统计制度，建立健全财政风险干预机制、财政支出责任统计制度、定期通报制度和约谈制度；做好项目评估论证、政府采购、预算收支、资产管理等财政管理工作，加快推进财政部示范项目实施进度；组织开展督查检查，会同相关行业主管部门加强对纳入财政部PPP综合信息平台项目的监督管理。二是充实续贷过桥资金，加大财政资金调度力度，切实提高资金周转率，为全省符合条件的小微企业提供临时性资金支持，缓解实体经济融资需求压力。三是大力支持发展多层次资本市场，推动符合条件的企业到沪深港交易所、“新三板”和省区域性股权交易市场上市（挂牌）发展，支持上市企业再融资和企业并购重组，支持企业发行债券，引入保险资金直投。四是支持做大省产业发展基金规模，鼓励设立创业投资基金、天使投资基金等各类股权投资基金，为初创型企业及产业链上下游提供资金支持；支持发挥专项建设基金作用，引导金融机构跟进投资。五是支持规范发展互联网金融业务，推动互联网金融、传统金融跨界融合发展，探索新型金融业务模式。

（五）打造金融服务生态，优化金融支持供给侧结构性改革环境

积极围绕“优环境”，着力运用、调动和整合各种有效资源，营造良好金融支持供给侧结构性改革氛围，促进金融服务协调性和平衡性明显增强。一是广泛利用电视广播、书刊杂志、数字媒体等渠道，多层面、广角度宣传财政引导金融支持供给侧结构性改革有关措施、成效及经验做法等，引导有关各方积极关注、了解和运用财政引导金融政策工具。二是支持信用安徽建设，建立政府引导、市场化运作的金融综合征信体系，健全金融行业守信激励和失信惩戒制度，切实维护金融债权。三是支持稳步开展“两权”抵押贷款试点，鼓励建立应收账款质押融资服务平台，支持商业银行开展创新型融资业务试点。四是认真落实国家有关金融业发展的税收政策，完善各级政府支持和促进金融业发展的财税政策。五是加强部门协调，上下联动，加快形成一套完备的监管体系，实现各类金融活动监管全覆盖，依法打击非法集资和恶意逃废债行为，促进地方经济与金融的良性互动。

供给侧结构性改革思路下健康养老产业发展的思考

◇ 湖南省财政科学研究所

摘　要：我国人口老龄化迅速发展，养老服务业作为新兴战略性产业同样存在资源闲置与“一床难求”并存的尴尬处境。破解供需失衡矛盾，根本出路在于推进供给侧结构性改革，减少无效供给，扩大有效供给，提高供给结构与需求结构的适应性，推动我国健康养老产业多元化发展，满足多样化、多层次的市场需求。

关键词：供给侧；结构性改革；养老产业

健康养老产业（以下简称“康养产业”）是指，以中老年群体为服务对象，以维护和促进其健康为核心目标，以提供设施、特殊商品及服务为主要内容的经济业态。从内涵来看，康养产业的主要特征是：一是以老年人为主要服务对象，也可为中年人或者即老族提供健康管理方案、规划养老计划、进行养老理财管理等；二是以维护和促进中老年人健康为核心目标，主要包括满足其衣、食、住、行、用、医、娱、学等需求，也可分为刚性和弹性需求；三是以提供设施、特殊商品及服务为主要内容，按关联度可分为：为满足老年人刚性需求的核心产业，包括老年服饰、老年食品和老年护理、老年医疗等产品或服务；为满足老年人深层次（次刚性）需求的相关产业，包括学习、娱乐、医疗保健、旅游、健康和心理咨询等；涉老产业链上的老年用品制造业、老年金融服务业等衍生产业。

2015 年 11 月 10 日，在中央财经领导小组第十一次会议上，习近平总书记提出了贯彻落实五大发展理念，在适度扩大总需求的同时，着力加强供给侧结构性改革，着力提高供给体系质量和效率，增强经济持续增长动力。康养产业的发展也面临着很多供给侧的问题，需要用供给侧结构性改革思路来分析现状、找出问题、指导发展。

一、用供求平衡思路分析康养产业现状

从社会总供求平衡理论出发，我国康养产业的宏观供需平衡是指同一计算口径、同一时期内康养产业社会总供给与社会总需求在总量和结构上的协调和平衡。基于此，可以分别分析康养产业的需求现状和供给现状，并找出供需矛盾根源。

（一）基于“社会人”的需求分析

1. 生理性需求。主要是实现衣食住行等基本生活保障的生理需求和满足身体健康保障的安全需求。一是生理需求方面。日常照料是生理需求的重心。民政部调查显示，2015 年，我国城乡老年人自报需要照护服务的比例为 15.3%，需求项目按需求度排序依次为上门做家务、日间照料服务、助餐服务、助浴服务。生理需求中的老龄用品需求不

容忽视。民政部调查显示，2015 年，有 65.6% 的老年人使用了老龄用品，其中城镇为 71.8%，农村为 59.0%。使用老花镜、假牙、血压计、拐杖、血糖仪、按摩器具、轮椅、助听器、成人纸尿裤或护理垫的比例依次为 46.8%、27.0%、14.2%、9.3%、3.9%、3.3%、1.9%、1.6%、1.0%。二是安全需求方面。老年人的安全需求主要源自健康状况的不断下降。《第四次中国城乡老年人生活状况抽样调查》（以下简称《第四次抽样调查》）显示，2015 年，全国仅 32.8% 的城乡老年人自评健康状况“好”，其中，农村老年人自评健康状况“好”的仅 27.7%；城镇老年人自评健康状况“好”的为 37.6%。2015 年，城乡老年人的居家养老服务需求项目排在第一、第三、第五位的分别是上门看病、康复护理和健康教育服务，其比例分别是 38.1%，11.3% 和 10.3%。

2. 社会性需求。主要包括爱和归属感层面需求、尊重层面需求、自我价值体现层面需求，是在物质条件较好时产生的较高端层面的需求。衍生为对娱乐活动的需求、社交生活的需求、精神寄托方面的需求、参与社会事务的需求等。《第四次抽样调查》显示，2015 年，13.1% 的老年人明确表示未来一年计划外出旅游，9.1% 的老年人表示有可能在未来一年外出旅游，20.7% 的老年人经常种花养草或养宠物，10.6% 心理咨询或聊天解闷服务，45.6% 的老年人经常参加各种公益活动，72.9% 的老年人愿意帮助社区有困难的老年人。

（二）基于供给主体类型的供给现状分析

1. 政府供给。一是供给产品或服务。即由政府举办的福利院、养老院、敬老院以及社区养老机构等公办养老机构直接面向老人提供服务，或由政府以政府采购服务的方式为老年人提供养老服务。本质上说，政府对养老服务的供给，属于事业范畴，但设施的建造、产品的购买、人员的聘用等，都需要借助市场资源来实现。且假定市场需求一定的前提下，消费者选择政府供给多一点，就留给市场的份额少一点。二是政策供给。这是政府参与康养产业的主要方式。近年来，我国出台了一系列政策支持健康养老产业发展，2013 年，国务院分别出台《关于促进健康服务业发展的若干意见》和《关于加快发展养老服务业的若干意见》，从国家层面提出，要加快发展健康养老服务，统筹规划发展城市养老服务设施、大力发展居家养老服务网络、大力加强养老机构建设、切实加强农村养老服务。此后又陆续由国家各部委出台了养老服务设施规划建设、养老服务设施用地指导、城镇养老服务设施建设、养老服务业人才培养、政府购买养老服务、健康与养老服务工程建设、减免养老和医疗机构行政事业性收费等 10 多项政策，不过这些政策都是从养老服务业的角度，政策覆盖面较窄。2016 年 5 月，在中共中央政治局第三十二次集体学习中，习近平强调要着力发展养老服务业和老龄产业，明确提出要大力发展养老产业。10 月，国务院办公厅《关于全面放开养老服务市场提升养老服务质量的若干意见》又进一步加大对康养产业发展的支出力度。政策的密集出台，反映出政府对康养产业的重视，为康养产业的发展提供了良好的制度环境。

2. 家庭供给。我国目前是“9073”养老服务供给格局，即 90% 由家庭自我照顾，7% 接受社区居家养老服务，3% 入住机构养老。可见，家庭仍是我国主流的供给主体。与其他提供主体提供的养老服务相比，一方面家庭提供养老服务的优势在于提供服务更及时、更贴心和更能体现温情与亲情，这些优势恰恰弥补了政府、市场、和民间非营利机构的劣势，另一方面，在广大农村及落后地区，社会机构介入的水平很低或尚未介入，大多数老年人所需的养老服务仍是以家庭为主。所以，家庭在养老服务供给中仍具有不可替代的作用。

3. 市场供给。一是服务供给。从服务供给主体来看，可以分为机构养老和社区养老。据民政部数据显示，截至 2015 年底，全国各类养老服务机构和设施共有 11.6 万个，比 2014 年增长 23.4%，其中：注册登记的养老服务机构 2.8 万个，社区养老服务机构和设施 2.6 万个，互助型养老设施 6.2 万个；各类养老床位 672.7 万张，比上年增长 16.4%（每千名老年人拥有养老床位 30.3 张，比上年增长 11.4%），其中社区留宿和日间照料床位 298.1 万张。二是康养产品供给。由于我国康养产业起步较晚，供给规模严重不足。根据赛迪顾问 2015 年初发布的《中国养老产业发展战略研究（2014）》显示，国内市场每年供给的老年产品不足需求的 10%。供给结构也与其他国家差距甚远。目前全球老年用品有 6 万多种，其中日本有 4 万多种，而我国仅有 2 000 多种。

二、用供给侧结构性改革思路分析康养产业发展问题

用供给侧结构性改革思路，探寻康养产业发展存在的问题，则假定需求是理性的，问题与矛盾的主要根源存在于供给端。从康养产业供给现状来看，按照前文所采用的按供给主体分类方式来分析，主要问题是政府供给低效错位，市场供给低端重复，家庭供给乏力且非专业。

（一）政府供给存在的主要问题

1. 政府供给错位。目前我国政府在养老服务供给中既是直接供给者，又是养老产业发展的推动者，也是养老服务的监管者。在养老服

务发展的初期，政府作为公共产品的提供者，有义务向社会大众提供兜底性的养老服务，建立并完善相应的养老设施，保障老龄人能够享有基本的养老服务，但随着养老市场的逐步发展，政府可以将生产者的角色让渡给市场、社会，由养老服务的直接提供者转变为监督者、推动者。事实上，政府只应在基本养老服务中承担主要提供者的责任，在非基本性养老服务供给应主要履行扶持、引导职能，让市场在非基本性的养老服务供给中起基础性的作用。若政府职责越位，在非基础性的养老服务中也承担了主要提供者的责任，则很有可能破坏市场规律，影响养老市场的健康发展。

2. 政府供给缺位。包括制度上的缺位、区域中的缺位和产业保障中的缺位。首先，在养老服务供给的监管上，政府却是没有履行到位的，如政府并没有建立失能老人养老服务评价标准、资格审查制度等。其次，目前各种养老政策都倾向于城市，造成了农村养老服务模式、内容等都不如城市丰富，财政投入上对农村的保障投入也比城区少，影响了社会公平。最后，在康养产业发展中，产业发展所需的关键，如人才方面缺失严重。2014 年我国每万人口卫生人员中，卫生技术人员城市 97 个，农村 38 个，农村与城市比为 1∶2.6；执业（助理）医师分别为 35 个和 15 个，农村城市比为 1∶2.3；注册护士分别为 43 和 13 个，农村城市比为 1.3∶3。

3. 政府供给低效。虽然未有专门针对政府所办养老院床位空置率的数据，但从实地调研看，北京等地设施齐全、地段繁华的养老院“一床难求”，乡镇等条件落后、地段偏远的养老院则几乎闲置。而在政策供给方面，部分地方政府在落实国务院发展养老服务的政策措施时，虚的多，实的少，主要表现在土地供应、规划建设、税费减免等优惠政策在一些地方难以落实。

（二）市场供给存在的主要问题

1. 供给内容低端重复化。一是养老机构服务内容低端单一。现有的民办养老机构绝大部分只能提供“助餐、助洁、助浴”等日常生活照料，仅有10%以护理康复为主，服务内容“类家政”化，未能细分老年人服务群体来提供机构养老服务。二是康养产品依赖进口。目前，国内中高端型养老机构的护理床、水龙头、地板、壁纸等产品，都依赖国外进口，主要原因就是国内产品用户体验效果不好。以技术含量要求较低的淋浴喷头举例，国产的大部分淋浴喷头都是铝合金材质，碰到皮肤很凉，节水性能也不好，喷头上的开关也没有直接在喷头上，导致养老院护理员不能单手拿喷头为老人淋浴。

2. 供给规模无法形成。从供需动态平衡的角度来看，由于我国康养市场刚刚起步，一方面，养老企业必须从规模为零开始发展，起始规模过低，平均成本曲线居高不下；另一方面，由于较大的固定资产投资使得相当长的时间内，商业养老的需求曲线在平均成本曲线之下，而且边际收益曲线也在边际成本曲线之下，商业养老供需均衡临界的规模过高，进而导致养老产业投资不足，市场整体供需失衡。

3. 供给产业链尚未形成。康养产业作为一个新型业态，具有很长的产业链，包括资本的运作、人才培养、硬件建设、管理运营等诸多方面，哪方面都不可或缺。但我国的康养产业才刚刚起步，养老服务基本的标准与体系还没有形成，专业化管理组织、专业的人才培养和培训体系缺少，远没有形成完整的产业链，呈现散乱状态。

（三）家庭供给存在的主要问题

1. “四二一”结构致使供给总体上乏力。根据六次人口普查资料显示，从 1982 年至 2014 年，我国家庭户规模从 4.41 人/户降至 2.72 人/户，其中农村户平均规模为 2.79 人，城镇户平均规模为 2.63 人。“四二一”型家庭结构使壮年家庭成员面临“上有老下有小”，养家压力很大，不得不整日为生计奔波，也就根本没有时间照料老人。同时，随着家庭类型的核心化、小型化，家庭的代际中心呈现出年轻化趋势，老年人不再是家庭的代际中心，老年人的尊重需求被忽视，“重幼轻老”现象严重。

2. “空巢家庭”致使供给区域性短缺严重。当前，空巢”现象较为普遍，尤其是在农村地区。据国家卫生计生委 2015 年 12 月至 2016 年 1 月，在河北、江苏、河南、广东等 10 个典型省份开展了流动人口卫生计生服务流出地监测调查结果显示，留守老人占老人总体数量的 31.8%。农村劳动力转移带来的农村老年人与其子女在生活空间距离逐步拉大、分离时间逐步延长，父母与子女的情感联系就会越松弛。农村留守老人在一定程度上成了“老无所依”。

3. “非专业化”致使供给结构性短缺严重。我国传统的家庭养老是基于亲情和血缘关系而不是专业服务的供给方式。家庭能够提供的养老服务仅限于家政居家照顾的这个层次，专业性养老需要从业人员掌握大量专业知识，如营养学、护理学、心理学、社会学、医学等，要求每个家庭成员均具备是不现实的，这必然导致老年人高品质养老需求与家庭低水平供给之间的结构性失衡，进而推动传统家庭养老向社会化专业服务与非专业化服务相结合的居家养老服务转变。

三、用供给侧改革的思路助推康养产业发展

针对供给端存在的主要问题，政府、市场、家庭供给要综合发力，

齐头推进康养产业发展。

（一）政府供给要符合定位

1. 做好顶层设计的规划者。一是做好发展规划。尽快出台健康养老产业发展规划，以老年生活照料、老年产品用品、老年健康服务、老年体育健身、老年文化娱乐、老年金融服务、老年旅游等为主，结其他衍生产业，确定健康养老产业范围。根据全国各地不同自然禀赋和不同发展水平，建立不同的产业布局，形成相互补充、相互支撑的产业体系。二是建立监管机制。加强老年人权益保护，完善养老机构管理的法律法规，建立养老机构的准入、退出和监管机制，保障老年人在养老机构的合法权益。

2. 做好基础要素的供给者。一是培养人力资源。建立以职业教育为主体、学历教育和职业培训为补充的养老服务人才培养体系。通过免除学费、发放职业教育阶段生活补贴、定向培养、承诺工作年限等方式培养专业人才。同时，充分发挥学院实训基地作用，政府通过实习补贴等方式，鼓励职业院校和养老机构共建、对接，发挥养老机构实训基地的作用。建立资格认证、技能鉴定等制度，不断提高从业人员的专业化水平。二是盘活闲置资产。由公共财政投入且闲置的既有养老机构、闲置厂房等公共设施，可引入社会资本运营、盘活，或改造为养老服务机构，提高提高资源利用率。三是合理安排土地供给。根据各地老龄人口数量、养老服务需求规模、养老产品制造业发展需要等，合理安排用地计划，并给予相对优惠的价格。

3. 做好市场发展的引导者。一是加强资金引导。政府要通过建立产业基金等方式，吸引更多的社会资本跟投养老市场。要打通投融资壁垒，建立政府信用贷款政策，由政府提供信用项目担保，为新兴养老企业提供启动资金。要探索实施减免税费、贷款贴息、直接补贴、资金奖励的资金支持，降低企业发展的成本，给产业发展一个缓冲期、培育期。二是加强行业引导。要灵活使用后补助政策，鼓励企业加大产品研发投入，提升养老产品的用户体验效果和科技含量，升级养老产品制造业。要通过政府购买服务，引入市场化的方式，

（二）家庭供给要转换观念

1. 要树立市场养老观念。转变过去“养老只能靠亲人”观念，树立“市场化养老一样好”观念。根据情况实际，对于没有精力照顾但有经济条件的家庭，要将老人从家庭养老单一模式中解放出来，通过机构养老让老人更好地颐养天年。尤其是对于丧失了部分活动力的老人，非专业化的家庭养老已无法满足老人需求，市场化的专业养老正好弥补了家庭养老的不足。

2. 要树立品质养老观念。要转变“养老只是为了老人活着”观念，树立“养老是为了老人活得更好”观念。随着经济条件的改善，如何让老人更有尊严地生活，如何满足老人“生理性需求”之外的其他需求，应该是老人自身及其家庭成员，需要根植的新观念。

3. 要树立共享养老观念。转变“各人自养自家人”观念，树立“共享养老一家亲”观念。当“空巢老人”越来越多时，生活用品代购服务、近距离出行代驾服务等需求量将越来越大。“近水救近火”，邻里有偿帮扶应成为趋势。

（三）市场供给要创新方式

1. 要加快创新驱动。现代科技与养老产业相结合的智能化养老可以更好地满足老年人“安全、便捷、舒适”需求，解决护理人员不足、设施不足、机构不足等问题，是我国养老技术改进的重要方向。要推

动传统技术升级，积极汲取“物联网、互联网、智能呼叫、云技术、3G 移动技术、GPS 定位技术”等先进网络技术，建立老年人信息数据库，提供紧急救援、生活照料、家政服务、精神关怀、增值服务等服务，有效整合社会服务资源，建立完善的智能化养老服务体系，打造真正意义上的“没有围墙的养老院”。

2. 要奠定产业发展基础。要形成供给规模，则需要有购买力规模。当前，由于养老保险制度的多元化，大量的自雇劳动者以及居民无法参与企业年金、职业年金，老年时容易陷入经济条件的窘迫状态。要提高老年市场购买力，可探索通过市场化发展个人储蓄性养老保险等方式，大力发展商业养老保险等养老金融业，引导青中年人树立储蓄保险养老意识，夯实发展基础。

3. 要满足多样化、多层次市场需求。不再囿于生活照料等基本服务提供，要探索初步建成涵盖生活照料、精神慰藉、医疗护理、紧急救援等在内的多元化养老服务体系，使养老服务由“单一单调”向“多元多样”转变。要积极开拓养老产业体系，将养老产业从养老服务业扩展到养老产品制造、老年医疗保健、老年文体休闲等领域。

基于空间计量分析的中国地方政府间税收竞争实证研究*

◇ 李齐云　李征宇　王泽龙

摘　要：本文通过使用空间计量经济学方法对中国31个省份自1996—2014年的近20年的空间面板数据进行处理，旨在对我国地方政府间税收竞争的存在性和原因进行理论和实证分析。实证分析结果显示，我国地方政府间的确存在税收竞争，进一步分析我们发现基于地理位置的政府间税收竞争程度不是很大，换言之，临近地方地区间的税收竞争的规模较小，存在的策略性行为不是十分明显。相反，在对基于经济因素的政府间税收竞争进行研究时，发现具有相似的宏观税负水平的地区间其政府行为具有较为明显的税收策略性行

* ［基金项目］国家社科基金重点项目“深化税收制度改革与完善地方税体系研究”（14AZD023）；国家社会科学基金项目“深化税收体制改革研究”（13BJY155）；山东省社会科学基金项目“人口流动背景下的均等化财政转移支付制度研究”（12BJJ04）。

为，或者说税收模仿行为。为此，本文从问题导向和发展导向两个方面出发，对我国地方政府间税收竞争合理的开展提出建设性建议。

关键词：地方政府；税收竞争；空间计量模型

一、引言

政府竞争为促进社会经济发展、提高经济效率和提升社会福利水平起到了一定的积极作用，因此成为西方国家经济学研究中的一个重要的课题。而作为政府竞争的主要形式之一，税收竞争也引起了西方经济学者的长期关注。

不同于西方的联邦制国家，我国现阶段的财税体制将税法的制定权赋予了中央政府，因此地方政府的税收自主权利极为有限，这意味着我国的地方政府无法像联邦制国家的地方政府那样，可以通过改变税种和税率来进行税收竞争。尽管如此，在现行财税体制下，地方政府仍然可以通过由中央政府批准的税收优惠政策以及地方性不规范的财政返还、财政补贴和税费减免等方式调控当地的实际税负，这使得税收竞争在我国地方政府间的存在成为可能。据此开展对我国地方税收竞争问题的理论和实证研究，将有助于为建立高效的地方税收竞争体系提出决策参考和政策建议，从而进一步优化我国的税收环境。

本文通过使用空间计量经济学方法对中国31个省份自1996—2014年的空间面板数据进行处理，旨在对我国地方政府间税收竞争的存在性和原因进行实证分析。分析结果显示，我国地方政府间的确存在税收竞争，进一步分析我们发现基于地理位置的政府间税收竞争程度不是很大，换言之，临近地区间的税收竞争规模较小，存在的策略性行为不明显。相反，在对基于经济因素的政府间税收竞争进行研究时，发现具有相似的宏观税负水平的地区间其政府行为具有较为明显的税收策略性行为，或者说税收模仿行为。

本文结构安排如下：依照理论分析到实证分析的逻辑脉络，第二部分为文献综述和本文创新，第三部分为计量模型的构建和数据描述，第四部分是对我国地方政府间税收竞争的存在性和原因的实证分析结果，最后为结论及政策建议。

二、文献综述和本文创新

自 20 世纪 80 年代以后，有关税收竞争的实证分析逐渐展开并日趋完善。西方学者从对税收竞争的存在性的关注，到随后对税收竞争的影响因素的分析以及对税收竞争效应的讨论，推动了研究的不断深入。

美国经济学者拉德（Ladd）最早对税收竞争进行了实证研究，她在 1992 年搜集了美国 94 个县的自 1978—1985 年近 8 年间的税收数据，通过对这些数据的分析，发现当相邻县的总税负增加 1% 时，本县的总税负会相应地增加 0.59%；当相邻县的财产税增加 1% 时，本县财产税负的增加额会略低于总税负的增加额，增加了 0.49%。此外，贝斯利和凯斯（Besley and Case）在 1995 年通过对美国各州的商品税、个人所得税以及企业所得税进行研究发现，本州的税负会随着相邻州税负的增加而显著增加，他们将这种有着税收模仿的税收竞争行为归结为标尺理论。

国内学者重点对税收竞争的策略反应进行了定量研究。沈坤荣、付文林曾于 2006 年分别对 1992 年和 2003 年我国省级政府的税收数据进行截面计量分析，发现中国各省间的税收竞争反应函数系数为负值且P值大于0.1，表明各省间的税收竞争结果并不显著。而他们在2008年对1995年和2005年的截面数据进行分析却发现，无论在经济相对落后的地区，还是在经济发达地区，税收竞争都是地方政府间竞争的主要手段。这两个研究结论反映出因采用不同分析工具而产生的不同实证结果。郭杰、李涛（2009）通过系统广义矩阵法对地方政府税收竞争进行实证分析得出结论：基于增值税和企业所得税的税收竞争存在性是显著的，但是基于个人所得税和营业税的税收竞争存在性却并不显著。李文、胡菲菲（2013）分析了我国省级政府间的税收竞争的存在问题和竞争程度，得出的结果验证了我国省级政府间税收竞争现象的存在，并指出税收竞争的程度跟省份所处的区域之间存在一定的联系。

区别于税收竞争相关的以往文献，本文主要创新点在于：第一，通过多渠道的数据采集，首次在我国地方政府间税收竞争的实证研究中加入了西藏自治区的相关数据，填补了以往的研究在数据上的空白。第二，在研究方法上，借鉴了国内学者（陈晓玲、李国平，2006）的经济空间权重矩阵的构造方法并加以改进，使基于该矩阵的空间计量分析更切合我国税收竞争的实际。

三、计量模型的构建与数据描述

（一）计量模型的选择

空间滞后模型（SAR）着重于分析一个地区的政策变量对其相邻地区的政策变量产生的直接影响。比如在研究地区间财政收入的空间影响时，一个地区的财政收入增长速度会由于地方政府官员对政绩的追求而受到相邻地区的财政收入增长速度的影响。经典空间滞后模型（SAR）的构造如下：

$$y_{i,t} = \alpha_1 + \beta_0 X_{i,t} + \rho W y_{j,t} + \varepsilon_{i,t} \quad (1)$$

其中，$y_{i,t}$代表某地区 i 在时间 t 的税负，本文中地区的税负采用宏观税负指标来衡量，具体解释在后续的数据采集中给出。ρ 是空间自回归的系数，描述空间因素对经济对象的影响程度；W 是空间权重矩阵；X_i 是地区 i 的外生解释变量；ε_i 为满足经典假设的误差项。

空间误差模型（SEM）则主要解释两个具有某些相似特征的相邻地区，遇到一些外在的活动干扰的时候，两个地区的政策变量会倾向于表现出相同的变化方向。空间误差模型的基本设定不同于空间滞后模型，其模型构造如下：

$$y_{i,t} = \alpha_1 + \beta_0 X_{i,t} + \varepsilon_{i,t} \quad (2)$$

$$\varepsilon_{i,t} = \lambda W \varepsilon_{j,t} + \mu \quad (3)$$

其中，$y_{i,t}$代表某地区 i 在时间 t 的税负，本文中地区的税负采用宏观税负指标来衡量，具体解释在后续的数据采集中给出。W 是空间权重矩阵；$X_{i,t}$是地区 i 的外生解释变量，$\varepsilon_{i,t}$为随机误差项，包含了自身空间相关性下遗漏的因素，λ 描述空间因素对研究对象的影响程度，μ 为满足经典假设的误差项。

在空间滞后模型和空间误差模型的基础上，雷萨志（Le Sage）和佩斯（Pace）构造出了第三种模型——空间杜宾模型。空间杜宾模型构造如下：

$$y_{i,t} = \alpha_1 + \beta_0 X_{i,t} + \rho W y_{j,t} + \lambda W X_{j,t} + \varepsilon_{i,t} \quad (4)$$

其中，$y_{i,t}$代表某地区 i 在时间 t 的税负，本文中地区的税负采用宏观税负指标来衡量

观税负指标来衡量，具体解释在后续的数据采集中给出。W 是空间权重矩阵，ρ 是空间自回归的系数，$X_{i,t}$是地区 i 的外生解释变量，$X_{j,t}$是除地区 i 以外的地区 j 的外生解释变量，λ 描述其他地区的外生变量对研究对象的空间影响程度，$\varepsilon_{i,t}$为满足经典假设的误差项。

从广义的角度来说，空间杜宾模型包括空间滞后模型和空间误差模型两种形式，即 SAR 模型和 SEM 模型均为空间杜宾模型的特殊形式。

鉴于此，我们将进行 LM 检验，检测空间杜宾模型是否为更一般的形式。如果通过检验，那么我们将在本论文中的实证分析部分采用空间杜宾模型。结果显示空间杜宾模型适用于本文选取的面板数据，因此作者认为应该选取空间杜宾模型作为本文的分析工具。但出于对数据处理的谨慎态度，作者在对数据的分析过程中仍将加入空间滞后模型和空间误差模型，将其取得的结果与空间杜宾模型取得的结果进行对比，进一步说明空间杜宾模型与本文数据的完美契合度。

（二）空间权重矩阵的设置

空间权重矩阵在空间计量经济模型中起着至关重要的作用。空间权重矩阵反映了地区 i 和其他地区的某种空间相关关系，这种空间关系可以以多种方式获得。本文主要采用基于空间距离的毗邻空间权重矩阵和基于国内生产总值参数关系的经济空间权重矩阵。

在毗邻空间权重矩阵中，本文使用了较为方便计算的 0－1 矩阵，即如果地区 i 与地区 j 相邻，则 $W_{i,j}=1$；如果地区 i 与地区 j 不相邻，则 $W_{i,j}=0$。具体表示为：

$$W_{i,j}=\begin{cases}1,\text{地区 } i \text{ 和地区 } j \text{ 相邻；}\\0,\text{地区 } i \text{ 和地区 } j \text{ 不相邻。}\end{cases} \tag{5}$$

在经济空间权重矩阵中，无法用简单的 0－1 矩阵来描述地区间的特定关系，而是采用基于某种经济关系的运算矩阵。在计算经济空间权重矩阵时，大多数学者采用的是地区国内生产总值参数，当地区 i 的地区国内生产总值与地区 j 的地区国内生产总值越接近，表明两地区的经济相似程度越大，则设置地区 i 与地区 j 之间的空间权重矩阵参数也就越大，于是采用二者地区国内生产总值的差值绝对值的倒数来表示这一权重矩阵。

陈晓玲等（2006）认为这种空间权重矩阵的设置并不完全准确，并提出了一种新的权重矩阵的构建方式。她假设 A 地和 C 地同时与 B 地相邻，在时间 t_0-t_1 阶段内如果 A 地的人均国内生产总值低于 B 地的人均国内生产总值，C 地的人均国内生产总值高于 B 地的人均国内生产总值，且两者的差值相等，代入上述公式时会得出 A 地和 C 地与 B 地之间的经济地理距离是相同的，这显然与现实不符。她对这一公式进行了重新设置，通过考察时间跨度内的各地区人均国内生产总值与所有地区的人均国内生产总值均值来描述地区经济水平的高低，假设经济水平较高的地区对周围地区产生的空间影响力更大，反之亦然。因此她将经济空间权重矩阵表示为地理空间权重矩阵与以各地区人均国内生产总值在全国所占比重的均值为对角元素的对角矩阵的乘积，具体表示为：

$$W_{i,j}^{*} = W_{i,j} \times \mathrm{diag}\left(\frac{\overline{y^1}}{\sum_{i=1}^{N}\overline{y^1}}, \frac{\overline{y^2}}{\sum_{i=1}^{N}\overline{y^1}}, \frac{\overline{y^N}}{\sum_{i=1}^{N}\overline{y^1}}\right), N = 30 \qquad (6)$$

其中，$\overline{y^1} = \frac{1}{t_1 - t_0 + 1}\sum_{t=t_0}^{t_1} y_{i,t}$

根据上述经济权重矩阵的设置，每一年份均有一个共同的经济权重矩阵，由对应年份内各地区人均国内生产总值在全国所占的比重的均值构成，即 1996—2014 年的经济权重矩阵应为，w × 1996 = … … = w × 2014 。本文中将采用陈晓玲的经济空间权重矩阵设置方法来研究地方政府间基于经济关系的税收竞争。

（三）变量选取及数据来源

对于空间计量分析，模型中变量的选取对于得到稳健的分析结果是非常重要的。本文采集的数据覆盖中国 31 个省、市、区，时间跨度自 1996—2014 年。

在地方政府间税收竞争的实证研究文献中，多数学者鉴于数据的不可得性，将西藏与海南两地区的相关数据剔除在研究范围内。笔者在查阅《中国统计年鉴》《中国税务年鉴》及相关网络数据库后，及时更新了西藏、海南两省的相关数据，并对个别年份的数据缺失做了统计处理，将两地区纳入研究范围之中。另外考虑到分税制改革的影响有一定的滞后性，因此本文在数据的时间跨度上以晚于分税制改革两年的 1996 年作为初始年份，使用截至 2014 年《中国统计年鉴》的数据，时间跨度为 19 年。采用数据的全面性及较长的时间跨度可以为本文的观察分析提供准确和稳定的依据。

本文在构建税收竞争的策略模型中，关于被解释变量即政策变量的选择，不是单纯采用税收收入的数据，而是加入了地方政府的各种变相“税收收入”，以这种广义的地方政府财政收入占地方国内生产总值的比重作为被解释变量，在模型中分别以地方税收收入总和（绝对量）与宏观税负水平（相对量）作为政策变量进行空间回归分析并加以对比，呈现较为理想的基于政策变量得出的结果。

模型中自变量的选取对于模型的拟合程度好坏也有很大的影响，本文中的自变量矩阵 X 主要包含以下内容，如表 1 所示。

表 1　　模型选取的自变量

1	地区人口特征	人口密度、15 岁以下人口比率，65 岁以上人口比率
2	地区的社会特征	失业率、人均可支配收入
3	资本变量	固定资产投资、人均国内生产总值、外商直接投资

解释变量的选取主要分为三个方面，一是地区人口特征，包括人口密度，15 岁以下人口比率和 65 岁以上人口比率三个变量；二是地区的社会特征，包括失业率和人均可支配收入两个变量；三是资本变量，包括国定资产投资，人均国内生产总值和外商直接投资。

四、实证分析结果

（一）存在性检验

在实际研究过程中，利用空间自相关检验对政府间税收竞争的政策变量是否存在空间依赖性进行判断。目前，检测变量空间依赖性的方法主要有 Moran's I 检验、拉格朗日乘子检验 LM-Lag 及 LM-Error，以及稳健的拉格朗日乘子检验 Robust LM-Lag 及 Robust LM-Error，通过对两种模型的空间依赖性检测来确定哪种空间模型更适用于实际情况。最常用的是 Moran's I 检验。

本文在实证分析中设置了两个空间权重矩阵，分别为地理空间权重矩阵和经济空间权重矩阵，因此分别对基于这两种权重矩阵的模型进行了检验，结果呈现在表 2 中。

表 2　　空间相关性的存在检验结果

检验方法	地理空间权重矩阵	经济空间权重矩阵
Moran's I test	0. 1236***	0. 0880***
LM-Lag	24. 6120***	19. 2881***

续表

检验方法	地理空间权重矩阵	经济空间权重矩阵
RLM-Lag	7.0840***	12.7602***
LM-Err	17.5352***	7.5588***
RLM-Err	0.0073	1.0309

***：P<0.01，**：P<0.05，*：P<0.1。

通过表2中的数据显示，发现无论是基于地理空间权重矩阵还是基于经济空间权重矩阵的检测，都有四种检验方法的结果显示存在显著的正的空间相关性。

（二）实证分析结果

考虑到本文中所有变量的面板数据之间可能存在线性关系与非平稳序列等计量问题，因此对于所有被解释变量和解释变量都采用了自然对数形式。

首先分析基于地理空间权重矩阵的估计结果。表3中列出了空间滞后模型、空间误差模型和空间杜宾模型三种模型的估计结果，当被解释变量为税收收入总和的时候，从空间相关系数 ρ 或 λ 来看，三种模型得出的结果都是显著的，空间杜宾模型得出的系数值最大，为0.0169，在95%置信水平上显著为正，意味着当地区i的相邻地区税收收入总和平均每上升1%的时候，该地区i的税收收入总和则会平均上升0.0169%。在空间杜宾模型中，所有的外生变量的系数估计结果也都是显著的。

表 3　基于地理空间权重矩阵的税收收入为政策变量的检验结果

矩阵：地理空间权重矩阵
政策变量：税收收入总和

变量	SAR	SEM	SDM
Rho/ Lambda	-0.0027***	0.0109***	0.0169**
Lnden	0.1814***	0.1820***	0.1939***
Lnu14	-0.5730***	-0.6086***	-0.4487***
Lna65	-0.5539***	-0.5739***	-0.5631***
Lnunemp	-0.2531***	-0.2569***	-0.2123***
Lnfa	0.8218***	0.8152***	0.8761***
lnpergdp	-0.0389	-0.0433	0.1076**
Lnperdi	0.0856***	0.0798***	0.0674**
lnfdi	0.0501***	0.0517***	0.0333**
W * lnden			0.0314***
W * lnu14			0.2380***
W * lna65			-0.0472***
W * lnunemp			0.1597***
W * lnfa			-0.0831***
W * lnpergdp			0.1040***
W * lnperdi			0.0159
W * lnfdi			-0.0103

***：$P<0.01$，**：$P<0.05$，*：$P<0.1$。

当被解释变量为宏观税负水平的时候，根据表 4 中列出的空间滞后模型、空间误差模型和空间杜宾模型三种模型的估计结果，从空间相关系数 ρ 或 λ 来看，三种模型得出的结果都是显著的，其中空间杜宾模型得出的系数值最大，为 0.0431，在 99% 置信水平上显著为正，意味着当地区 i 的相邻地区宏观税负水平平均每上升 1% 的时候，该地区 i 的宏观税负水平则会平均上升 0.0431%。在空间杜宾模型中，绝大多数的外生变量的系数估计结果也都是显著的。

表 4　基于地理空间权重矩阵的宏观税负水平为政策变量的检验结果

矩阵：地理空间权重矩阵
政策变量：宏观税负水平

变量	SAR	SEM	SDM
Rho/ Lambda	0.0119***	0.0050***	0.0431***
Lnden	-0.0572***	-0.0568***	-0.1032***
Lnu14	-0.0247	-0.0340	0.0049
Lna65	0.1151**	0.1131**	0.1981***
Lnunemp	0.0526*	0.0511	0.0947***
Lnfa	0.0094	0.0096	0.0429***
lnpergdp	-0.2467***	-0.2607***	-0.2490***
Lnperdi	-0.1059***	-0.1078***	-0.0718***
lnfdi	0.0436***	0.0441***	0.0153
W * lnden			0.0134**
W * lnu14			-0.0632**
W * lna65			-0.0119
W * lnunemp			-0.0499***
W * lnfa			-0.0196**
W * lnpergdp			0.0221
W * lnperdi			-0.0253**
W * lnfdi			0.0110**

***：P<0.01，**：P<0.05，*：P<0.1。

当权重矩阵是经济空间权重矩阵时，根据表 5 中列出的空间滞后模型、空间误差模型和空间杜宾模型三种模型的估计结果，当被解释变量为税收收入总和的时候，从空间相关系数 ρ 或 λ 来看，空间滞后模型和空间误差模型得出的结果都是显著的，而空间杜宾模型得出的结果却是不显著的。尽管空间滞后模型的结果是显著的，但其系数值却为负数。空间误差模型的系数值最大，为 0.5141，在 99% 置信水平上显著为正，意味着当地区 i 的相邻地区税收收入总和平均每上升 1% 的时候，该地区 i 的税收收入总和则会平均上升 0.5141%。在空间误差模型中，绝大多数的外生变量的系数估计结果也都是显著的。

表 5　基于经济空间权重矩阵的税收收入为政策变量的检验结果

矩阵：经济空间权重矩阵 政策变量：税收收入总和			
变量	SAR	SEM	SDM
Rho/ Lambda	-0.1026***	0.5141***	0.2503
Lnden	0.1977***	0.1924***	0.2104***
Lnu14	-0.6105***	-0.6609***	-0.4565***
Lna65	-0.5979***	-0.5955***	-0.5751***
Lnunemp	-0.2634***	-0.2914***	-0.1782***
Lnfa	0.8178***	0.8256***	0.8599***
lnpergdp	-0.0235	-0.0553	0.0970**
Lnperdi	0.0731**	0.0651**	0.0628**
lnfdi	0.0549***	0.0551***	0.0329***
W * lnden			0.9485***
W * lnu14			5.8530***
W * lna65			-2.0045***
W * lnunemp			4.4623***
W * lnfa			-2.8193***

续表

矩阵：经济空间权重矩阵 政策变量：税收收入总和			
变量	SAR	SEM	SDM
W * lnpergdp			3.5578***
W * lnperdi			0.2998
W * lnfdi			-0.0124

***：P<0.01，**：P<0.05，*：P<0.1。

当被解释变量为宏观税负水平的时候，根据表6中列出的空间滞后模型、空间误差模型和空间杜宾模型三种模型的估计结果，从空间相关系数ρ或λ来看，三种模型得出的结果都是显著的，其中空间杜宾模型的系数值最大，为0.7427，在95%置信水平上显著为正，意味着当地区i的相邻地区宏观税负水平平均每上升1%的时候，该地区i的宏观税负水平则会平均上升0.7427%。在空间杜宾模型中，绝大多数的外生变量的系数估计结果也都是显著的。

综合以上基于地理空间权重矩阵和经济空间权重矩阵两种模型的分析可以发现，运用空间杜宾模型，无论对于地理空间权重矩阵，还是对于经济空间权重矩阵来说，当被解释变量为宏观税负水平时其空间相关系数最大且显著。于是也可以这样认为，当被解释变量为宏观税负水平时，采用空间杜宾模型对于本文中的面板数据的分析结果最理想。

表6　基于经济空间权重矩阵的宏观税负水平为政策变量的检验结果

矩阵：经济空间权重矩阵 政策变量：宏观税负水平			
变量	SAR	SEM	SDM
Rho/ Lambda	0.6235***	0.2591***	0.7427**
Lnden	-0.0685***	-0.0685***	-0.1008***
Lnu14	0.0181	0.0042	-0.0110

续表

矩阵：经济空间权重矩阵 政策变量：宏观税负水平			
变量	SAR	SEM	SDM
Lna65	0.1321 ***	0.1307 ***	0.1492 ***
Lnunemp	0.0769 **	0.0751 **	0.0960 ***
Lnfa	0.0001	-0.0015	0.0369 **
lnpergdp	-0.2317 ***	-0.2514 ***	-0.2419 ***
Lnperdi	-0.0887 ***	-0.0932 ***	-0.0757 ***
lnfdi	0.0398 ***	0.0410 ***	0.0203 **
W * lnden			0.3348 **
W * lnu14			-2.0921 ***
W * lna65			-0.7677 *
W * lnunemp			-1.0869 ***
W * lnfa			0.2162
W * lnpergdp			-0.6676
W * lnperdi			-0.6611 **
W * lnfdi			0.1856

***：P<0.01，**：P<0.05，*：P<0.1。

进一步的研究发现，当权重矩阵为地理空间权重矩阵时，地区 i 的人口密度增加会降低地区 i 的宏观税负水平；当 65 岁以上人口比例增加时，地区 i 的宏观税负水平略有升高；当地区 i 的城镇登记失业率增加时，地区 i 的宏观税负水平略有升高；当地区 i 的固定资产投资额和外商直接投资额增加时，地区 i 的宏观税负水平略有升高；而当人均国内生产总值和人均可支配收入增加时，地区 i 的宏观税负水平略有下降。

当权重矩阵为经济空间权重矩阵时，地区 i 的人口密度增加也会降低地区 i 的宏观税负水平；当 65 岁以上人口比例增加时，地区 i 的宏观税负水平略有升高；当地区 i 的城镇登记失业率增加时，地区 i 的宏观税负水平略有升高；当地区 i 固定资产投资额和外商直接投资额增加时，地区 i 的宏观税负水平略有升高；当人均国内生产总值和人均可支配收入增加时，地区 i 的宏观税负水平反而略有下降。

从上述分析结果中发现无论是基于地理空间权重矩阵还是基于经济空间权重矩阵，由空间杜宾模型给出的外生变量对政策变量影响程度的估计结果基本是一致的。当我们对上述结果进行分析时发现，基于地理空间权重矩阵得到的空间相关系数偏小，仅为 0.0431；而基于经济空间权重矩阵得到的空间相关系数较大，为 0.7427。

五、结论与建议

对省级面板数据的统计检验为地方政府之间的税收竞争的存在性提供了直接证据。通过空间计量模型的建立以及对数据的估计，我们发现基于地理位置的政府间税收竞争程度不是很大，换言之，相邻地区间的税收竞争的规模较小，存在的策略性行为不是十分明显。

相反，在对基于经济因素的政府间税收竞争进行研究时，发现具有相似的宏观税负水平的地区间其政府行为具有较为明显的税收策略性行为，或者说税收模仿行为。这意味着对于两个地区如果其宏观税负水平在同一层次上，那么这两个地区的政府间很可能会存在着税收竞争行为。

实证结果表明我国地方政府间的确存在着税收竞争。目前在学者中普遍持有的观点是合理的税收竞争可以促进经济效率的提高，从而提高社会的总体福利。如斯所言，那么从优化制度模式着眼就应当合理地引导政府税收竞争朝着良性的方向发展。

首先，要妥善处理好税收竞争中的突出矛盾，避免形成恶性税收竞争。当务之急，就是要进一步深化分税制改革，厘清中央和地方的事权范畴，细化中央和地方的事权划分机制，建立合理的、规范的事权与支出责任相匹配的财税体制。同时，重点在省和县两级政府加强地方税体系建设，给予地方政府更多的税收权限，促使达成合理状态下税收竞争的“帕累托最优”。

其次，创建共赢的税收竞争体系。第一，加强地区合作，有效引导税收竞争。积极推动税收竞争主体间的合作交流，摆脱对抗性思维，形成相互信任的路径，促进资源和要素在地区间的有效配置，减少利益冲突，通过合作实现双赢。第二，加强监管力度，完善惩罚措施。制度是保证规则合理实施的基础，也是提升税收竞争效率的保证。对于滥用税收政策、从事恶意税收竞争的地方政府，中央政府须履行严厉的惩罚措施，做到依法依规办事，保证监管严格到位。对于适于下放的监管权力则可适度下放给地方政府，由上一级监管下一级，以提高监管效率，保证监管力度，并遏制滥用政策的现象发生。

再次，完善地方政府绩效考核制度。随着治国理念和国家治理方式的深刻变革，以往那种片面追求 GDP 的考核制度已不能适应国家治理体系现代化的要求，必须加以彻底改进方能规范地方政府的执政行为和税收竞争行为。为了更好地激发政府工作效率，引导地方政府开展积极的、规范的税收竞争和政府竞争，应积极探索并尽快建立科学、完备和高效的地方政府绩效考核制度。

最后，鼓励和保护良性税收竞争，限制和取缔恶性税收竞争。税收竞争是把双刃剑，它既可以促进经济效率提高，优化经济制度模式，提高社会的总体福利，但用之不当则物极必反，过度和恶性的税收竞争又会扰乱正常的市场秩序，阻碍经济的协调发展，反而降低社会的总体福利，造成恶劣的负面影响。对于良性税收竞争，政府应完善制度健全规则加以鼓励和保护，保证它的有序进行，为社会进步和经济发展提供有力的支持。对于恶性税收竞争，政府应当严格限制甚至依法取缔，营造一个税收竞争的良好环境，保证税收竞争的良性发展。

作者工作单位：李齐云、王泽龙，山东大学；
李征宇，上海财经大学

图书在版编目（CIP）数据

谈财论治．第二辑／刘尚希主编．—北京：中国财政经济出版社，2018.12

（中国财政学会学术文库）

ISBN 978-7-5095-8343-2

Ⅰ.①谈… Ⅱ.①刘… Ⅲ.①中国经济-经济改革-研究 Ⅳ.①F12

中国版本图书馆CIP数据核字（2018）第136468号

责任编辑：胡　博　续　磊

责任印制：刘春年　　　　责任校对：胡永立

中国财政经济出版社 出版

URL：http：//www.cfeph.cn

E-mail：cfeph@cfeph.cn

社址：北京市海淀区阜成路甲28号　邮政编码：100142

营销中心电话：010-88191537　北京财经书店电话：64033436　84041336

北京财经印刷厂印装　各地新华书店经销

787×1092毫米　16开　27.75印张　315 000字

2018年12月第1版　2018年12月北京第1次印刷

定价：96.00元

ISBN 978-7-5095-8343-2

（图书出现印装问题，本社负责调换）

本社质量投诉电话：010-88190744

打击盗版举报热线：010-88191661、QQ：2242791300